32/QP 826 5359+3

Schriftenreihe

Schriften zum Betrieblichen Rechnungswesen und Controlling

Band 82

ISSN 1435-6236

Verlag Dr. Kovač

Thorsten Schneider

Management des Projekts der Harmonisierung von interner und externer Unternehmensrechnung auf Konzernebene

Eine Analyse auf inhaltlicher, struktureller, prozessualer und technischer Ebene

Verlag Dr. Kovač

Hamburg
2010

VERLAG DR. KOVAČ
FACHVERLAG FÜR WISSENSCHAFTLICHE LITERATUR

Leverkusenstr. 13 · 22761 Hamburg · Tel. 040 - 39 88 80-0 · Fax 040 - 39 88 80-55
E-Mail info@verlagdrkovac.de · Internet www.verlagdrkovac.de

Bibliografische Information der Deutschen Nationalbibliothek
Die Deutsche Nationalbibliothek verzeichnet diese Publikation
in der Deutschen Nationalbibliografie;
detaillierte bibliografische Daten sind im Internet
über http://dnb.d-nb.de abrufbar.

ISSN: 1435-6236
ISBN: 978-3-8300-5207-4

Zugl.: Dissertation, Universität Marburg, 2009

© VERLAG DR. KOVAČ in Hamburg 2010

Printed in Germany
Alle Rechte vorbehalten. Nachdruck, fotomechanische Wiedergabe, Aufnahme in Online-Dienste und Internet sowie Vervielfältigung auf Datenträgern wie CD-ROM etc. nur nach schriftlicher Zustimmung des Verlages.

Gedruckt auf holz-, chlor- und säurefreiem, alterungsbeständigem Papier. Archivbeständig nach ANSI 3948 und ISO 9706.

Vorwort

Die vorliegende Arbeit ist während meiner Zeit als externer Doktorand am Lehrstuhl für Allgemeine BWL und Controlling an der Philipps-Universität Marburg entstanden. Mein besonderer Dank gilt meinem Doktorvater Herrn Professor Dr. Stefan Dierkes, der es mir durch die Annahme als externer Doktorand ermöglicht hat, mein Dissertationsprojekt durchzuführen. Herrn Professor Dr. Joachim Krag danke ich für die freundliche Übernahme der Funktion des Zweitgutachters.

Weiterhin möchte ich mich bei Herrn Dipl.-Kfm. Murat Ayaz und Herrn Dipl.-Kfm. Robert Stolbinger bedanken. Beide haben mir wichtige Hinweise und Tipps zu Aspekten meiner Arbeit gegeben. Bei Frau Dipl.-Betriebsw. FH Denise Knorz bedanke ich mich vor allem für das Lektorat und für die wichtigen Hinweise bei der Vorbereitung der Disputation.

Mein größter Dank gilt meinen Eltern, die mich auf meinem gesamten bisherigen Lebensweg stets mit großer Unterstützung und Rückhalt begleitet haben. Ohne familiären Halt – auch den meiner Schwester – wäre diese Arbeit nicht möglich gewesen. Als letztes möchte ich mich besonders bei meiner Freundin für ihr liebevolles Verständnis und ihren Zuspruch bedanken.

Thorsten Schneider

Inhaltsübersicht

Vorwort V
Inhaltsübersicht VII
Inhaltsverzeichnis IX
Abbildungsverzeichnis XIII
Abkürzungsverzeichnis XIV

1. Einleitung 1

2. Theoretische Grundlagen für eine harmonisierte und wertorientierte Unternehmensrechnung 9

3. Dimensionen für eine Harmonisierung der Unternehmensrechnung auf inhaltlicher, struktureller, prozessualer und technischer Ebene 81

4. Projekt der Harmonisierung von interner und externer Unternehmensrechnung 157

5. Schlussbetrachtung 197

Literaturverzeichnis 201

Inhaltsverzeichnis

1. Einleitung 1
  1.1 Problemstellung 1
  1.2 Zielsetzung 4
  1.3 Aufbau der Arbeit 6

2. Theoretische Grundlagen für eine harmonisierte und wertorientierte Unternehmensrechnung 9
  2.1 Grundlagen der wertorientierten Unternehmensrechnung und des Controllings 9
    2.1.1 Grundlagen der Unternehmensrechnung und des Controllings 9
      2.1.1.1 Abgrenzung von interner und externer Unternehmensrechnung 9
      2.1.1.2 Verbindung der Unternehmensrechnung mit dem Controlling 16
    2.1.2 Theoretische Grundlagen wertorientierter Steuerungskonzepte 21
      2.1.2.1 Grundlagen und Ziele wertorientierter Steuerungskonzepte .. 21
      2.1.2.2 Das Lücke-Theorem als theoretische Basiskonzeption 24
      2.1.2.3 Wesentliche Konzepte einer wertorientierten Konzernsteuerung 27
        2.1.2.3.1 Discounted Cashflow (DCF)-Verfahren 27
        2.1.2.3.2 Economic Value Added (EVA)-Verfahren 32
    2.1.3 Anforderungen der Wertorientierung an Unternehmensrechnung und Controlling 36
  2.2 Harmonisierung von interner und externer Unternehmensrechnung 38
    2.2.1 Stand der Diskussion in Theorie und Praxis 38
    2.2.2 Ziele und Grenzen der Harmonisierung von interner und externer Unternehmensrechnung 42
    2.2.3 Generelle Anforderungen an eine harmonisierte Unternehmensrechnung 51
    2.2.4 Darstellung und Abgrenzung des Harmonisierungsbereichs 55
    2.2.5 Grad der Harmonisierung 59
    2.2.6 Bestimmung der Harmonisierungsrichtung 61
    2.2.7 Management Approach der Segmentberichterstattung als Schnittstelle von interner und externer Unternehmensrechnung 64

2.3 Grundlagen der Konzernrechnungslegung 69
   2.3.1 Allgemeine Grundlagen der Konzernrechnungslegung 69
   2.3.2 Komponenten des Konzernabschlusses 71
   2.3.3 Segmentberichterstattung als Bestandteil des
        Konzernabschlusses 73
       2.3.3.1 Grundlagen der Segmentberichterstattung 73
       2.3.3.2 Ziele der Segmentberichterstattung 76
       2.3.3.3 Abgrenzung der Segmentberichterstattung nach
            IAS/IFRS, US-GAAP und HGB 77

3. Dimensionen für eine Harmonisierung der Unternehmensrechnung auf inhaltlicher, struktureller, prozessualer und technischer Ebene 81
   3.1 Begriffliche Abgrenzungen 81
   3.2 Inhaltliche Dimensionen einer Harmonisierung 84
      3.2.1 Allgemeine inhaltliche Voraussetzungen der Harmonisierung 84
      3.2.2 Inhaltliche Einbindung der Harmonisierung in wertorientierte
          Steuerungskonzepte 87
      3.2.3 Beurteilung wertorientierter Steuerungskonzepte in
          Verbindung mit einer harmonisierten Unternehmensrechnung 88
      3.2.4 Behandlung von kalkulatorischen Ergebnisbestandteilen 92
      3.2.5 Zur Analyse der inhaltlichen Harmonisierung eines
          bestimmten Rechnungslegungsstandards 100
   3.3 Strukturelle Dimensionen einer Harmonisierung 103
      3.3.1 Harmonisierung verschiedener Strukturdimensionen 103
       3.3.1.1 Harmonisierung der Berichtsstrukturen 103
       3.3.1.2 Konsolidierung entlang der Segment- und Managementstruktur 110
           3.3.1.2.1 Darstellung verschiedener Konsolidierungsvorschriften 110
           3.3.1.2.2 Besonderheiten der Konsolidierung in der
                 Segmentberichterstattung und deren Abbildung als
                 inter- und intrasegmentäre Beziehungen 112
      3.3.2 Abgrenzung von Verantwortungsbereichen 116
       3.3.2.1 Darstellung verschiedener Abgrenzungsmöglichkeiten 116
       3.3.2.2 Profit-Center-Konzept 118
      3.3.3 Notwendigkeit der strukturellen Vergleichbarkeit 120

3.4 Prozessuale Dimensionen einer Harmonisierung 124
　3.4.1 Grundlagen der Prozessharmonisierung 124
　3.4.2 Harmonisierung der Termine und Prozessschritte eines
　　　　Konzernabschlusses 126
　3.4.3 Harmonisierung der Berichtsfrequenzen 128
　3.4.4 Auswirkungen einer prozessualen Harmonisierung auf das
　　　　Konzern-Controlling 130
　　3.4.4.1 Organisatorische Auswirkungen auf das Konzern-
　　　　　　Controlling 130
　　3.4.4.2 Auswirkungen auf Aufgaben, Tätigkeitsschwerpunkte
　　　　　　und Kompetenzverteilung im Konzern-Controlling 132
　　3.4.4.3 Standardisierung und Automatisierung als Ausgangs-
　　　　　　punkt weiterer Anpassungen im Konzern-
　　　　　　Controlling – Outsourcing, Shared Services, Offshoring 133
3.5 Technische Dimensionen einer Harmonisierung 139
　3.5.1 Voraussetzungen der IT-Infrastruktur 139
　3.5.2 Darstellung eines geeigneten Softwareprodukts - SAP SEM 145
　　3.5.2.1 Komponenten von SAP SEM 145
　　3.5.2.2 Funktionen und Eigenschaften von SAP SEM 149
　　3.5.2.3 Beurteilung von SAP SEM 151
3.6 Zusammenfassung der Erkenntnisse auf inhaltlicher,
　struktureller, prozessualer und technischer Ebene 153

4. Projekt der Harmonisierung von interner und externer Unternehmensrechnung 157
4.1 Projekte und Projektmanagement 157
　4.1.1 Begriffliche Abgrenzungen von Projekten und Projekt-
　　　　management 157
　4.1.2 Darstellung verschiedener Projektmanagementstandards 161
　4.1.3 Grundlagen der Projektorganisation 164
　4.1.4 Phasenmodelle zur Strukturierung des Projektablaufs 166
4.2 Aufbau und personelle Zusammensetzung des
　Harmonisierungsprojekts 167
　4.2.1 Organisatorischer Aufbau und Verankerung 167
　4.2.2 Personelle Anforderungen und Zusammensetzung 172
4.3 Darstellung des Harmonisierungsprojekts durch ein
　Phasenmodell unter Berücksichtigung von Problemfeldern 176
　4.3.1 Allgemeine Anmerkungen zum Projekt der Harmonisierung 176
　4.3.2 Problemfelder während des Harmonisierungsprojekts 180

4.3.3 Phasenmodell des Harmonisierungsprojekts 182
    4.3.3.1 Initialisierungs- und Analysephase 182
    4.3.3.2 Konzept- und Testphase 185
    4.3.3.3 Implementierungsphase 189
    4.3.3.4 Roll-out-Phase 191
    4.3.3.5 Release-Phase 192
4.3.4 Projektabschlussanalyse - Lessons learned 194

5. Schlussbetrachtung 197

Literaturverzeichnis 201

Abbildungsverzeichnis

Abb. 1: Indirekte Ermittlung des Free Cashflow 29
Abb. 2: Literaturüberblick zur Harmonisierung der Unternehmens-
rechnung 41
Abb. 3: Auswirkungen auf Tätigkeitsschwerpunkte 47
Abb. 4: Generelle Anforderungen an eine harmonisierte
Unternehmensrechnung 55
Abb. 5: Handelsbilanz I und Handelsbilanz II im Kontext des
Konzernabschlusses 57
Abb. 6: Harmonisierungsbereich der Rechnungszwecke 59
Abb. 7: Harmonisierungsgrad einer teilharmonisierten
Unternehmensrechnung 61
Abb. 8: Überleitung von interner Unternehmensrechnung über die
Segmentberichterstattung zum Konzernabschluss 66
Abb. 9: Management Approach als Ansatz der Harmonisierung 68
Abb. 10: Konzernformen 70
Abb. 11: Änderungen des IAS 14 (revised) durch IFRS 8 79
Abb. 12: Differenzierte Eigenkapitalkosten auf Segmentebene 94
Abb. 13: Ansätze zur Bestimmung segmentbezogener Kapitalkosten 95
Abb. 14: Kriterienraster des BCG-Modells zur Bestimmung
segmentbezogener Kapitalkosten 98
Abb. 15: Bestandteile der Berichtsstruktur 104
Abb. 16: Regionale Verteilung der Kapitalkosten auf die Segmente
und Geschäftsbereiche 106
Abb. 17: Matrixkonsolidierung anhand der Konzernsteuerungs- und
Führungsstruktur 108
Abb. 18: Inter- und intrasegmentäre Beziehungen zwischen
Verantwortungsbereichen 115
Abb. 19: Änderungen in der Struktur der Verantwortungsbereiche 122
Abb. 20: Überblick über den Prozessablauf der Unternehmens-
rechnung 126
Abb. 21: Zeitliche Abfolge eines Monatsabschlusses 127
Abb. 22: Optimierungspotenziale durch Shared Service Centers 137
Abb. 23: Voraussetzungen und Anforderungen der IT-Infrastruktur 140
Abb. 24: IT-Bausteine einer harmonisierten Unternehmensrechnung ... 144
Abb. 25: Komponenten von SAP SEM 147
Abb. 26: Organisatorischer Aufbau des Harmonisierungsprojekts 168
Abb. 27: Komponenten des Harmonisierungsprozesses 178
Abb. 28: Zeitersparnis durch Parallelisierung 179
Abb. 29: Wesentliche Punkte des Harmonisierungsprojekts 194

Abkürzungsverzeichnis

Abb.	Abbildung
Abs.	Absatz
AG	Aktiengesellschaft
AIN	Accounting Interpretations
AktG	Aktiengesetz
APB	Accounting Principles Board
APV	Adjusted Present Value
ARB	Accounting Research Bulletin
Art.	Artikel
AT	Arbeitstag
BB	Betriebs-Berater
BC	Basis of Conclusion
BCS	Business Consolidation System
BEx	Business Explorer
BFuP	Betriebswirtschaftliche Forschung und Praxis
BIB	Bruttoinvestitionsbasis
BIC	Business Information Collection
BilMoG	Bilanzrechtsmodernisierungsgesetz
BPS	Business Planning and Simulation
BW	Business Warehouse
bzw.	beziehungsweise
CAPM	Capital Asset Pricing Model
CC	Corporate Center
CFO	Chief Financial Officer
CFROI	Cashflow Return on Investment
CIM	Computer Integrated Manufactoring
CPM	Corporate Performance Monitor
CVA	Cash Value Added
d. h.	das heißt
DAX	Deutscher Aktienindex
DB	Der Betrieb
DBW	Die Betriebswirtschaft
DCF	Discounted Cashflows
DIN	Deutsche Industrienorm
DRS	Deutscher Rechnungslegungsstandard
DRSC	Deutsches Rechnungslegungs Standards Committee e.V.
DStR	Deutsches Steuerrecht
DV	Datenverarbeitung
DVFA/SG	Deutsche Vereinigung für Finanzanalyse und Anlageberatung (DVFA) und Schmalenbach Gesellschaft (SG)

ECCS	Enterprise Controlling - Consolidation
ED	Exposure Draft
EGHGB	Einführungsgesetz zum Handelsgesetzbuch
ERP	Enterprise Ressource Planning
et al.	et allii (und andere)
ETL	Extraction Transformation Loading
EU	Europäische Union
EUR	Euro
EVA	Economic Value Added
evtl.	eventuell
f.	folgende
FA	Financial Accounting
FAF	Financial Accounting Foundation
FASB	Financial Accounting Standards Board
FB	Finanzbetrieb
ff.	fortfolgende
Fn.	Fußnote
GB	Geschäftsbereich
GCoA	Global Chart of Accounts
GDPM	Goal Directed Project Management
GF	Geschäftsfeld
GmbH	Gesellschaft mit beschränkter Haftung
GPM	Deutsche Gesellschaft für Projektmanagement
GuV	Gewinn- und Verlustrechnung
GWB	Geschäftswertbeitrag
HB	Handelsbilanz
HGB	Handelsgesetzbuch
Hrsg.	Herausgeber
i. d. R.	in der Regel
i. W.	im Wesentlichen
IAS	International Accounting Standards
IASB	International Accounting Standards Board
IASC	International Accounting Standards Committee
ICB	IPMA Competence Baseline
IFRIC	International Financial Reporting Interpretations Committee
IFRS	International Financial Reporting Standard
IPMA	International Project Management Association
IT	Informationstechnologie
Jg.	Jahrgang
KapAEG	Kapitalaufnahmeerleichterungsgesetz
KapCoRiLiG	Kapitalgesellschaften- und Co.-Richtliniengesetz

KGes	Konzerngesellschaft
KonTraG	Gesetz zur Kontrolle und Transparenz im Unternehmensbereich
KoR	Kapitalmarktorientierte Rechnungslegung
KPIs	Key Performance Indicators
krp	Kostenrechnungspraxis
MA	Management Accounting
MD&A	Management's Discussion and Analysis
MVA	Market Value Added
No.	Number
NOPLAT	Net Operating Profit Less Adjusted Taxes
Nr.	Nummer
NYSE	New York Stock Exchange
OLAP	Online Analytical Processing
par.	Paragraph
PC	Profit Center
PMBOK	Guide to the Project Management Body of Knowledge
PMI	Project Management Institute
PublG	Publizitätsgesetz
PuK	Planung und Kontrolle
Reg.	Regulation
RK.	Rahmenkonzept
ROCE	Return on Capital Employed
ROE	Return on Equity
ROI	Return on Investment
RONA	Return on Net Assets
Rz.	Randziffer
S.	Seite
SEC	Securities and Exchange Commission
SEM	Strategic Enterprise Management
SFAS	Statement of Financial Accounting Standards
SLA	Service Level Agreement
sog.	sogenannte
SOP	Statement of Position, Statement of Principles
SRM	Stakeholder Relationship Management
SSC	Shared Service Center
T	Planungshorizont
t	Zeitindex
TK	Teilkonzern
U	Monatsultimo
u. a.	unter anderem, und andere
US oder USA	United States of America

US-GAAP	US-Generally Accepted Accounting Principles
usw.	und so weiter
v. a.	vor allem
Vgl.	Vergleiche
vs.	versus
WACC	Weighted Average Cost of Capital
WIST	Wirtschaftswissenschaftliches Studium
WISU	Wirtschaftsstudium
Wpg	Die Wirtschaftsprüfung
z. B.	zum Beispiel
ZfB	Zeitschrift für Betriebswirtschaft
ZfbF	Zeitschrift für betriebswirtschaftliche Forschung
ZfCM	Zeitschrift für Controlling und Management

1. Einleitung

1.1 Problemstellung

Die traditionelle Zweiteilung der Unternehmensrechnung in ein internes und ein externes Rechenwerk ist immer wieder Gegenstand der Diskussion in Theorie und Praxis. Dies wird durch ständige Veränderungen in der Unternehmensumwelt, einer höheren Wettbewerbsintensität, steigendem Regelungsdruck in den Bereichen Rechnungslegung und Corporate Governance[1] sowie einer zunehmenden wertorientierten Ausrichtung und der Forderung nach Reduzierung der Abschlusszeiten (sog. „fast close") bestärkt. Die Herausforderung für das Controlling insgesamt sowie die Unternehmensrechnung im Besonderen besteht darin, den aufgeführten Veränderungen und Anforderungen optimal zu begegnen bzw. auf diese in geeigneter Form vorbereitet zu sein.

Aus der skizzierten Entwicklung leiten zunehmend mehr Unternehmen Ziele und Motive für eine Harmonisierung von interner und externer Unternehmensrechnung ab. Dieser Veränderungs- und Anpassungsprozess wird sich durch weitere Änderungen interner und externer Parameter und Einflussfaktoren, die Unternehmen im Allgemeinen und die Unternehmensrechnung im Speziellen betreffen, fortsetzen. Als Beispiele seien die aktuelle Diskussion um Outsourcing, Offshoring oder die Gründung von Shared Service Centers für bestimmte Tätigkeiten und Aufgaben im Controlling sowie der steigende Druck zur Effizienzsteigerung und die permanenten Weiterentwicklungen der im Controlling-Bereich zur Anwendung kommenden IT-Systeme genannt.[2]

Insbesondere global agierende und börsennotierte Konzerne versuchen, durch die Harmonisierung der Unternehmensrechnung auf der Ebene des Konzerns

---

[1] Als Beispiel kann hier der Sarbanes-Oxley Act genannt werden. Der Sarbanes-Oxley Act wurde vom US-Kongress im Jahr 2002 verabschiedet. Das Gesetz soll die Ursachen der US-Finanzskandale, z. B. *Enron* und *Worldcom*, bekämpfen und befasst sich u. a. mit der Selbstregulierung des US-Prüferberufs und der Corporate Governance von an US-Börsen gelisteten Unternehmen. Das Gesetz wurde nach dem Senator *Paul Sarbanes* und dem Kongressabgeordneten *Michael Oxley* benannt. Vgl. Lanfermann, G./Maul, S. (2002), S. 1725 f.; Färber, N./Wagner, T. M. (2005), S. 155 f. Vgl. zu Corporate Governance, Wagenhofer, W./Ewert, R. (2007), S. 17 f.; Zum deutschen Corporate Governance Kodex vgl. Regierungskommission Deutscher Corporate Governance Kodex (2009), S. 1 f.

[2] Auf diese Thematik wird in Abschnitt 3.4.4.3 dieser Arbeit detaillierter eingegangen.

diesen Entwicklungen gerecht zu werden.[3] Die fortschreitende Globalisierung der Kapitalmärkte und die zunehmende Anwendung wertorientierter Konzepte sowie die Internationalisierung und dynamische Entwicklung der Konzernrechnungslegung werden diesen Prozess noch verstärken bzw. beschleunigen. Gerade in Bezug auf die Entwicklung der internationalen Rechnungslegung wird in Theorie und Praxis allgemein die Auffassung vertreten, dass ein Umstellen der externen Rechnungslegung auf international anerkannte Rechnungslegungsstandards die gleichzeitige Verwendung von Daten für interne und externe Berichts- und Steuerungszwecke begünstigen wird.[4] Die Bedürfnisse der Kapitalgeber sind in der externen Berichterstattung stärker in den Mittelpunkt des Interesses zu rücken. Neben der verpflichtenden Unternehmenspublizität werden aus diesem Grund vermehrt zusätzliche Angaben, wie z. B. wertorientierte Kennzahlen und deren Ermittlungsmethodiken im Rahmen der externen Unternehmenspublizität, an den Kapitalmarkt kommuniziert.[5] Das zur internen Steuerung verwendete und extern kommunizierte Datenmaterial wird sich aufgrund dieser Tatsache annähern. Hier ist hauptsächlich auf die Entwicklung im Bereich der Segmentberichterstattung und des dort zur Anwendung kommenden Management Approach hinzuweisen.

Die Ziele einer Harmonisierung können recht vielfältig sein und hängen unter anderem vom verstärkten Internationalisierungsprozess, den jeweiligen Unternehmenszielen, von Reglementierungen innerhalb der Rechnungslegung sowie von Anforderungen externer Gruppen, z. B. institutioneller Investoren und Analysten, ab. Die Erhöhung der Transparenz, eine bessere Kommunizierbarkeit und die damit einhergehende Reduktion von Abstimmungs- und Interpretationsproblemen, die Realisierung von Kosteneinsparungs- und Effizienzsteigerungsmöglichkeiten innerhalb der Unternehmensrechnung in Verbindung mit einer stärkeren Prozessorientierung sowie die Fokussierung auf die eigentlichen Controller-

---

[3] Vgl. Küting, K./Lorson, P. (1998a), S. 469 ff.; Küpper, H.-U. (1998), S. 143 ff.; Pellens, B./Tomaszewski, C./Weber, N. (2000), S. 1830 f.; Hahn, D./Nicklas, M. (1999), S. 67; Melching, H.-G. (1997), S. 246 f.; Männel, W. (1997), S. 9 f.; Horváth, P./Arnaout, A. (1997), S. 262 f.; Ziegler, H. (1994), S. 175 ff.; Klein, G. A. (1999b), S. 34 f.

[4] Vgl. Ziegler, H. (1994), S. 175 ff.; Haller, A. (1997), S. 276; Küting, K./Lorson, P. (1999a), S. 51 f.; Löw, E. (1999), S. 91 f.

[5] Vgl. die Angaben in den Geschäftsberichten der *Siemens AG, ThyssenKrupp AG* und *DaimlerChrysler AG*. Siemens AG (2005), S. 106 f.; ThyssenKrupp AG (2005), S. 91 f.; DaimlerChrysler AG (2006), S. 44 f. Zur *DaimlerChrysler AG* ist anzumerken, dass auf der außerordentlichen Hauptversammlung im Oktober 2007 der Umbenennung in *Daimler AG* zugestimmt wurde.

Tätigkeiten können als mögliche Ziele einer Harmonisierung genannt werden.

Vorreiter der Harmonisierung von interner und externer Unternehmensrechnung in Deutschland war die *Siemens AG* im Jahr 1992.[6] Es wurde fortan eine intensive Diskussion in Wissenschaft und Praxis über den Wechsel von getrennten Rechenkreisen (Zweikreissystem) hin zu einem harmonisierten Rechenkreis (Einkreissystem) geführt.[7] Die Harmonisierung der Rechenwerke wird insbesondere von Unternehmen auf den oberen Konzern- und Führungsebenen angestrebt und vorgenommen.[8]

Die aufgezeigten Entwicklungstrends und ihre Auswirkungen beantworten jedoch nicht die Frage, wie eine Harmonisierung der Unternehmensrechnung auf Ebene des Konzerns unter Berücksichtigung der Grenzen der Harmonisierung prozessual umgesetzt werden soll bzw. welche Voraussetzungen gegeben sein müssen und wie letztendlich das Projekt der Harmonisierung in seiner Gesamtheit zu managen ist. Unternehmen haben offensichtlich Probleme bei der tatsächlichen prozessualen Umsetzung des komplexen Vorhabens der Harmonisierung von interner und externer Unternehmensrechnung. Dieses Fazit kann aus verschiedenen empirischen Untersuchungen abgeleitet werden.[9] Die ursprünglich formulierten Ziele wurden bei einigen Unternehmen nicht im geplanten Ausmaß erreicht. Es besteht somit die Annahme, dass die Anforderungen und Voraussetzungen, in nicht ausreichendem Ausmaß vorhanden sind. Aufgrund der Komplexität des Harmonisierungsvorhabens werden oft nicht alle Zusammenhänge und die

---

[6] Vgl. Ziegler, H. (1994), S. 175 ff. Weitere Unternehmen sind diesem Beispiel inzwischen gefolgt, u. a. *Deutsche Telekom, BASF, Bayer, BMW* und *VW*.

[7] Primärer Grund für das ursprüngliche Auseinanderfallen der Rechenkreise in ein Zweikreissystem waren und sind die unterschiedlichen Rechnungszwecke. Dieser Grundsatz manifestiert sich in der Forderung, dass unterschiedliche Rechnungszwecke auch unterschiedliche Rechnungsinhalte erfordern. Vgl. Männel, W. (1999a), S. 12 f.; Küpper, H.-U. (1998), S. 144 ff. In den USA geht dieser Sachverhalt auf das vielfach zitierte Postulat von *John Maurice Clark* zurück: „*Different Costs for Different Purposes.*" Clark, J. M. (1923), S. 175 ff.

[8] Vgl. Weißenberger, B. E. (2003), S. 2; Hebeler, C. (2003), S. 1 f.; Klein, G. A. (1999a), S. 68 f.; Schweitzer, M./Ziolkowski, M. (1999), S. 12 f.; Haller, A. (1997), S. 273; Küting, K./Lorson, P. (1998b), S. 492; Laßmann, G. (1995), S. 1049 f.; Bruns, H.-G. (1999), S. 595 f.; Burger, A./Buchhart, A. (2001), S. 551; Schenk, U. (2003), S. 151 f.

[9] Vgl. Horváth, P./Arnaout, A. (1997), S. 254 f.; Haring, N./Prantner, R. (2005), S. 147 f.; Müller, M. (2006), S. 176 f.; Dorfer, A./Gaber, T. (2006), S. 22 f.; Grieshop, H./Weber, J. (2007), S. 307 f.; Weißenberger, B. E./Angelkort, H. (2007), S. 8 f.; Jahnke, H./Wielenberg, S./Schumacher, H. (2007), S. 365 f.

hiermit verbundenen Schnittstellen erkannt. Bisher wurde in der betriebwirtschaftlichen Literatur die Harmonisierung hauptsächlich aus theoretischer Perspektive diskutiert.

1.2 Zielsetzung

Die vorliegende Dissertation baut auf den bisherigen Überlegungen, Diskussionen und Erfahrungen der betriebswirtschaftlichen Theorie und Praxis zur Thematik der Harmonisierung von interner und externer Unternehmensrechnung auf. Hierbei werden vor allem die Fragestellungen der Ausgestaltung einer harmonisierten Unternehmensrechnung auf Konzernebene und die zu erfüllenden Anforderungen und Voraussetzungen analysiert. Die Arbeit betrachtet also neben der theoretischen Perspektive hauptsächlich die prozessuale Umsetzung der Harmonisierung im Zuge eines Harmonisierungsprojekts sowie die hierfür notwendigen Voraussetzungen und deren Auswirkungen. Es soll gezeigt werden, wie das Projekt der Harmonisierung von interner und externer Unternehmensrechnung in seiner Gesamtheit zu managen und zu strukturieren ist. Die in der Problemstellung aufgeführten Schwierigkeiten im Zuge einer Harmonisierung von interner und externer Unternehmensrechnung sollen im Rahmen dieser Arbeit abgebaut und Grenzen der Harmonisierung deutlich aufgezeigt werden. Um alle Implikationen und Facetten einer Harmonisierung darstellen zu können, wird die Harmonisierung in verschiedene Dimensionen strukturiert. Hierdurch wird die Vielschichtigkeit der Harmonisierungsthematik deutlich herausgestellt. Es handelt sich hierbei um die inhaltliche, strukturelle, prozessuale und technische Dimension. Jede Dimension betrachtet dabei unterschiedliche Sachverhalte. Bei Darstellung der theoretischen Perspektive wird vor allem auf das Lücke-Theorem eingegangen und die zu beachtenden Besonderheiten in Verbindung mit einer harmonisierten Unternehmensrechnung herausgearbeitet. Bei dieser Analyse soll die Bedeutung des Kongruenzprinzips im Zusammenhang mit einer wertorientierten und harmonisierten Unternehmensrechnung dargestellt werden. Des Weiteren sollen die DCF-Verfahren und das EVA-Verfahren auf Anwendbarkeit im Zusammenhang mit einer wertorientierten und harmonisierten Unternehmensrechnung beurteilt werden.

Die Bedeutung des Management Approach für eine harmonisierte Unternehmensrechnung wird hierbei explizit herausgearbeitet, da hierdurch die interne Sicht des Managements an externe Adressaten kommuniziert wird. Der Management Approach stellt also eine Schnittstellenfunktion zwischen interner und externer Unternehmensrechnung dar. Da der Management Approach im Rahmen der Segmentberichterstattung geregelt und bei Anwendung internationaler Rechnungslegungsstandards verpflichtend vorgeschrieben ist, verfolgt die Arbeit auch das Ziel, auf besondere Sachverhalte im Zuge der Erstellung einer wertorientierten Segmentberichterstattung hinzuweisen. Es geht hier u. a. um die Art und Weise der Behandlung von konzerninternen Beziehungen im Rahmen der Segmentkonsolidierung und die Bestimmung von segmentbezogenen Kapitalkosten.

Im Rahmen der Implementierung und Umsetzung des Harmonisierungsprojekts soll speziell auf die an das Projektmanagement zu stellenden Anforderungen und Voraussetzungen eingegangen und Implementierungsvorschläge gegeben sowie mögliche Folgen und Auswirkungen der Harmonisierung vorgestellt werden. Es soll deutlich werden, dass durch adäquate Berücksichtigung der Voraussetzungen, Anforderungen und Auswirkungen der vier abgegrenzten Dimensionen, die mit dem Projekt der Harmonisierung verfolgten Ziele erreicht werden können.

Angesichts der zunehmenden Verbreitung der Harmonisierung von interner und externer Unternehmensrechnung ist es das Anliegen dieser Dissertation, einen konzeptionellen Ansatz zu erarbeiten, der den Anforderungen der betriebswirtschaftlichen Praxis gerecht wird. Hierzu setzt die Dissertation sich zum Ziel, einen allgemeinen Leitfaden zur Harmonisierung der Unternehmensrechnung auf Ebene des Konzerns im Rahmen eines Projekts zu geben und mögliche Auswirkungen auf das Konzern-Controlling zu diskutieren und vorzustellen. Es soll eine generelle Möglichkeit der Vorgehensweise bezüglich Gestaltung und Management eines solchen Projekts gegeben werden. Bei dieser Betrachtung wird sich auf einen international tätigen und börsennotierten Konzern fokussiert, der gemäß IAS/IFRS Rechnung legt.[10]

Der Themenkomplex einer Harmonisierung der internationalen Rechnungslegung in Form der Harmonisierung der internationalen Rechnungslegungsstandards IAS/IFRS und US-GAAP wird zwar in den jeweils betroffenen Kapiteln andiskutiert, jedoch wird von einer intensiveren Betrachtung weitestgehend abgesehen. Hier ist vor allem auf die aktuelle Entwicklung in Bezug auf die Notwendigkeit der Überleitung von IAS/IFRS auf US-GAAP von in den USA gelisteten Unternehmen hinzuweisen. Im

---

[10] Dennoch sollen diverse Unterschiede zwischen den Rechnungslegungsstandards HGB, IAS/IFRS und US-GAAP an geeigneter Stelle herausgearbeitet werden.

November 2007 entschied die SEC in diesem Zusammenhang zukünftig auf eine Überleitung von IAS/IFRS auf US-GAAP zu verzichten.[11]

1.3 Aufbau der Arbeit

Nach der thematischen Abgrenzung der Problemstellung und der Vorstellung der Zielsetzung werden in Kapitel 2 wichtige theoretische Grundlagen geschaffen.

Zum Einstieg werden zunächst die Grundlagen der Unternehmensrechnung und des Controllings gelegt. In diesem Zusammenhang wird auf die Unterscheidung der Unternehmensrechnung in ein internes und externes Rechenwerk eingegangen und ein Rückblick über die geschichtliche Entwicklung der Unternehmensrechnung gegeben. Die Verbindung der Unternehmensrechnung zum wertorientierten Controlling wird hieran anschließend herausgearbeitet. Aufgrund der hier angenommenen wertorientierten Ausrichtung werden die theoretischen Grundlagen wertorientierter Steuerungskonzepte erläutert. Hierbei wird auf die Bedeutung des Lücke-Theorems als theoretische Basiskonzeption für eine harmonisierte Unternehmensrechnung eingegangen, die DCF-Verfahren sowie das EVA-Verfahren als wertorientierte Steuerungskonzepte vorgestellt und die Anforderungen der Wertorientierung an die Unternehmensrechnung und das Controlling betrachtet.

Im weiteren Verlauf des zweiten Kapitels wird der aktuelle Stand der Diskussion in Theorie und Praxis zur Harmonisierung dargestellt sowie Ziele und Grenzen der Harmonisierung aufgezeigt. Hieran anschließend werden generelle Anforderungen an eine harmonisierte Unternehmensrechnung formuliert, der Harmonisierungsbereich abgegrenzt sowie der Grad der Harmonisierung und die grundsätzliche Harmonisierungsrichtung diskutiert. Im Zusammenhang mit der Harmonisierungsrichtung wird auf die besondere Bedeutung der Segmentberichterstattung und dessen Schnittstellenfunktion zwischen interner und externer Unternehmensrechnung in Form des Management Approach eingegangen. Aufgrund der Bedeutung der Segmentberichterstattung werden zum Abschluss des Kapitels 2 die Grundlagen der Konzernrechnungslegung herausgearbeitet und die Komponenten des Konzernabschlusses analysiert und vor allem die Segmentberichterstattung detaillierter betrachtet. Hierfür werden die Grundlagen und Ziele der Segmentberichterstattung sowie deren Abgrenzung nach IAS/IFRS, US-GAAP und HGB deutlich gemacht.

---

[11] Vgl. SEC (2007), S. 1 f.; Erchinger, H./Melcher, W. (2007), S. 2635 f.

Bevor der Harmonisierungsprozess durch Aufteilung in verschiedene Phasen in Kapitel 4 näher analysiert wird, werden die Voraussetzungen einer harmonisierten Unternehmensrechnung in Kapitel 3 aufgezeigt. Hierbei werden zu Beginn des Kapitels allgemeine Grundlagen der Harmonisierung erläutert und begriffliche Abgrenzungen vorgenommen. Um eine strukturierte und transparente Vorgehensweise zu ermöglichen wird die Analyse der Harmonisierung in die vier Dimensionen der inhaltlichen, strukturellen, prozessualen und technischen Ebene unterteilt. Für jede der Dimensionen werden Voraussetzungen, Schwerpunktthemen und Problemfelder erläutert und Lösungsmöglichkeiten im Rahmen des Harmonisierungsprozesses vorgestellt. Bei Betrachtung der inhaltlichen Dimension werden die in Kapitel 2 vorgestellten Konzepte der Wertorientierung in Verbindung mit einer harmonisierten Unternehmensrechnung beurteilt. Speziell das zu erfüllende Kongruenzprinzip des Lücke-Theorems und die Problematik der Durchbrechung des Kongruenzprinzips werden im Rahmen des Dirty-Surplus-Accounting detailliert betrachtet. Die strukturelle Dimension hat ihren Schwerpunkt in der Analyse der Berichts- und Konsolidierungsstruktur. Die zu harmonisierenden Prozessschritte und die zu vereinheitlichenden Berichtsfrequenzen sowie die möglichen Auswirkungen der Harmonisierung werden bei Darstellung der prozessualen Dimension analysiert. Die möglichen Auswirkungen einer Harmonisierung werden nach generellen organisatorischen Gesichtspunkten und nach möglichen Auswirkungen auf Aufgaben, Tätigkeitsschwerpunkte und Kompetenzverteilung der betroffenen Controlling-Abteilungen betrachtet. Des Weiteren werden aktuelle Entwicklungen im Controlling-Bereich vorgestellt. Es handelt sich um die Möglichkeiten des Outsourcings, der Errichtung von Shared Service Centers sowie die Alternative des Offshoring bestimmter Aktivitäten im Controlling-Bereich. Aufgrund der hohen Komplexität des gesamten Prozesses der Unternehmensrechnung ist zur erfolgreichen Gestaltung und Umsetzung eines harmonisierten Rechenwerks eine leistungsfähige und adäquate Softwareunterstützung unabdingbar. Die vierte Dimension betrachtet aus diesem Grund im Wesentlichen die Anforderungen und Voraussetzungen einer geeigneten IT-Infrastruktur. Die geänderte Architektur der Unternehmensrechnung muss in einem entsprechenden System abgebildet werden können. Als mögliche Softwarelösung wird hier die Standardsoftware SAP SEM (Strategic Enterprise Management) vorgestellt.[12] Zum Abschluss von Kapitel 3 werden die in diesem Kapitel gewonnenen Erkenntnisse zusammengefasst.

---

[12] Die Fokussierung auf *SAP* wird durch eine Studie von *Accenture* bekräftigt, da v. a. Systeme der *SAP AG* bei den an der Studie teilnehmenden Unternehmen als Standard für Reporting- und Berichtszwecke verwendet werden. Vgl. Accenture (2003), S. 50 f.

Der Harmonisierungsprozess wird in Form eines Harmonisierungsprojekts in Kapitel 4 vorgestellt. Das Harmonisierungsprojekt als Ganzes wird entsprechend in die Unternehmensorganisation integriert und dort verankert. Zu Beginn des Kapitels 4 werden begriffliche Abgrenzungen vorgenommen und theoretische Grundlagen der Projektorganisation und des Projektmanagements geschaffen. Neben der Vorstellung verschiedener Projektmanagementstandards werden Fragen des organisatorischen Aufbaus und der personellen Zusammensetzung des Harmonisierungsprojekts diskutiert. Der Harmonisierungsprozess wird hierfür in fünf Phasen untergliedert. Es handelt sich um die Initialisierungs- und Analysephase, die Konzept- und Testphase, die Implementierungs-, die Roll-out- und die Release-Phase.

Die Arbeit schließt mit einer Schlussbetrachtung in Kapitel 5. In dieser werden die getroffenen Aussagen und wichtigsten Erkenntnisse zusammengefasst sowie ein Ausblick auf weitere Entwicklungen und mögliche Forschungsthemen im Controlling-Bereich im Allgemeinen und im Bereich der Unternehmensrechnung im Speziellen gegeben.

2. Theoretische Grundlagen für eine harmonisierte und wertorientierte Unternehmensrechnung

2.1 Grundlagen der wertorientierten Unternehmensrechnung und des Controllings

2.1.1 Grundlagen der Unternehmensrechnung und des Controllings

2.1.1.1 Abgrenzung von interner und externer Unternehmensrechnung

Die Unternehmensrechnung[13] bildet das zentrale Instrument der betrieblichen Informationsversorgung und setzt sich aus vier verschiedenen Basisrechnungssystemen zusammen.[14] Diese Basisrechnungssysteme unterscheiden sich nach den ihr jeweils zugrunde liegenden Rechengrößen. Als Rechengrößen werden die Begriffspaare Auszahlungen/Einzahlungen (Finanzrechnung), Ausgaben/Einnahmen (Finanzierungsrechnung), Aufwand/Ertrag (Bilanz- und Erfolgsrechnung) sowie Kosten/Leistungen (Kosten- und Leistungsrechnung) unterschieden. Die externe Unternehmensrechnung basiert hierbei nicht nur auf der Bilanz- und Erfolgsrechnung, sondern z. B. auch auf Auszahlungen/Einzahlungen im Zuge der Erstellung einer Kapitalflussrechnung.[15]

Die Bestimmungsgrößen für die Gestaltung der Unternehmensrechnung bilden die verfolgten Rechnungszwecke. Weitgehend übereinstimmend werden in der Literatur die allgemeinen Rechnungszwecke der Abbildung oder Dokumentation, Planung, Steuerung und Kontrolle genannt. Die Rechnungszwecke werden durch Angabe von Rechnungszielen konkretisiert. Das Rechnungsziel kann z. B. durch eine finanzielle Größe determiniert werden. Diese Größe lässt sich mithilfe einer bestimmten Rechnung ermitteln, z. B. Jahresüberschuss oder Kapitalwert, und beeinflusst

---

[13] Die Begriffe Unternehmensrechnung und (betriebliches) Rechnungswesen werden in der betriebswirtschaftlichen Literatur oft synonym verwendet. Vgl. Küpper, H.-U. (2005), S. 128 f. *Horváth* dagegen nimmt bei seiner Begriffsdefinition eine Differenzierung der beiden Begriffe vor. Vgl. Horváth, P. (2006), S. 390 f.

[14] Auf die vier verschiedenen Basisrechnungssysteme wird im Verlauf dieses Abschnitts noch ausführlicher eingegangen.

[15] Vgl. zu diesem Abschnitt Kloock, J./Sieben, G./Schildbach, T./Homburg, C. (2005), S. 24 ff.; Kloock, J. (1981), S. 874 f.; Coenenberg, A. G./Fischer, T. M./Günther, T. (2007), S. 4 ff.; Weißenberger, B. E. (1997), S. 26 ff. In der betriebswirtschaftlichen Literatur werden manchmal auch Auszahlungen mit Ausgaben bzw. Einzahlungen mit Einnahmen bezeichnet, vgl. hierzu vor allem Schneider, D. (1997), S. 58 f.

dementsprechend den der Rechnung zugrunde liegenden Rechnungsinhalt.[16] Die Ziele der Unternehmensrechnung sollten an die Gesamtunternehmensziele gekoppelt sein und somit eine Zielkongruenz verschiedener Zieldimensionen gewährleisten.

Die Unternehmensrechnung in Deutschland wird unterteilt in eine interne und eine externe Unternehmensrechnung und je nach Rechnungszweck periodisch (jährlich, quartärlich, monatlich, wöchentlich oder sogar täglich) oder aperiodisch (ad hoc) in Form von Sonderrechnungen durchgeführt. Wird die Häufigkeit der Erstellung betrachtet, so nimmt die interne Unternehmensrechnung im Vergleich zur externen eine dominierende Stellung ein. Die explizite Unterscheidung zwischen einer internen und einer externen Unternehmensrechnung ist ein zentrales Gliederungskriterium, das sowohl die wissenschaftliche Disziplinenbildung als auch die organisatorische Aufteilung und Abgrenzung der Unternehmensrechnung innerhalb der Unternehmen und Konzerne entscheidend geprägt hat.[17] Während das interne Rechenwerk hauptsächlich auf freiwilliger Basis betrieben wird und gewisse Freiheitsgrade bei seiner Ausgestaltung vorhanden sind, verlangen nationale und internationale Rechnungslegungsvorschriften[18] die Existenz und Führung einer externen Unternehmensrechnung.[19]

Die interne Unternehmensrechnung ist durch die Darstellung der verschiedenen Geschäfts- oder Unternehmensbereiche weitaus detaillierter aufgebaut als die externe Unternehmensrechnung.[20] Der Aufbau der internen Unternehmensrechnung richtet sich hierbei stark an der Ausrichtung und Ausgestaltung der aufbauorganisatorischen Unternehmensstruktur des jeweiligen Unternehmens aus. Somit spielt die Zuordnung von Entscheidungskompetenzen und Verantwortungsbereichen eine wesentliche

---

[16] Vgl. Schneider, D. (1997), S. 45; Küpper, H.-U. (2005), S. 128 f.; Männel, W. (1997), S. 9 f.; Dirrigl, H. (1998b), S. 540 ff.; Weißenberger, B. E. (2003), S. 87 f.; Wielenberg, S. (2002), S. 1669 f.

[17] Vgl. Männel, W. (1997), S. 9 f.

[18] Diese sind bei nationalen Rechnungslegungsvorschriften durch Gesetz und bei internationalen Rechnungslegungsvorschriften wie z. B. US-GAAP oder IAS/IFRS, durch privatrechtliche Institutionen geregelt.

[19] Mit der EU-Verordnung ist im Gegensatz zu einer EU-Richtlinie der nationale Gesetzgeber absichtlich ausgeschaltet worden. Die Möglichkeit, mit nationalen Eigenheiten und Sonderregelungen die Einheitlichkeit zu unterlaufen ist in diesem Fall nicht gegeben. Vgl. Hermann, T./Bernhard, M. (2003), S. 579. Vgl. Lorson, P./Schedler, J. (2002), S. 255.

[20] Vgl. Müller, M. (2006), S. 49.

Bedeutung bei der Gestaltung der internen Unternehmensrechnung. Die Problematik einer fehlenden Zuordnung von Entscheidungskompetenzen und Verantwortungsbereichen wird vor allem bei dezentralisierten Unternehmensstrukturen deutlich. Das interne Rechenwerk weist aufgrund der Planungs- und Entscheidungsunterstützungsfunktion eine stärkere Zukunftsorientierung der betrachteten Größen und Sachverhalte auf als die externe Unternehmensrechnung.[21]

Unter interner Unternehmensrechnung wird ein Instrument verstanden, das führungsrelevante Informationen zur Entscheidungsfindung und Verhaltenssteuerung liefern soll. Entscheidungsfindung und Verhaltenssteuerung werden als Hauptfunktionen der internen Unternehmensrechnung angesehen und lassen sich den bereits genannten Rechnungszwecken der Planung (Entscheidungsfindung), Steuerung (Verhaltenssteuerung) und Kontrolle (sowohl Entscheidungsfindung als auch Verhaltenssteuerung) zuordnen.[22] Die interne Unternehmensrechnung umfasst alle Rechnungssysteme, die primär für unternehmensinterne Adressaten, wie z. B. oberstes Management, nachgelagerte Führungsebenen und Aufsichtsrat, konzipiert sind. Sie beschäftigt sich demgemäß mit der Konzeption und dem Einsatz von Rechnungssystemen und -verfahren, die sich aus den Basisrechnungssystemen ableiten lassen.[23]

Durch Entwicklungen innerhalb der Rechnungslegung gelangen jedoch auch ursprünglich nur intern verwendete Daten an externe Adressaten. Die externen Adressaten bekommen hierbei vor allem die Informationen zur Verfügung gestellt, die durch gesetzliche Vorschriften und Richtlinien der internationalen Standardsetter[24] pflichtmäßig zu veröffentlichen sind. Sie dient somit der Rechenschaftslegung[25] an unternehmensexterne Adressaten,

---

[21] Vgl. Ewert, R./Wagenhofer, A. (2008), S. 3 f.; Hebeler, C. (2003), S. 142.
[22] Vgl. Wagenhofer, A. (2008), S. 165 f.; Ewert, R./Wagenhofer, A. (2008), S. 6 ff.; Wielenberg, S. (2002), S. 1671 f.; Melcher, W. (2002), S. 33 f.; Pfaff, D./Bärtl, O. (1998), S. 764.
[23] Vgl. Coenenberg, A. G./Fischer, T. M./Günther, T. (2007), S. 8 f.; Kloock, J./Sieben, G./Schildbach, T./Homburg, C. (2005), S. 27 f.
[24] Im nationalen Bereich werden die Rechnungslegungsvorschriften per Gesetz oder durch Übernahme der EU-Kommission geregelt und im internationalen Bereich durch privatrechtliche Standardsetter, z. B. FASB (Financial Accounting Standard Board) oder IASB (International Accounting Standard Board). Auf die Standardsetter wird in Abschnitt 2.3.1 detaillierter eingegangen.
[25] Mittlerweile wird von einer alleinigen Rechenschaftslegung zu einem umfänglicheren, die gesetzlichen Anforderungen ergänzenden Reporting übergegangen. In diesem Zusammenhang wird oft von Business Reporting oder auch Value Reporting gesprochen. Zu Business Reporting und Value Reporting vgl. die

wie z. B. Investoren, Fremdkapitalgeber, Kunden oder die allgemeine Öffentlichkeit. In der Praxis ist zu erkennen, dass sich die Informationswünsche der Adressaten der internen und externen Unternehmensrechnung zunehmend annähern und die Grenzen nicht mehr eindeutig erkennbar sind.[26]

Die externe Unternehmensrechnung betrachtet primär die Ebene des Unternehmens oder des Konzerns als Gesamtheit und ist hauptsächlich vergangenheitsorientiert, zeitraum- bzw. stichtagsbezogen sowie an rechtlich legalen Einheiten ausgerichtet. Die Erfassung erfolgt i. d. R. laufend und periodisch. Lediglich vereinzelt kann es zum Einsatz einer fallbezogenen Erfassung kommen.[27] Bei der Erstellung der externen Unternehmensrechnung sind die gesetzlichen Vorschriften und Richtlinien der nationalen und internationalen Standardsetter zu beachten.

Analog der aufgezeigten deutschen Zweiteilung der Unternehmensrechnung in ein internes und externes Rechenwerk wird in der US-amerikanischen Accounting-Literatur zwischen Financial Accounting und Management oder auch Managerial Accounting[28] unterschieden. Management Accounting kann mit der internen und Financial Accounting mit der externen Unternehmensrechnung verglichen werden. Zur näheren Analyse des Management Accounting ist vor allem die Ausarbeitung von *Zirkler* zu nennen.[29] In der von *Zirkler* durchgeführten Literaturanalyse über bedeutsame Entwicklungen, Aufgabenfelder und Spezifika des US-amerikanischen Management Accounting, wird auf die abrechnungstechnische Datengrundlage des Einkreissystems im Rahmen eines *General Ledger* eingegangen.

Den Hauptunterschied zwischen dem deutschen und dem US-amerikanischen Konzept stellt die gemeinsame Datenbasis, das *General Ledger*, dar. Die gemeinsame Datenbasis wird als Einkreissystem geführt und als *General Ledger* bezeichnet. Dementsprechend gibt es keine zwei vollständig voneinander getrennten Rechensysteme in Form einer Betriebsergebnisrechnung und einer handelsbilanziellen GuV-Rechnung, wie sie in

---

Angaben in Fn. 238 und 239. Vgl. zur Rechenschaftslegung Budde, W. D. (1994), S. 34 ff.
[26] Vgl. Hebeler, C. (2003), S. 55.
[27] Vgl. Müller, M. (2006), S. 14 f.
[28] Die Begriffe Management Accounting und Managerial Accounting werden in der US-amerikanischen Literatur weitestgehend synonym verwendet. Im Rahmen dieser Arbeit wird im Folgenden mit dem Begriff Management Accounting gearbeitet.
[29] Vgl. ausführlicher Zirkler, B. (2002).

Deutschland noch vielfach parallel und in zwei prozessual weitestgehend unabhängigen Prozessen vorzufinden ist. Als Begründung für die vereinheitlichte Datenbasis wird z. B. der mangelnde Informationsnutzen im Verhältnis zum Aufwand der Führung und Pflege zweier unabhängiger Rechenkreise genannt.[30] Sowohl das Financial Accounting als auch das Management Accounting greifen dementsprechend auf diesen gemeinsamen Datenbestand zu. Die erhobenen Daten des *General Ledger* orientieren sich stärker an den externen Vorgaben als an internen Erfordernissen. Für das Management Accounting bedeutet dies einen weitestgehenden Verzicht auf das Rechnen bzw. den Ansatz kalkulatorischer Werte. Kalkulatorische Bestandteile finden im Wesentlichen in sogenannten einzelfallbezogenen Sonderrechnungen Berücksichtigung, die allerdings bereits ein gewisses Maß an Standardisierung aufweisen.[31] Das Financial Accounting dagegen stellt eine Form der Routinerechnung dar.[32]

Als Grund für die Nutzung eines harmonisierten Datenbestands ist exemplarisch das Zitat von *Robert S. Kaplan* und *Anthony A. Atkinson* zu nennen: *"...companies seem to have decided, early in the century when information costs were high and product line diversity was low, that the benefits of keeping two sets - one for external and one for internal management decisions - were too costly relative to the benefits. [...]. The high cost of information collecting, processing, and reporting [...] led companies to attempt to manage their internal operations with the same information used to report to external constituencies."[33]*

Dieses Zitat soll allerdings nicht darüber hinwegtäuschen, dass auch in der US-amerikanischen Accounting-Literatur von verschiedenen Vertretern aufgrund verschiedener Rechnungszwecke unterschiedliche Rechnungssysteme gefordert werden.[34] So kann es gerade im Rahmen einer wertorientierten Ausrichtung des Unternehmens zu Anpassungen des extern kommunizierten Datenmaterials zum Zwecke einer ökonomischen internen Sichtweise kommen.[35] Von der überwiegenden Mehrheit der US-

---

[30] Vgl. Kaplan, R. S./Atkinson, A. A. (1998), S. 8; Helmkamp, J. G. (1990), S. 4.
[31] Vgl. Horváth, P. (2006), S. 440.
[32] Vgl. Baumann, K.-H. (1986), S. 431; Haller, A. (1997), S. 273; Zirkler, B. (2002), S. 21 f.; Holzer, H. P./Norreklit, H. (1991), S. 699 f.; Horngren, C. T. et al. (2002), S. 6 f.; Becker, G. M. (1998), S. 1100 f.
[33] Kaplan, R. S./Atkinson, A. A. (1998), S. 8.
[34] Vgl. Horngren, C. T. et al. (2002), S. 5.
[35] Hier sei bereits auf das EVA-Konzept hingewiesen. Bei Verfolgung dieses wertorientierten Steuerungskonzepts kann es zu Anpassungen im Übergang vom

amerikanischen Autoren wird allerdings aufgrund der Forderung nach einer Entscheidungsrelevanz („decision usefulness") generierter Daten und der Beachtung des Wirtschaftlichkeitsprinzips („cost-effectiveness") bei der Datengenerierung empfohlen, auf separate Accounting-Systeme zu verzichten: *"...accounting information should be developed within the same general accounting system. The cost of maintaining two separate systems would be excessive, if not prohibitive, because of the duplication of such items as a chart of accounts, journals, ledgers, bookkeeping, and computer time".*[36] Die interne Unternehmensrechnung bzw. das US-amerikanische Management Accounting bezieht sich also hauptsächlich auf eine vereinheitlichte Datenbasis und weicht nur in Ausnahmefällen von dieser ab.[37]

Betrachtet man die geschichtliche Entwicklung der Unternehmensrechnung in Deutschland, so kann festgehalten werden, dass die Unternehmensrechnung ursprünglich vereinheitlicht war. Im Verlauf der geschichtlichen Entwicklung entfernte sich der Rechnungszweck jedoch immer mehr vom ursprünglichen Zweck der Selbstinformation.[38] Die Gründe für die historische Entwicklung der Unternehmensrechnung werden im Folgenden dargestellt.[39]

Im Jahr 1511 erstellte das *Haus der Fugger* das erste Mal einen Jahresabschluss mit dem Zweck der Selbstinformation. Als weiterer Meilenstein in der Entwicklung der Rechnungszwecke ist die im *Ordonnance de Commerce* (1673) festgehaltene Sichtweise zu nennen. In dieser wurden Buchhaltung und Bilanzierung als Instrument der Gläubigersicherung durch Dokumentation und Selbstinformation angesehen. Diese Sichtweise wurde 1861 in das Allgemeine Deutsche Handelsgesetzbuch übernommen. Im Jahr 1874 kam die Etablierung des Maßgeblichkeitsprinzips durch das eingeführte Gesetz zur Einkommensbesteuerung dazu. Seit diesem Zeitpunkt gilt der Grundsatz der Maßgeblichkeit der Handelsbilanz für die Steuerbilanz. Im 1937 verabschiedeten Aktiengesetz (AktG) bekam die Gläubigersicherung durch die Ausschüttungsbegrenzung eine neue Richtung. 1965 erfuhr das

---

[36] Accounting-Model zum Economic-Model kommen. Siehe hierzu vor allem die weiterführenden Ausführungen in den Abschnitten 2.1.2.3.2 und 3.2.2.
Helmkamp, J. G. (1990), S. 4.
[37] Vgl. Zirkler, B. (2002), S. 21 f.
[38] Vgl. Männel, W. (1997), S. 9 f.
[39] Zur historischen Entwicklung der Rechnungszwecke vgl. detailliert Coenenberg, A. G. (1995), S. 2077 f.; Schneider, D. (1997), S. 11 f.; Klein, G. A. (1999b), S. 30 f.; Wussow, S. (2004), S. 20 f.; Müller, M. (2006), S. 24 f.; Stute, A. (2007), 29 f.; Wagenhofer, A./Ewert, R. (2007), S. 23 f.

AktG als Reaktion auf das Vorsichtsprinzip und die damit verbundene Gefahr bilanzpolitischer Willkür eine Reformierung. Der traditionelle Grundsatz der Gläubigersicherung wurde um den der Aktionärssicherung ergänzt.[40] Im Jahr 1969 wurde durch Verabschiedung des Publizitätsgesetzes (PublG) eine Publizitätspflicht für Unternehmen ab einer bestimmten Größe zur Sicherung der Interessen der allgemeinen Öffentlichkeit vorgeschrieben. Die verstärkte Sicherung von Gläubiger- und Eigentümerinteressen wurde hauptsächlich durch Ausdehnung der Publizitätspflicht 1985 im Bilanzrichtliniengesetz verankert. Das Bilanzrichtliniengesetz hatte Elemente anderer Rechnungslegungssysteme im Zuge der EU-Harmonisierung übernommen. Als weitere Entwicklungsschritte sind das Kapitalaufnahmeerleichterungsgesetz (KapAEG) und das Kontroll- und Transparenzgesetz (KonTraG) aus dem Jahr 1998 sowie das Kapitalgesellschaften- und Co.-Richtliniegesetz (KapCoRiLiG) von 2002 zu nennen. Abschließend sei auf die EU-Verordnung Nr. 1606/2002 hingewiesen.[41] Vor allem die seit 1998 genannten Sachverhalte haben sich bereits wieder positiv auf eine Harmonisierung der Unternehmensrechnung ausgewirkt.

Da die Unternehmensrechnung als ein Instrument des Controllings anzusehen ist, soll im folgenden Abschnitt auf die Verbindung der Unternehmensrechnung mit dem Controlling eingegangen werden. Bevor diese Verbindung dargestellt wird, werden allgemeine Grundlagen zum Controlling geschaffen.

---

[40] Vgl. Pellens, B. et al. (2008), S. 45 f.

[41] Gemäß dieser EU-Verordnung mussten alle kapitalmarktorientierten Unternehmen in Europa ab Jahresbeginn 2005 ihre Konzernabschlüsse nach den IAS/IFRS (International Accounting Standards/International Financial Reporting Standards) erstellen. Unternehmen, die ihre Konzernabschlüsse bereits gemäß US-GAAP (US-Generally Accepted Accounting Standards) erstellten, erhielten einen Aufschub bis 2007. Ziel dieser Verordnung war es, eine vergleichbare und transparente Rechnungslegung innerhalb der Europäischen Union zu schaffen. An dieser Stelle sei explizit darauf hingewiesen, dass § 292a HGB aufgehoben ist und die entsprechenden Übergangsvorschriften zu beachten und anzuwenden sind (speziell Art. 58 EGHGB). Vgl. Kahle, H. (2003), S. 263; Pellens, B. et al. (2008), S. 45 f.

2.1.1.2 Verbindung der Unternehmensrechnung mit dem Controlling

Der Begriff Controlling und die damit zusammenhängenden Ziele, Aufgaben und Instrumente werden in der Literatur je nach Begriffsverständnis und Controlling-Konzeption[42] unterschiedlich definiert. Dem Controlling, verstanden als ergebniszielorientierte Koordination von Planung und Kontrolle sowie Informationsversorgung, kommt bei der Ausgestaltung der Unternehmensrechnung eine wichtige Aufgabe zu.[43] Um die Aufgaben des Controllings bestmöglich erfüllen zu können, sind Instrumente in Form von Systemen, Verfahren und Modellen erforderlich. Je konsequenter die jeweiligen Instrumente eingesetzt werden, desto wirkungsvoller kann das Controlling seine Aufgaben wahrnehmen. Die Controlling-Instrumente können z. B. in operative und strategische Controlling-Instrumente unterteilt werden.[44] Als Instrumente des operativen Controllings sind exemplarisch die Unternehmensrechnung als wichtigstes Instrument der Informationsgewinnung, die Abweichungsanalyse in Form von Plan-Ist- und Plan-Wird- bzw. Vorjahresvergleichen sowie die Break-Even-Analyse zu nennen. Als strategische Controlling-Instrumente können beispielsweise die Szenario-Analyse, das Benchmarking, das Target Costing und die Balanced Scorecard angeführt werden.[45] Die Unternehmensrechnung ist als ein Instrument des Controllings zur Wahrnehmung seiner Führungsunterstützungsfunktion zu bezeichnen. Die Harmonisierung der Unternehmensrechnung wird aus diesem Grund als originäre Aufgabe des Controllings angesehen.

Horváth unterscheidet in seiner Controllingdefinition zwischen systembildender und systemkoppelnder Koordination von Planung und Kontrolle sowie der Informationsversorgung: „Controlling ist – funktional gesehen – dasjenige Subsystem der Führung, das Planung und Kontrolle sowie Informationsversorgung systembildend und systemkoppelnd ergebniszielorientiert koordiniert und so die Adaption und Koordination des

---

[42] Unter Controlling-Konzeption wird die Gesamtheit von Controlling-Zielen, -Aufgaben, -Instrumenten und der Controlling-Organisation verstanden.

[43] Vgl. zu den verschiedenen Controlling-Konzeptionen Hahn, D./Hungenberg, H. (2001), S. 272 ff.; Küpper, H.-U. (2005), S. 1 ff.; Horváth, P. (2006), S. 81 ff.; Reichmann, T. (2006), S. 6 ff.

[44] Controlling-Instrumente lassen sich z. B. auch in bereichsbezogene und bereichsübergreifende oder führungssubsystemspezifische und -subsystemübergreifende Controlling-Instrumente unterscheiden. Vgl. Jonen, A./Lingnau. V. (2007), S. 1 f.; Küpper, H.-U. (2005), S. 39 f.; Dierkes, S. (2008), S. 5.

[45] Vgl. Horváth, P. (2006), S. 134 f.; Küpper, H.-U. (2005), S. 39 f.; Hahn, D./Hungenberg, H. (2001), S. 282; Jonen, A./Lingnau. V. (2007), S. 10 f.; Dierkes, S. (2008), S. 5; Vollmuth, H. J. (2004), S. 12 ff.

Gesamtsystems unterstützt. Controlling stellt damit eine Unterstützung der Führung dar: es ermöglicht ihr, das Gesamtsystem ergebniszielorientiert an Umweltänderungen anzupassen und die Koordinationsaufgaben hinsichtlich des operativen Systems wahrzunehmen."[46] Die systembildende Koordination (Gestaltungsaufgabe) bezieht sich im Wesentlichen auf Fragen des strukturellen Aufbaus, des Inhalts, der Art und Weise des Datenzugriffs sowie auf die Formulierung von Kriterien der IT-Infrastruktur. Bei Wahrnehmung dieser Aufgabe sind die intern und extern formulierten Anforderungen an das Berichtswesen entsprechend zu beachten. Bei der Gestaltung der IT-Infrastruktur kommt dem Controlling vor allem die Aufgabe zu, einen informationstechnischen Rahmen zur Verfügung zu stellen, der es ermöglicht, die Koordinations- und Unterstützungsfunktion in entsprechender Form ausüben zu können. Die systemkoppelnde Koordination befasst sich mit der Koordination innerhalb und zwischen den verschiedenen bereits bestehenden Teilsystemen, z. B. zwischen Systemen der Planungs- und Istrechnung.[47] Sie baut folglich auf der Gestaltungsfunktion auf und versucht, das Zusammenwirken der Subsysteme innerhalb der Systemstruktur zu gewährleisten.[48]

Für den weiteren Verlauf der Dissertation wird sich auf die Controlling-Konzeption von *Horváth* bezogen. Begründet wird die Fokussierung auf *Horváth* durch die Ausrichtung der Koordinationsfunktion am Ergebnisziel sowie die Unterscheidung zwischen systembildender und systemkoppelnder Koordination von Planung, Kontrolle und Informationsversorgung. Die Unterscheidung zwischen systembildend und systemkoppelnd erscheint im Rahmen der Harmonisierung von interner und externer Unternehmensrechnung besonders bedeutsam, da es in diesem Fall überaus wichtig ist, die mit der Entwicklung einer harmonisierten Unternehmensrechnung verbundenen Aufgaben systembildend und systemkoppelnd wahrzunehmen und aufeinander abzustimmen.

Aufgrund der themenbedingten Abgrenzung der Harmonisierung auf die Ebene des Konzerns soll im Folgenden die bereits generell vorgestellte Sichtweise des Controllings um den Aspekt des Konzerns hin zum Konzern-Controlling spezifiziert und erweitert werden. Die bereits dargestellten generellen Aufgaben des Controllings lassen sich größtenteils auf die

---

[46] Horváth, P. (2006), S. 134.
[47] Vgl. Horváth, P. (2006), S. 124 f. *Hahn/Hungenberg* sprechen in diesem Zusammenhang von einer Gestaltungs- und Nutzungsaufgabe. Vgl. Hahn, D./Hungenberg, H. (2001), S. 277 f.
[48] Vgl. Horváth, P. (2006), S. 124 f.

verschiedenen Controlling-Abteilungen innerhalb der Konzernstruktur übertragen. Sie treten jedoch je nach Konzernstruktur und Dezentralisierungsgrad mit unterschiedlichem Ausprägungsniveau auf.[49] Die je nach Konzern- und Führungsstruktur strukturell unterschiedliche Etablierung von Controlling-Abteilungen, z. B. in Funktions- und Geschäftsbereichen, Regionen und Tochtergesellschaften, sind in diesem Kontext als nachgelagerte Controlling-Abteilungen zu verstehen.[50] Beziehungen der Controller in der zentralen Controlling-Abteilung bestehen nicht nur zum Management, sondern auch zu anderen Controllern der Controlling-Organisation.[51]

Als mögliche zentrale Controlling-Abteilungen lassen sich z. B. Personal-Controlling, Risiko-Controlling und die zentrale Rechnungslegungsabteilung (Group Accounting) nennen. Diese zentralisierten Controlling-Abteilungen werden i. d. R. im sogenannten Konzern-Controlling oder auch Corporate-Center-Controlling zusammengefasst. Für den weiteren Verlauf dieser Arbeit soll unter Group Accounting die Abteilung innerhalb des Konzern-Controllings verstanden werden, in der alle Fragestellungen und Problemfelder zur Unternehmensrechnung koordiniert und diskutiert werden.[52]

Das Konzern-Controlling[53] nimmt im Zusammenhang mit Aufbau, Pflege und Weiterentwicklung der Unternehmensrechnung eine stärkere Systemgestaltungsfunktion ein als nachgelagerte Controlling-Abteilungen.[54] Innerhalb der Abteilung des Konzern-Controllings wird im Zuge der Harmonisierung der Unternehmensrechnung eine Vermischung von Controlling- und Bilanzierungskompetenz erfolgen müssen, denn eine Analyse des Zahlenwerks ohne Kenntnis der jeweiligen Rechnungslegungsstandards ist schwierig durchführbar und würde evtl. falsche Schlussfolgerungen nach sich ziehen. Die von *Daimler-Benz* geprägten Begriffe des „Biltrolling" bzw. des „Biltroller" weisen ebenfalls in diese

---

[49] Vgl. Weber, J./Schäffer, U. (2006), S. 457 f.; Lorson, P. (1996), S. 2505 f.; Dirrigl, H. (1998a), S. 435; Müller, H. (1999), S. 414 f.
[50] Vgl. Dirrigl, H. (1998a), S. 433 ff.; Menn, B.-J. (1999), S. 636 f.; Amshoff, B. (1996), S. 546 f.; Lorson, P. (1996), S. 2505 f.; Scheffler, E. (2003), S. 402 f.; Reiß, M. (1997), S. 375 f.; Weber, J./Schäffer, U. (2006), S. 456 f.; Müller, H. (1999), S. 414 f.
[51] Vgl. Weber, J. (2006), S. 211 f. *Weber* zeigt, welche Möglichkeiten zur Gestaltung der Beziehungen zwischen zentralem und dezentralem Controlling bestehen.
[52] Vgl. Reiß, M./Höge, R. (1994), S. 211 f.; Amshoff, B. (1996), S. 546 f.
[53] Die weiteren Ausführungen zum Konzern-Controlling beziehen sich im Rahmen dieser Arbeit hauptsächlich auf das Group Accounting.
[54] Vgl. Rieder, H. P. (1996), S. 230.

Richtung und beziehen sich in diesem Zusammenhang auf den notwendigen Wissens- und Kompetenztransfer zwischen Bilanzierungs- und Controlling-Abteilung.[55]

Die generellen Aufgaben und Ziele des Konzern-Controllings unterscheiden sich bei Vorhandensein eines konzernweit gültigen und einheitlichen Zielsystems grundsätzlich nicht von denen nachgelagerter Controlling-Abteilungen (dezentralisiertes Controlling). Unterschiede sind prinzipiell nur in einem unterschiedlichen Ausprägungsniveau der Aufgaben und Ziele zu sehen, d. h. die Schwerpunkte zwischen zentralen und nachgelagerten Controlling-Abteilungen sind verschieden. Neben der stärkeren Ausprägung der Systemgestaltungsfunktion nimmt das Konzern-Controlling im Vergleich zu den Controlling-Abteilungen nachgelagerter Ebenen vor allem eine stärkere Koordinationsfunktion ein, da es gilt, die Interdependenzen zwischen den unterschiedlichen Bereichen und Einzelbetrieben zu berücksichtigen und gemäß dem Gesamtunternehmensziel auszurichten und abzustimmen.[56] Hierbei sollen mögliche Synergiepotenziale lokalisiert und ausgeschöpft sowie der Einsatz der vorhandenen Konzernressourcen unter Beachtung größtmöglicher Effizienz optimiert und eingesetzt werden.[57]

Die im Konzern oft vorherrschende Aufgabenteilung in Form der Dezentralisierung und Delegation von Entscheidungsbefugnissen auf nachgelagerte Führungsebenen und die hiermit zu berücksichtigende Möglichkeit von opportunistischem Verhalten bedarf besonderer Aufmerksamkeit und stellt einen weiteren Aufgabenschwerpunkt für das Konzern-Controlling dar. Es gilt, die auf nachgelagerten Führungsebenen vorherrschenden Handlungsspielräume zu koordinieren und im Sinne des Konzerns auszurichten sowie Egoismen in Geschäftsbereichen oder Tochtergesellschaften abzubauen bzw. ihnen bereits im Ansatz ihrer Entstehung entgegenzuwirken.[58] Es geht also um die Beachtung von Zielkonflikten und Informationsasymmetrien. In diesem Zusammenhang liefert die Prinzipal-Agenten-Theorie einen geeigneten Instrumentenkasten, um auf theoretischer Basis die oben genannten Probleme analysieren zu können.[59]

---

[55] Vgl. Horváth, P. (1997), S. 147; Bruns, H.-G. (1999), S. 601; Klein, G. A. (1999a), S. 76; Küting, K./Lorson, P. (1999b), S. 218 f.; Schenk, U. (2003), S. 137.
[56] Vgl. Küpper, H.-U. (2005), S. 529 f.
[57] Vgl. Menn, B.-J. (1999), S. 636 f.
[58] Vgl. Rieder, H. P. (1996), S. 223.
[59] Bei Auftreten von Informationsasymmetrien sind Informationen unterschiedlich verteilt. Als Grundtypen der Informationsasymmetrie sind zu unterscheiden: hidden characteristics, hidden action, hidden information und hidden intention. Diese Informationsasymmetrien sollen möglichst durch vertraglich fixierte Beziehungen

Durch eine gezielte Vertragsgestaltung zwischen Prinzipal und Agenten sollen die angesprochenen Nachteile der Aufgabendelegation kontrollierbar gemacht werden. Die durch die Prinzipal-Agenten-Theorie gewonnenen Erkenntnisse sind jedoch vor allem aufgrund der zugrunde liegenden Annahmen in der Praxis oft nicht unmittelbar anwendbar, dennoch liefern sie in diesem Zusammenhang wertvolle Einblicke in die Wirkung von Performancemaßen.[60]

Das Konzern-Controlling nimmt eine Analyse- und Berichtsfunktion des Zahlenwerks nach innen und außen für den Konzern als Ganzes wahr.[61] Des Weiteren kommt dem Konzern-Controlling die Aufgabe zu, der Konzernleitung bei ihrer Aufgabenerfüllung in Form der Führungsunterstützungsfunktion behilflich zu sein.[62] Hierfür gilt es, die grundsätzlichen Aufgaben der Formulierung von Richtlinien und Grundsätzen der Unternehmensrechnung, wie Aufbau und Bereitstellung einer konzernweiten IT-Architektur, Definition und Analyse von Daten und Kennzahlen, Festlegung des Abschlusszyklus von Ist- und Planungsrechnungen sowie von Berichtsstrukturen, Überwachung der Zielerreichung

---

zwischen Auftraggebern (Prinzipal) und Auftragnehmern (Agenten) so ausgestaltet werden, dass ein aus Sicht des Prinzipals optimales Ergebnis erzielt wird. Man spricht auch von der Prinzipal-Agenten-Theorie. Neben der Informationsasymmetrie stellen Zielkonflikte die wesentlichen Bausteine der Prinzipal-Agenten-Theorie dar. Die Theorie wird als ein Modellrahmen der Neuen Institutionenökonomie verstanden. Die Prinzipal-Agenten-Theorie versucht u. a., die aufgrund von eingegangenen Delegationsbeziehungen auftretenden Koordinationsbedarfe zu lösen. Beispiele für Prinzipal-Agenten-Beziehungen sind: Konzernleitung und Geschäftsbereichsleitung oder Eigentümer und Geschäftsleitung. Im Rahmen des Konzern-Controllings befassen sich die Modelle der Prinzipal-Agenten-Theorie vorwiegend mit der Koordinationsfunktion des Controllings. Vgl. Breid, V. (1995), S. 821 ff.; Jost, P.-J. (2001), S. 11 ff.; Picot, A./Reichwald, R./Wigand, R. T. (2003), S. 55 f.; Dierkes, S./Schäfer, U. (2008), S. 19 f.

[60] Vgl. Dierkes, S./Schäfer, U. (2008), S. 26.
[61] Die Berichtsfunktion nach außen setzt voraus, dass Aufgaben der Finanzabteilung bereits von der Controlling-Abteilung wahrgenommen werden.
[62] Die *Deutsche Bank* weist beispielsweise in ihrem Jahresbericht 2006 explizit auf die Aufgaben der zentralen Konzernbereiche hin. Diese fungieren als globale Stabsbereiche und werden bei der *Deutschen Bank* als Corporate Center bezeichnet: *„Das Corporate Center unterstützt den Vorstand dabei, den Gesamtkonzern einheitlich zu führen und seine strategischen, kontrollierenden sowie kommunikativen Aufgaben wahrzunehmen."* Deutsche Bank AG (2007a), S. 41. Vgl. auch Theisen, M. R. (2000), S. 246 f.

und Bereitstellung von Methodenwissen wahrzunehmen und mit dem Management abzustimmen.[63]

Die Instrumente des Konzern-Controllings decken sich mit den Instrumenten nachgelagerter, dezentraler Controlling-Abteilungen und richten sich primär an den Aufgaben aus, die von der Konzernführung gestellt werden.[64] Die Führungsunterstützungsfunktion ist hierbei nicht einseitig und allein auf die Konzernleitung gerichtet, sondern die unterstützenden und beratenden Funktionen werden auch gegenüber nachgelagerten Managementebenen, z. B. Segment- und Geschäftsbereichsverantwortlichen wahrgenommen.[65]

2.1.2 Theoretische Grundlagen wertorientierter Steuerungskonzepte

2.1.2.1 Grundlagen und Ziele wertorientierter Steuerungskonzepte

Ausgehend von den Entwicklungen in der amerikanischen Unternehmenspraxis wird seit dem Beginn der 90er-Jahre des letzten Jahrhunderts auch im deutschen Wirtschaftsraum vermehrt die Ausrichtung am Unternehmenswert als Ziel verfolgt.[66] Die empirische Untersuchung von *Pellens/Tomaszewski/Weber* aus dem Jahr 2000 unterstreicht diese Aussage.[67] Die wertorientierte Konzernsteuerung umfasst alle Strategien und Maßnahmen des Managements eines Unternehmens, die darauf abzielen, den Wert des Unternehmens auf lange Sicht zu steigern.[68] Die immer stärker verbreitete Ausrichtung des Zielsystems eines Unternehmens an der Steigerung des Unternehmenswerts muss durch die Unternehmensrechnung entsprechend abgebildet werden.[69] Um die Durchgängigkeit des wertorientierten Ansatzes zu gewährleisten, ist das verfolgte Ziel der wertorientierten Konzernsteuerung in das konzernweit gültige Zielsystem

---

[63] Vgl. Müller, E. (1996), S. 111 f.; Nebel, M./Brandl, M./Arnaout, A. (1998), S. 275 f.; Dirrigl, H. (1998a), S. 433 ff.; Lorson, P. (1996), S. 2505 f.; Müller, H. (1999), S. 414 f.
[64] Vgl. Reichmann, T. (2006), S. 739 f.
[65] Diese Funktion soll der Konzern-Controller also nicht nur gegenüber nachgelagerten Controlling-Abteilungen, sondern auch gegenüber nachgelagerten Managementebenen wahrnehmen.
[66] Vgl. Hahn, D./Hintze, M. (2006), S. 83 f.; Pfaff, D./Bärtl, O. (1999), S. 86. Zur historischen Entwicklung des Shareholder-Value-Ansatzes vgl. Baum, H.-G./Coenenberg, A. G./Günther, T. (2004), S. 256 f.
[67] Vgl. Pellens, B./Tomaszewski, C./Weber, N. (2000), S. 1825.
[68] Vgl. Arbeitskreis Finanzierung der Schmalenbach-Gesellschaft (1996), S. 545; Lorson, P./Schedler, J. (2002), S. 263 f.
[69] Vgl. Coenenberg, A. G./Salfeld, R. (2003), S. 252 ff.; Horváth, P. (2006), S. 483.

aufzunehmen. Die Fokussierung auf den Unternehmenswert hat eine verhaltenssteuernde und entscheidungsbeeinflussende Wirkung auf die Steuerung des Konzerns insgesamt.[70]

Die unterschiedlichen Konzeptionen einer wertorientierten Ausrichtung werden in der Literatur auch als Shareholder-Value-Ansätze oder Value-Based-Management-Ansätze bezeichnet.[71] Die maßgeblichen Werke zur Wertorientierung gehen auf *Rappaport*[72], *Stewart*[73], *Lewis*[74] sowie auf *Copeland/Koller/Murrin*[75] zurück. Der Einsatz dieser Konzepte ist ein wichtiger Indikator für angewandte Shareholder-Value-Orientierung. Die verschiedenen Konzeptionen unterscheiden sich zwar in ihrer individuellen Ausgestaltung, jedoch orientieren sich alle Ansätze am Kapitalwertkalkül und sollen eine wertsteigernde Gesamtunternehmensentwicklung ermöglichen.[76] *Pfaff/Bärtl* stellen hierauf aufbauend fest: *„Damit gibt es keine allein anerkannte Form der wertorientierten Unternehmenssteuerung, sondern vielmehr eine Reihe von Konzepten, die miteinander konkurrieren. Diese Konkurrenz wird noch dadurch verstärkt, dass namhafte Beratungsunternehmen jeweils andere Konzepte propagieren."*[77] Je nach verfolgtem Konzept der Wertorientierung und den verwendeten Kennzahlen und Messgrößen können Unterscheidungen zwischen periodenbezogenen oder periodenübergreifenden sowie nach absoluten oder relativen Kennzahlen vorgenommen werden.[78]

Das Konzept der Shareholder-Value-Orientierung lässt sich aus verschiedenen Perspektiven betrachten. Aus der konzerninternen Perspektive geht es darum, lohnende Investitionsprojekte zu identifizieren und die richtigen Investitionsentscheidungen zu treffen, um den Wert des Konzerns nachhaltig zu steigern. Der strategischen Ausrichtung des Unternehmens kommt hier eine wichtige Rolle zu. Von entscheidender Bedeutung für die

---

[70] Vgl. Baum, H.-G./Coenenberg, A. G./Günther, T. (2004), S. 257 f.
[71] Vgl. zum Shareholder-Value-Ansatz grundlegend Rappaport, A. (1998), S. 1 ff.; Stern, J. M./Shiely, J. S./Ross, I. (2002), S. 7 f.
[72] Vgl. grundlegend Rappaport, A. (1998).
[73] Vgl. grundlegend Stern, J. M./Shiely, J. S./Ross, I. (2001).
[74] Vgl. grundlegend Lewis, T. G. (1994).
[75] Vgl. grundlegend Copeland, T./Koller, T./Murrin, J. (1998).
[76] Vgl. hierzu die Gegenüberstellung von *Hahn/Hintze*. Hier wird v. a. auf die Unterschiede im bewertungsmethodischen Rahmen der dort dargestellten Konzepte hingewiesen. Hahn, D./Hintze, M. (2006), S. 83 f. sowie die dort gezeigten Abbildungen 9 und 10, S. 110 f.; Vgl. auch Pfaff, D./Bärtl, O. (1999), S. 86.
[77] Pfaff, D./Bärtl, O. (1999), S. 86.
[78] Vgl. Aders, C./Hebertinger, M. (2003), S. 13; Hahn, D./Hintze, M. (2006), S. 83 f.

interne Steuerung ist die Integration des wertorientierten Konzepts in die Planung. Hierbei ist besonders auf die Konsistenz des wertorientierten Konzepts der Planung mit dem tatsächlich zur internen Steuerung und Kontrolle verwendeten Konzept zu achten. So wird der Gefahr von Systembrüchen und Kommunikationsproblemen zwischen der Planung der Wertentwicklung und deren Steuerung begegnet.[79] Aus der externen Perspektive betrachtet dient die Wertorientierung vor allem einer Beurteilung bzw. Bewertung.[80] Der grundsätzliche Anwendungsbereich von Shareholder-Value-Ansätzen ist noch weiter zu fassen. Als Anwendungsbereiche sind z. B. die Bewertung ganzer Unternehmen oder deren Teileinheiten sowie die Verwendung als ein Erfolgskriterium im Rahmen eines Vergütungskonzepts zu nennen.[81]

Bevor die DCF-Verfahren und das EVA-Verfahren als wesentliche Konzepte der Wertorientierung näher erörtert werden, soll im folgenden Abschnitt das Lücke-Theorem als theoretische Basiskonzeption einer harmonisierten Unternehmensrechnung vorgestellt werden.

---

[79] Vgl. Aders, C./Hebertinger, M. (2003), S. 22 f.
[80] Vgl. Pfaff, D./Bärtl, O. (1999), S. 87; Menn, B.-J. (1999), S. 641 f.
[81] Vgl. Hoke, M. (2001), S. 82; Küting, K./Lorson, P. (1997), S. 18 f.

2.1.2.2 Das Lücke-Theorem als theoretische Basiskonzeption

Als theoretische Basiskonzeption für eine harmonisierte Unternehmensrechnung auf pagatorischer Basis kann auf das Lücke-Theorem zurückgegriffen werden. Mithilfe des Lücke-Theorems kann der grundsätzliche Zusammenhang zwischen einer kalkulatorischen Erfolgsrechnung und der Zahlungsrechnung hergestellt sowie die Beziehung zwischen zahlungsorientierten und überschussorientierten Kapitalwertansätzen aufgezeigt werden.[82]

Als unabdingbare Voraussetzung des Lücke-Theorems ist zum einen die Gültigkeit des Kongruenzprinzips zu nennen. Demnach müssen sich die Summe der Einzahlungsüberschüsse aller Perioden ($Ü_t$) und die Summe der Periodengewinne (G_t) über die Totalperiode entsprechen:[83]

$$\sum_{t=0}^{T} Ü_t = \sum_{t=0}^{T} G_t$$

Zum anderen ist der ermittelte Periodengewinn um kalkulatorische Zinsen auf das gebundene Kapital zu Beginn der Periode zu verringern. Dieser um die Kapitalkosten[84] verringerte Periodengewinn wird als Residualgewinn im Zeitpunkt t bezeichnet und ist wie folgt definiert: $RG_t = G_t - i \cdot KB_{t-1}$.[85] Die Kapitalbindung (KB_{t-1}) stellt hierbei die Differenz der bis zur Vorperiode aufsummierten Periodengewinne und den Einzahlungsüberschüssen dar, wobei am Ende der Nutzungsdauer keine Kapitalbindung mehr besteht und (KB_T) = 0 ist:[86]

$$KB_{t-1} = \sum_{s=0}^{t-1} G_s - \sum_{s=0}^{t-1} Ü_s \qquad \text{für } t = 0, \ldots, T+1$$

mit $KB_{-1} \equiv 0$ und $KB_T = 0$

---

[82] Vgl. Lücke, W. (1955), S. 310 ff.; Kloock, J. (1981), S. 873 ff.
[83] Vgl. Kloock, J. (1981), S. 876 f.
[84] Auf die Methodik zur Berechnung der Kapitalkosten wird in Abschnitt 2.1.2.3.1 detaillierter eingegangen.
[85] Vgl. Schenk, U. (2003), S. 145 f.; Himmel, H. (2004), S. 36 f.; Weißenberger, B. E. (2003), S. 262 f.; Ewert, R./Wagenhofer, A. (2008), S. 66 f.
[86] Vgl. zu diesem Abschnitt Ewert, R./Wagenhofer, A. (2008), S. 66 f.; Dierkes, S./Kloock, J. (1999), S. 121 f.; Baetge, J./Siefke, M. (1999), S. 684 f.; Schenk, U. (2003), S. 144 f.; Himmel, H. (2004), S. 34 f.; Küpper, H.-U. (1999), S. 9 f.; Crasselt, N./Pellens, B./Schremper, R. (2000a), S. 73 f.

Bei Beachtung der zwei Bedingungen stimmt der Kapitalwert auf Basis von Einzahlungsüberschüssen ($Ü_t = E_t - A_t$) mit dem Kapitalwert auf Basis von Residualgewinnen überein:[87]

$$KW = \sum_{t=0}^{T} Ü_t \cdot (1+i)^{-t} = \sum_{t=0}^{T} (G_t - i \cdot KB_{t-1}) \cdot (1+i)^{-t}$$

t:	Zeitindex von 0 bis T
T:	Planungshorizont
$Ü_t$:	Einzahlungsüberschuss (Einzahlungen (E_t) – Auszahlungen (A_t)) in der t-ten Periode
i:	Kapitalkostensatz
G_t:	Periodengewinn in der t-ten Periode
KB_{t-1}:	Kapitalbindung im Zeitpunkt t-1
KW:	Kapitalwert

Das Lücke-Theorem gibt also im Rahmen der Harmonisierung von interner und externer Unternehmensrechnung Bedingungen an, unter denen eine Kapitalwertberechnung auf Basis von Ausgaben/Einnahmen, Aufwand/Ertrag sowie Kosten/Leistungen zu gleichen Resultaten führen wird, wie die auf Auszahlungen/Einzahlungen basierende Kapitalwertberechnung.[88] Es gilt jedoch zu beachten, dass auch das Lücke-Theorem nicht frei von Kritik ist.[89] Als Beispiel sei auf die Ermittlung der künftigen Residualgewinne hingewiesen. In diesem Zusammenhang wird angeführt, dass zur Ermittlung dieser künftigen Residualgewinne auch die künftige Unternehmenspolitik bekannt sein muss.[90] Die hiermit verbundene Kritik des fehlenden Hinweises der Periodisierung, verkennt gerade dessen Flexibilität, denn *„gerade diese Flexibilität des Kongruenzprinzips als konstitutives Element jeder Integration mit Hilfe des Lücke-Theorems ermöglicht erst einen investitionsziel-konformen Ausbau kalkulatorischer Erfolgsrechnungen"*.[91]

Die im Lücke-Theorem geforderte Gültigkeit des Kongruenzprinzips findet sich in der angelsächsischen Accounting-Literatur unter dem Stichwort

---

[87] Vgl. Ewert, R./Wagenhofer, A. (2008), S. 66 f.
[88] Vgl. Kloock, J. (1981), S. 876 f.; Ewert, R./Wagenhofer, A. (2008), S. 67 f.
[89] Vgl. hierzu ausführlicher Ewert, R./Wagenhofer, A. (2008), S. 67 f.; Küpper, H.-U. (2005), S. 144 f.; Himmel, H. (2004), S. 36 f.; Schenk, U. (2003), S. 147 f.
[90] *Ewert/Wagenhofer* sprechen in diesem Zusammenhang die Frage an, nach welchen Kriterien im Rahmen einer Investitionsentscheidung die künftigen Residualgewinne ermittelt werden sollen. Vgl. Ewert, R./Wagenhofer, A. (2008), S. 67 f.
[91] Dierkes, S./Kloock, J. (1999), S. 122.

Clean-Surplus-Accounting (CSA). Das Kongruenzprinzip kommt hier in einer strengeren Form, der Clean-Surplus-Relation (CSR), zum Ausdruck. Sie besagt, *„dass sämtliche Änderungen im buchmäßigen Eigenkapital, die nicht auf direkten Transaktionen zwischen Unternehmen und Eignern basieren, in der Erfolgsrechnung erfasst werden müssen".*[92] Diese Relation wird also nur eingehalten, wenn alle Erträge und Aufwendungen der Periode in der Erfolgsrechnung berücksichtigt werden.[93] Das im Lücke-Theorem beschriebene Kongruenzprinzip betrachtet dagegen die Totalperiode und ermöglicht somit temporäre Kongruenzdurchbrechungen. Die Gültigkeit der Clean-Surplus-Relation gewährleistet somit die Einhaltung des im Lücke-Theorem geforderten Kongruenzprinzips.[94]

Gerade die internationalen Rechnungslegungsstandards zeichnen sich dadurch aus, dass Ergebnisbeiträge erfolgsneutral im Eigenkapital und somit außerhalb der Gewinn- und Verlustrechnung zu erfassen sind. In diesem Fall wird die Clean-Surplus-Relation durchbrochen und vom Dirty-Surplus-Accounting gesprochen.[95] Diese Thematik wird im Rahmen der Diskussion der inhaltlichen Voraussetzungen der Harmonisierung in Abschnitt 3.2.2 und 3.2.3 ausführlicher betrachtet.

---

[92] Ewert, R./Wagenhofer, A. (2008), S. 537.
[93] Vgl. Bogajewskaja, J. (2007), S. 47.
[94] Vgl. Bogajewskaja, J. (2007), S. 46 f.; Krotter, S. (2006), S. 1 f.; Ordelheide, D. (1998), S. 516 f.; Ewert, R./Wagenhofer, A. (2008), S. 537.
[95] Vgl. Bogajewskaja, J. (2007), S. 48 f.; Krotter, S. (2006), S. 1 f.; Weißenberger, B. E./Blome, M. (2005), S. 30 f.

2.1.2.3 Wesentliche Konzepte einer wertorientierten Konzernsteuerung

2.1.2.3.1 Discounted Cashflow (DCF)-Verfahren

Die DCF-Verfahren basieren auf der Kapitalwertmethode und ermitteln den Unternehmenswert als Kapitalwert der durch das Unternehmen erwirtschafteten zukünftigen Cashflows.[96] Hierbei ist zwischen einem Equity-Ansatz und mehreren Entity-Ansätzen[97] zu unterscheiden. Der Equity-Ansatz ermittelt direkt den Wert für die Eigenkapitalgeber (Eigenkapitalansatz) durch Diskontierung der den Eigenkapitalgebern zufließenden Einzahlungsüberschüsse mit den Eigenkapitalkosten.[98] Die Varianten der Entity-Methode dagegen zeichnen sich dadurch aus, dass zunächst ein Gesamtwert des Unternehmens bestimmt wird, der die Summe aus Marktwert des Eigenkapitals und Marktwert des Fremdkapitals darstellt. Der Marktwert des Eigenkapitals kann dann indirekt durch Subtraktion des Marktwerts des Fremdkapitals vom Gesamtwert des Unternehmens berechnet werden.[99] Der Marktwert des Eigenkapitals wird also in zwei Schritten berechnet. Es werden Einzahlungsüberschüsse vor Abzug der Zahlungen an die Fremdkapitalgeber der Berechnung zugrunde gelegt. Die Entity-Ansätze können in Adjusted Present Value (APV)-, Total Cashflow (TCF)- und Weighted Average Costs of Capital (WACC)-Ansatz unterteilt werden.[100] Der wesentliche Unterschied zwischen den Entity-Ansätzen liegt in der Berücksichtigung des steuerlichen Vorteils der Fremdfinanzierung. Die aus anteiliger Fremdfinanzierung resultierende Steuerersparnis wird auch als tax shield bezeichnet.[101] Das APV-Verfahren ermittelt den steuerlichen Vorteil der Fremdfinanzierung in einer separaten Rechnung, indem der Wertbeitrag der Fremdfinanzierung berechnet wird. Beim TCF-Verfahren wird die Abzugsfähigkeit der Fremdkapitalzinsen hingegen direkt bei der Berechnung der Total Cashflows berücksichtigt. Im WACC-Verfahren wird der Steuervorteil der Fremdfinanzierung dagegen im Kapitalkostensatz

---

[96] Vgl. Schenk, U. (2003), S. 210 f.; Pfaff, D./Bärtl, O. (1999), S. 89 f.; Arbeitskreis Finanzierung der Schmalenbach-Gesellschaft (1996), S. 569 f.; Krag, J./Kasperzak, R. (2000), S. 83 f.

[97] Vgl. ausführlicher Steiner, M./Wallmeister, M. (1999), S. 3 f.; Drukarczyk, J./Schüler, A. (2007), S. 100 ff.; Krag, J./Kasperzak, R. (2000), S. 83 f.

[98] Vgl. Steiner, M./Wallmeister, M. (1999), S. 6; Krag, J./Kasperzak, R. (2000), S. 85.

[99] Vgl. Ballwieser, W. (1998), S. 84 f.; Hebeler, C. (2003), S. 100 f.; Baetge, J./Niemeyer, K./Kümmel, J./Schulz, R. (2009), S. 345.

[100] Vgl. ausführlicher Steiner, M./Wallmeister, M. (1999), S. 3 f.; Drukarczyk, J./Schüler, A. (2007), S. 100 ff.; Baetge, J./Niemeyer, K./Kümmel, J./Schulz, R. (2009), S. 345 f.; Ballwieser, W. (2007), S. 116 f.

[101] Vgl. Baetge, J./Niemeyer, K./Kümmel, J./Schulz, R. (2009), S. 346.

berücksichtigt.[102] Da das WACC-Verfahren als das am meisten verbreitete Verfahren gilt und dessen Bewertungsformel zudem leicht anwendbar ist und sich besonders für dezentrale Entscheidungen verwenden lässt, wird sich für den weiteren Verlauf auf die Darstellung des WACC-Ansatzes konzentriert.[103]

Im Rahmen des WACC-Ansatzes wird von einem vollständig eigenfinanzierten und somit unverschuldeten Unternehmen bei Ermittlung der Free Cashflows ausgegangen. Das WACC-Verfahren eignet sich vor allem bei wertabhängiger Finanzierungspolitik (Festlegung von Fremdkapitalquoten).[104] Bei wertabhängier Finanzierung des unverschuldeten Unternehmens existiert das Zirkularitätsproblem[105] nicht.[106] Die Free Cashflows können direkt oder indirekt ermittelt werden, wobei die indirekte Ermittlung durchaus als gängige Praxis bezeichnet werden kann. Bei indirekter Ermittlung basiert die Ableitung der Free Cashflows auf den Daten der externen Unternehmensrechnung.[107] Zur Bestimmung der Free Cashflows werden die aus anteiliger Fremdfinanzierung resultierenden Unternehmenssteuerersparnisse nicht berücksichtigt. Der Free Cashflow ergibt sich dann aus der erwarteten Zahlungen an die Eigentümer und Fremdkapitalgeber (operativer Einzahlungsüberschuss), vermindert um die Unternehmenssteuerersparnis aufgrund der Abzugsfähigkeit der Fremdkapitalzinsen. Das aus der Fremdfinanzierung resultierende tax shield bleibt bei der Free Cashflow-Ermittlung unberücksichtigt. Es wird stattdessen direkt bei der Ermittlung des Kapitalkostensatzes angesetzt. Die folgende Abbildung 1 stellt die Vorgehensweise einer indirekten Ermittlung der Free Cashflows dar:[108]

---

[102] Vgl. Steiner, M./Wallmeier, M. (1999), S. 1 f.; Perridon, L./Steiner, M. (2004), S. 230 f.; Baetge, J./Niemeyer, K./Kümmel, J./Schulz, R. (2009), S. 347 f.
[103] Vgl. hierzu die empirische Analyse von Pellens, B./Tomaszewski, C./Weber, N. (2000), S. 1827 f. und die empirische Analyse von Aders, C./Hebertinger, M. (2003), S. 20 f.
[104] Vgl. Dierkes, S. (2008), S. 39.
[105] Beim Zirkularitätsproblem wird die Problematik beschrieben, dass ohne Kenntnis der Relation vom Marktwert des Eigenkapitals die Eigenkapitalkosten nicht berechnet werden können. Diese sind jedoch zur Findung des Marktwerts des Eigenkapitals gerade notwendig. Vgl. Braun, I. (2005), S. 79 f.
[106] Vgl. Steiner, M./Wallmeier, M. (1999), S. 4 f.; Drukarczyk, J./Schüler, A. (2007), S. 218 f.; Braun, I. (2005), S. 106 f.
[107] Vgl. Dierkes, S. (2005), S. 334 f.; Baetge, J./Niemeyer, K./Kümmel, J./Schulz, R. (2009), S. 355 f.; Hoke, M. (2001), S. 85; Männel, W. (1999b), S. 16 f.
[108] Vgl. hierzu Baetge, J./Niemeyer, K./Kümmel, J./Schulz, R. (2009), S.359 f.

	Gewinn vor Steuern
−	Unternehmenssteuern
=	Jahresergebnis
+	Zinsen und ähnliche Aufwendungen
+/−	Abschreibungen/Zuschreibungen
+/−	Zuführung/Inanspruchnahme Rückstellungen
−/+	Zunahme/Abnahme aktivischer Rechnungsabgrenzungsposten
+/−	Zunahme/Abnahme passivischer Rechnungsabgrenzungsposten
−/+	Zunahme/Abnahme des Bestands liquider Mittel
−	Investitionen in immaterielle Vermögensgegenstände
−	Investitionen in das Sachanlagevermögen
−	Investitionen in das Finanzanlagevermögen
−/+	Zunahme/Abnahme des Working Capital
=	Operativer Einzahlungsüberschuss
−	Unternehmenssteuerersparnis wegen anteiliger Fremdfinanzierung
=	Free Cashflow

Abb. 1: Indirekte Ermittlung des Free Cashflow[109]

Die indirekte Ermittlung des Free Cashflow korrigiert den Gewinn vor Steuern sowohl um zahlungswirksame als auch um zahlungsunwirksame Vorgänge. Aufgrund der Annahme eines unverschuldeten Unternehmens sind zunächst die Fremdkapitalzinsen zum Jahresergebnis sowie die Abschreibungen als zahlungsunwirksamer Aufwand zu addieren. Rückstellungen sind Passivposten für bestimmte Verpflichtungen, die dem Grunde und/oder der Höhe nach ungewiss sind. Sie müssen aber verursachungsgerecht in der entsprechenden Periode berücksichtigt werden. Aus diesem Grund sind die Zuführungen zu den Rückstellungen bei der Ermittlung des Free Cashflow hinzuzurechnen. Die aktivischen und passivischen Rechnungsabgrenzungsposten müssen aufgrund ihrer Periodisierungseigenschaft korrigiert werden und die Investitionsausgaben sind in voller Höhe zu berücksichtigen. In der Position Working Capital sind bei *Baetge/Niemeyer/Kümmel/Schulz* die Posten Vorräte, Forderungen,

---

[109] In Anlehnung an Baetge, J./Niemeyer, K./Kümmel, J./Schulz, R. (2009), S. 359.

Wertpapiere und Verbindlichkeiten aus Lieferungen und Leistungen zusammengefasst.[110]

Die Kosten des Fremdkapitals lassen sich u. a. aus aktuellen Marktkonditionen wie dem Marktzinssatz einer langfristigen Anleihe des Unternehmens ableiten. Sofern ein Rating, z. B. aufgrund der Basel II-Regelungen vorliegt, können sie aber auch durch einen bonitätsabhängigen Zuschlag auf einen risikofreien Zinssatz ermittelt werden.[111]

Die von den Eigenkapitalgebern geforderte Rendite auf das eingesetzte Eigenkapital kann u. a. nach dem Capital Asset Pricing Model (CAPM) berechnet werden. Danach wird generell von einer Verzinsung einer risikofreien Kapitalanlage (z. B. Bundesanleihe) ausgegangen. Hier ist eine Orientierung bzgl. der Laufzeit der risikofreien Kapitalanlage am zeitlichen Planungshorizont sinnvoll. Zu diesem risikofreien Zinssatz wird ein Risikozuschlag addiert, der sich als Faktor aus Risikoprämie pro Risikoeinheit (Differenz zwischen risikofreiem Zins und erwarteter Marktrendite) und dem unternehmens- bzw. konzernspezifischen Risikofaktor (β) ergibt. Der Risikofaktor spiegelt das Schwankungsverhalten bzw. die Volatilität im Vergleich zum betrachteten Marktportfolio wider und beinhaltet das spezifische Geschäfts- und Finanzierungsrisiko.[112] Mathematisch lässt sich dies folgendermaßen ausdrücken:

$$i_{EK} = i_f + (i_m - i_f) \cdot \beta$$

i_{EK}: Eigenkapitalkostensatz: Erwartete risikoadjustierte Renditeforderung der Eigenkapitalgeber

i_f: Verzinsung einer risikofreien Kapitalanlage

i_m: Erwartete Verzinsung des Marktportfolios

β: Beta-Faktor als Maß für die Risikohöhe der betrachteten Kapitalanlage

---

[110] Vgl. zu diesem Abschnitt Baetge, J./Niemeyer, K./Kümmel, J./Schulz, R. (2009), S. 359 f.; Ballwieser, W. (2007), S. 122; Steiner, M./Wallmeier, M. (1999), S. 1 f.; Bühner, R. (1994), S. 55 f.

[111] Vgl. Weißenberger, B. E. (2007), S. 303 f. Zu Basel II vgl. vertiefend Küting, K./Ranker, D./Wohlgemuth, F. (2004), S. 93 f. Auf die Ermittlung der Fremdkapitalkosten wird in Abschnitt 3.2.4 detaillierter eingegangen.

[112] Das CAPM wird in vielen Lehrbüchern und Publikationen der Finanzierungstheorie erwähnt und ausführlich erläutert. Vgl. vertiefend Arbeitskreis Finanzierung der Schmalenbach-Gesellschaft (1996), S. 547 f.; Brealey, R. A./Myers, S. C./Allen, F. (2006), S. 188 f.; Perridon, L./Steiner, M. (2004), S. 274 f.; Serfling, K./Langguth, H. (1991), S. 726 f.; Hostettler, S. (2002), S. 159 f.; Baetge, J./Niemeyer, K./Kümmel, J./Schulz, R. (2009), S. 370 f.; Krag, J./Kasperzak, R. (2000), S. 90 f.

Die Eigenkapitalkosten sind neben den Kosten für das Fremdkapital Bestandteil der Gesamtkapitalkosten und somit integraler Baustein wertorientierter Steuerungskonzepte. Der gewichtete Gesamtkapitalkostensatz (WACC) ergibt sich als Summe aus Eigen- und Fremdkapitalkosten, die im Verhältnis ihrer Eigen- bzw. Fremdkapitalquoten gewichtet werden. Hierbei ist die steuerliche Abzugsfähigkeit der anteiligen Fremdfinanzierung bei der Ermittlung der Fremdkapitalkosten entsprechend zu berücksichtigen.[113] Der gewichtete Gesamtkapitalkostensatz kann somit als die erwartete Verzinsung des eingesetzten Fremd- und Eigenkapitals angesehen werden und dient zur Diskontierung der Zahlungsüberschüsse.[114] Die Berechnung des gewichteten Gesamtkapitalkostensatzes (WACC) lässt sich wie folgt darstellen:[115]

$$i_{GK}^{WACC} = i_{FK} \cdot (1-s) \cdot \frac{MWFK}{MWGK} + i_{EK} \cdot \frac{MWEK}{MWGK}$$

i_{GK}^{WACC}:   Gewichteter Gesamtkapitalkostensatz gemäß dem WACC-Verfahren
i_{FK}:   Fremdkapitalkostensatz
i_{EK}:   Eigenkapitalkostensatz gemäß CAPM
s: Ertragsteuersatz
$MWFK$:   Marktwert des Fremdkapitals
$MWEK$:   Marktwert des Eigenkapitals
$MWGK$:   Marktwert des Gesamtkapitals

Die Berechnung des Marktwerts des Gesamtkapitals kann in zwei Phasen unterteilt werden. Die erste Phase beinhaltet den expliziten Prognose- oder Planungszeitraum von etwa fünf Jahren. In dieser Phase werden die Free Cashflows einzeln u. a. mit Hilfe von Werttreibern geschätzt.[116] Die zweite Phase ermittelt den nach diesem Zeitraum zu berücksichtigenden Restwert durch Ansatz eines repräsentativen Ergebnisses in Form des FCF. Hier wäre auch der Ansatz des NOPLAT (Net Operating Profit Less Adjusted Taxes)[117] als repräsentatives Ergebnis möglich. Bei Ansatz des NOPLAT werden Erweiterungsinvestitionen in der 2. Prognosephase nicht berücksichtigt, da in

---
[113] Vgl. Baetge, J./Niemeyer, K./Kümmel, J./Schulz, R. (2009), S. 347 f.
[114] Vgl. Schenk, U. (2003), S. 211 f.; Coenenberg, A. G./Salfeld, R. (2003), S. 179.
[115] Vgl. vertiefend zur Konzeption des WACC-Ansatzes Drukarczyk, J./Schüler, A. (2007), S. 206 ff.
[116] Vgl. Dierkes, S. (2008), S. 40 f.; Coenenberg, A. G./Salfeld, R. (2003), S. 40 f.
[117] Der hier angesprochene NOPLAT wird bei Darstellung des EVA-Verfahrens (Abschnitt 2.1.2.3.2) ausführlicher betrachtet.

dieser Phase aufgrund von erodierenden Wettbewerbsvorteilen die Wertschaffung der Erweiterungsinvestitionen gegen den durchschnittlichen Kapitalkostensatz konvergiert.[118] Der Marktwert des Eigenkapitals kann dann, wie am Anfang des Kapitels bereits angesprochen, indirekt durch Subtraktion des Marktwerts des Fremdkapitals vom Gesamtwert des Unternehmens ermittelt werden:[119]

$$MWEK_0 = MWGK_0 - MWFK_0$$

$$MWEK_0 = \left(\sum_{t=1}^{T} \frac{FCF_t}{\left(1 + i_{GK}^{WACC}\right)^t} + \frac{\left(1 + w^{FCF}\right) \cdot FCF_T}{\left(1 + i_{GK}^{WACC}\right)^T \cdot \left(i_{GK}^{WACC} - w^{FCF}\right)} \right) - MWFK_0$$

FCF_t :   Free Cashflow in der t-ten Periode
t :   Zeitindex (t = 1,…,T), auch als expliziter Prognose- oder Planungszeitraum bezeichnet
w^{FCF} :   Wachstumsrate der FCFs in der 2. Prognosephase

Nachdem das WACC-Verfahren im Rahmen der wertorientierten Konzernsteuerung detaillierter vorgestellt wurde, soll im nächsten Abschnitt auf das EVA-Verfahren näher eingegangen werden.

2.1.2.3.2 Economic Value Added (EVA)-Verfahren

Das Economic-Value-Added (EVA)-Verfahren wurde zu Beginn der 90er-Jahre des vergangenen Jahrhunderts von dem US-amerikanischen Beratungsunternehmen *Stern Stewart & Co.* entwickelt. Als EVA gilt das *„residual income left over from operating profits after the cost of capital have been subtracted"*.[120] Der EVA ist ein periodenbezogener, absoluter Performance-Maßstab und beruht auf dem Residualgewinnkonzept. Wie bei Darstellung des Lücke-Theorems in Abschnitt 2.1.2.2 ausgeführt, wird unter einem Residualgewinn der um die Kapitalkosten verringerte Periodengewinn verstanden.[121]

---

[118] Vgl. Rappaport, A. (1999), S. 45 ff.
[119] Vgl. Steiner, M./Wallmeier, M. (1999), S. 5 f. Rappaport, A. (1995), S. 53 ff.; Hahn, D./Hintze, M. (2006), S. 84 f.; Coenenberg, A. G./Salfeld, R. (2003), S. 40 f.; Perridon, L./Steiner, M. (2004), S. 233; Hostettler, S. (2002), S. 206 f.; Dierkes, S. (2008), S. 40 f.; Coenenberg, A. G./Salfeld, R. (2003), S. 40 f.
[120] Stern, J. M./Shiely, J. S./Ross, I. (2001), S. 19.
[121] Vgl. Franz, K.-P./Winkler, C. (2006), S. 418; Hahn, D./Hintze, M. (2006), S. 93 f.; Schenk, U. (2003), S. 145 f.; Himmel, H. (2004), S. 36 f.; Weißenberger, B. E. (2003), S. 262 f.

Im Gegensatz zu den DCF-Verfahren stehen im Rahmen des EVA-Verfahrens keine zahlungsstromorientierten Größen im Mittelpunkt der Betrachtung, vielmehr konzentriert sich der EVA auf buchhalterische Periodenerfolgsgrößen und somit auf Daten der externen Unternehmensrechnung.[122] Der EVA dient als ein Maßstab zur Performance-Messung, -Kontrolle und -Planung.[123]

Für die weitere Untersuchung wird der EVA gemäß dem WACC-Verfahren ermittelt. Der Residualgewinn errechnet sich durch Subtraktion der Kapitalkosten von der Gewinngröße (NOPLAT). Durch die Verwendung des NOPLATs wird für die weitere Betrachtung folglich von einem unverschuldeten Unternehmen ausgegangen. Der NOPLAT ist um den Steueraufwand korrigiert, der als fiktive Steuerschuld bei reiner Eigenfinanzierung entstanden wäre. Die Kapitalkosten werden durch Multiplikation des gewichteten Gesamtkapitalkostensatzes mit dem betriebsnotwendigen Kapital ermittelt. Die Position des betriebsnotwendigen Kapitals kann hierbei aus Planbilanzen abgeleitet werden:[124]

$$EVA_t^{WACC} = NOPLAT_t - i_{GK}^{WACC} \cdot KB_{t-1}$$

EVA_t^{WACC} : Economic Value Added gemäß dem WACC-Verfahren in der t-ten Periode

$NOPLAT_t$: Net Operating Profit Less Adjusted Taxes in der t-ten Periode

KB_t : Kapitalbestand (betriebsnotwendiges Kapital) in der t-ten Periode

Ein positiver EVA besagt, dass über die Deckung der Kapitalkosten hinaus ein positiver Wertbeitrag in der betrachteten Periode erreicht wurde. Ein negativer EVA deutet dagegen auf eine nicht angemessene Verzinsung des investierten Kapitals hin.[125] Die Berechnung ist auch über einen sogenannten Spread möglich:[126]

---

[122] Vgl. Lorson, P. (1999), S. 1334; Pfaff, D./Bärtl, O. (1999), S. 91 f.; Hoke, M. (2001), S. 86 f.; Hebeler, C. (2003), S. 101 f.
[123] Vgl. Hahn, D./Hintze, M. (2006), S. 96 f.; Hostettler, S. (2002), S. 231 f.
[124] Vgl. Hostettler, S. (2002), S. 48 f.; Wurl, H.-J./Kuhnert, M./Hebeler, C. (2001), S. 1363 f.; Hahn, D./Hintze, M. (2006), S. 93 f.; Lorson, P./Schedler, J. (2002), S. 267 f.
[125] Vgl. Wurl, H.-J./Kuhnert, M./Hebeler, C. (2001), S. 1363.
[126] Vgl. Hostettler, S. (2002), S. 53 f.; Lorson, P./Schedler, J. (2002), S. 267; Himmel, H. (2004), S. 63 f.; Ewer, R./Wagenhofer, A. (2008), S. 534 f.

$$EVA_t^{WACC} = \left(\frac{NOPLAT_t}{KB_{t-1}} - i_{GK}^{WACC} \right) \cdot KB_{t-1}$$
$$= \left(RONA_t^{WACC} - i_{GK}^{WACC} \right) \cdot KB_{t-1}$$

Ein positiver Wertbeitrag ergibt sich demnach, wenn die Rendite auf das betriebsnotwendige Kapital größer ist als der gewichtete Gesamtkapitalkostensatz.[127] Hierbei entspricht die Rendite auf das betriebsnotwendige Kapital der relativen Kennzahl $RONA_t^{WACC}$ (Return on Net Assets gemäß dem WACC-Verfahren in der t-ten Periode). Die Differenz zwischen RONA und dem gewichteten Gesamtkapitalkostensatz kann auch als Rentabilitätsspanne bezeichnet werden.[128]

Die Größen NOPLAT und betriebsnotwendiges Kapital werden im Grundmodell von *Stern Stewart & Co.* durch eine Reihe von Anpassungen (sog. „Conversions") ermittelt.[129] Die Anpassungen lassen sich in vier Kategorien einteilen. Diese Kategorien werden als „Operating Conversions", „Funding Conversions", „Shareholder Conversions" und „Tax Conversions" bezeichnet. Bei den „Operating Conversions" wird eine Fokussierung des EVA auf die betriebliche Sichtweise vorgenommen um z. B. nicht betriebsnotwendige Aktivitäten zu eliminieren. Die „Operating Conversions" sehen auch eine Eliminierung des Zins- und Beteiligungsergebnisses vor. Durch die „Funding Conversions" soll die vollständige Erfassung aller Finanzierungsmittel sichergestellt werden. Unverzinsliche Verbindlichkeiten sind hier als Abzugskapital zu berücksichtigen. Eine vollständige Erfassung der Finanzierungsmittel bedeutet, dass auch die versteckte Finanzierung, z. B. in Form des Leasings erfasst werden muss. Mithilfe der „Shareholder Conversions" sollen vor allem die Aufwendungen mit Investitionscharakter und die Abschreibungen auf Aufwendungen mit Investitionscharakter in adäquater Weise berücksichtigt werden (Aktivierung und Abschreibung über die Laufzeit). Verzerrungen durch Verletzung des Kongruenzprinzips werden innerhalb der „Shareholder Conversions" ebenfalls korrigiert.[130] Die „Tax Conversions" zielen darauf ab, den ausgewiesenen Steueraufwand in eine

---

[127] Vgl. Bärtl, O. (2001), S. 57; Lorson, P./Schedler, J. (2002), S. 267 f.; Crasselt, N./Pellens, B./Schremper, R. (2000a), S. 74.
[128] Vgl. Dierkes, S. (2008), S. 80.
[129] Vgl. zu den Anpassungen grundlegend Hostettler, S. (2000), S. 97 ff. Die rein buchhalterischen Größen und ihr fehlender Marktbezug sollen durch diese Anpassungen mit dem Ziel modifiziert werden, eine mehr markt- und investorenorientierte Betrachtungsweise zu erhalten. Im Rahmen des EVA-Konzepts werden hierzu über 160 Anpassungen vorgeschlagen. Vgl. auch Hahn, D./Hintze, M. (2006), S. 94; Weißenberger, B. E. (2009), S. 7 f.
[130] Vgl. Weißenberger, B. E. (2009), S. 9.

zahlungswirksame Steuerbelastung unter der Fiktion eines unverschuldeten Unternehmens zu transformieren. Die resultierenden Auswirkungen aller durchgeführten „Conversions" auf die Steuerbelastung müssen im Rahmen der „Tax Conversions" berücksichtigt werden.[131] Die Thematik der „Conversions" wird im Rahmen des Abschnitts 3.2.2 und 3.2.3 weiter betrachtet. Es ist zu beachten, dass sich diese „Conversions" sowohl im NOPLAT als auch im betriebsnotwendigen Kapital niederschlagen. Aus diesem Grund sind die Anpassungen in GuV und Bilanz in konsistenter Weise vorzunehmen.[132]

Zukünftig erzielbare Residualgewinne bzw. EVAs sind z. B. mithilfe von Werttreibern zu ermitteln.[133] Die zukünftigen EVAs sind jeweils mit dem gewichteten Gesamtkapitalkostensatz zu diskontieren und über die Laufzeit aufzusummieren. Das Ergebnis dieser Berechnung wird im Konzept von *Stern Stewart & Co.* als Market Value Added (MVA) bezeichnet. Die folgende mathematische Ermittlung des MVA unter Anwendung des WACC-Verfahrens geht von einem Zweiphasenmodell aus. In der ersten Prognosephase werden die EVAs bis zur Periode T detailliert geplant. Für die zweite Prognosephase wird der NOPLAT in der Periode T unter Berücksichtigung eines eventuellen nominalen Ergebniswachstums als repräsentatives Ergebnis angesetzt:[134]

$$MVA_0 = \sum_{t=1}^{T} \frac{EVA_t^{WACC}}{\left(1+i_{GK}^{WACC}\right)^t} + \frac{NOPLAT_T \cdot \left(1+w^{NOPLAT}\right)}{\left(i_{GK}^{WACC} - w^{NOPLAT}\right) \cdot \left(1+i_{GK}^{WACC}\right)^T} - \frac{i_{GK}^{WACC} \cdot KB_T}{i_{GK}^{WACC} \cdot \left(1+i_{GK}^{WACC}\right)^T}$$

w^{NOPLAT} : Wachstumsrate des NOPLATs in der 2. Prognosephase

Wird zu diesem Wert das im Bewertungszeitpunkt betriebsnotwendige Kapital hinzuaddiert, so ergibt sich der Marktwert des Gesamtkapitals oder auch Gesamtunternehmenswert. Es gilt also:[135]

$$MVA_0 + KB_0 = MWGK_O$$

---

[131] Vgl. zu den „Conversions" die detaillierten Ausführungen von Hostettler, S. (2002), S. 97 f.
[132] Vgl. Weißenberger, B. E./Blome, M. (2005), S. 5 f.
[133] Vgl. Hostettler, S. (2002), S. 207 f.
[134] Vgl. Dierkes, S. (2008), S. 80.
[135] Vgl. Drukarczyk, J./Schüler, A. (2007), S. 458; Himmel, H. (2004), S. 64; Steffen, H. (2000), S. 385 f.

Der MVA bildet somit die Differenz zwischen dem Marktwert des Gesamtkapitals und dem betriebsnotwendigen Kapital.[136] Nach *Stern Stewart & Co.* sollte die Maximierung des MVA als oberstes Ziel einer wertorientierten Steuerung und Führung angestrebt und der EVA als periodischer Erfolgsmaßstab verwendet werden.[137]

Um eine adäquate Anwendung wertorientierter Konzepte zu gewährleisten, sind vom Controlling noch näher zu beschreibende Anforderungen zu erfüllen. Diese sollen im nächsten Abschnitt detaillierter betrachtet werden.

2.1.3 Anforderungen der Wertorientierung an Unternehmensrechnung und Controlling

Bei einer wertorientierten Ausrichtung des Konzerns ist es die Aufgabe des Controllings sich entsprechend des Zielsystems des Unternehmens auch an der Zielgröße des Unternehmenswerts auszurichten und geeignete Kennzahlen und Größen zur Verfügung zu stellen, die eine Beurteilung der Wertschaffung ermöglichen. Bei Neueinführung der Wertorientierung ist das bestehende Controlling um unternehmenswertbezogene Parameter zu ergänzen.[138] Durch die Einbindung des wertorientierten Ansatzes in die Controlling-Konzeption wird die Fokussierung auf den Unternehmenswert deutlich und die Basis für eine nachhaltige Wertorientierung geschaffen.[139] Die Unternehmensrechnung muss hierfür alle für die Wertorientierung relevanten Daten konzernweit standardisiert, transparent und einheitlich abbilden können.[140] Unter Berücksichtigung einer wertorientierten Ausrichtung ist es die Aufgabe des Konzern-Controllings eine harmonisierte Unternehmensrechnung auszugestalten und zur Verfügung zu stellen, die eine wertorientierte Ausrichtung unterstützt sowie eine einfache und transparente Ermittlung der zugrunde liegenden Kennzahlen und Messgrößen ermöglicht. Um die Durchgängigkeit des wertorientierten Ansatzes zu gewährleisten, sind die Steuerungsgrößen auf die operativen Steuerungsebenen bzw. auf die Geschäftsbereiche des Konzerns herunterzubrechen und zu implementieren.[141] Die Wertorientierung setzt hierbei eine eindeutige Messbarkeit von Wertbeiträgen und deren Zuordenbarkeit zu den jeweils Verantwortlichen voraus.[142]

---

[136] Vgl. Steffen, H. (2000), S. 387; Doerr, H.-H./Fiedler, R./Hoke, M. (2003), S. 287; Coenenberg, A. G./Salfeld, R. (2003), S. 267.
[137] Vgl. Stern, J. M./Shiely, J. S./Ross, I. (2002), S. 35 ff.
[138] Vgl. Krause, S./Schmidbauer, R. (2003), S. 441 ff.
[139] Vgl. Kayser, R. (2002), S. 240.
[140] Vgl. Kagermann, H./Reinhart, J. C. (1999), S. 333.
[141] Vgl. Kayser, R. (2002), S. 238 f.; Becker, D. (2002), S. 342 f.
[142] Vgl. Stern, J. M./Shiely, J. S./Ross, I. (2002), S. 11; Pfaff, D./Bärtl, O. (1999), S. 87 f.

Das Konzern-Controlling nimmt im Rahmen des wertorientierten Ansatzes eine beratende Funktion sowie eine Gestaltungs- und Weiterentwicklungsfunktion ein. Entscheidungen über den grundsätzlichen Aufbau und die Definition der wertorientierten Größen und Kennzahlen werden allerdings auf der oberen Managementebene getroffen. Auch hier hat das Controlling die Aufgabe, die Konzernführung bei der Verfolgung ihrer wertorientiert ausgerichteten Strategie und der Erreichung ihrer Ziele durch Bereitstellung adäquater Informationen zu unterstützen. Die Unternehmensrechnung muss hierbei als Instrument des Controllings so aufgebaut sein, dass das Konzern-Controlling bei der Wahrnehmung seiner beratenden Funktion optimal unterstützt wird.

Die Unternehmensrechnung muss auch im Rahmen der Wertorientierung die in Abschnitt 2.2.3 noch näher darzustellenden internen und externen Anforderungen erfüllen können. Als interne Anforderungen seien beispielsweise die Anreizverträglichkeit und die Kommunikationsfähigkeit genannt. Die externen Anforderungen beziehen sich hierbei auf den jeweils zugrunde liegenden Rechnungslegungsstandard, z. B. Faithful Representation und Understandability.

Nachdem die theoretischen Grundlagen einer wertorientierten Unternehmensrechnung und des Controllings geschaffen wurden, wird im folgenden Abschnitt die Harmonisierungsthematik detaillierter betrachtet.

2.2 Harmonisierung von interner und externer Unternehmensrechnung

2.2.1 Stand der Diskussion in Theorie und Praxis

Die Diskussion um eine Harmonisierung der internen und externen Unternehmensrechnung wird seit Beginn der 90er-Jahre des letzten Jahrhunderts und der Veröffentlichung von *Ziegler*[143] über die Neuorientierung des internen Rechnungswesens im Hause *Siemens* vor allem im nationalen Bereich in Wissenschaft und Praxis sehr kontrovers geführt. Die in diesem Zusammenhang veröffentlichten Beiträge in Zeitschriften und Büchern werden in den entsprechenden inhaltlich zugehörigen Abschnitten dieser Arbeit angesprochen. Als maßgebliche Beiträge zu der hier betrachteten Thematik sind z. B. die empirischen Untersuchungen von *Horváth/Arnaout* aus dem Jahr 1997, *Haring/Prantner* aus dem Jahr 2004 und *Dorfer/Gaber* aus dem Jahr 2006 zu erwähnen.[144] Die im Jahr 2007 erschienenen empirischen Untersuchungen von *Grieshop/Weber*, *Weißenberger/Angelkort* und *Jahnke/Wielenberg/Schumacher* sind hier ebenfalls zu nennen.[145] Neben diesen Beiträgen sind vor allem die im Rahmen von Dissertationen durchgeführten empirischen Erhebungen von *Hok*e, *Hebeler* und *Müller* anzuführen. Für die genannten Ausarbeitungen werden im Folgenden die jeweiligen Schwerpunkte dargestellt.

Als zentrales Ergebnis stellen *Horváth/Arnaout* fest, dass eine Rechnungslegung nach internationalen Rechnungslegungsstandards einen ersten Schritt zur Harmonisierung der Unternehmensrechnung darstellt.[146] *Haring/Prantner* konstatieren, dass die Internationalisierung der Rechnungslegung als ein wesentliches Motiv für die Harmonisierung der Unternehmensrechnung betrachtet werden kann und die Vorteile der Harmonisierung die Nachteile deutlich überwiegen.[147] Bei der empirischen Untersuchung von *Dorfer/Gaber* wird im Zusammenhang mit der Harmonisierung vor allem auf das Thema der Notwendigkeit von Anpassungen des Datenmaterials eingegangen.[148] *Grieshop/Weber* fokussieren sich bei ihrer empirischen Untersuchung auf die Zusammenarbeit des Controllerbereichs mit der Abteilung des externen Rechnungswesens und

---

[143] Vgl. Ziegler, H. (1994), S. 175 ff.
[144] Vgl. Horváth, P./Arnaout, A. (1997), S. 254 ff.; Haring, N./Prantner, R. (2005), S. 147 ff.; Dorfer, A./Gaber, T. (2006), S. 22 f.
[145] Vgl. Grieshop, H./Weber, J. (2007), S. 307 f.; Weißenberger, B. E./Angelkort, H. (2007), S. 8 f.; Jahnke, H./Wielenberg, S./Schumacher, H. (2007), S. 365 f.
[146] Vgl. Horváth, P./Arnaout, A. (1997), S. 267.
[147] Vgl. Haring, N./Prantner, R. (2005), S. 153.
[148] Vgl. Dorfer, A./Gaber, T. (2006), S. 22 f.

kommen zu dem Ergebnis, dass die Kooperation zwischen den beiden Abteilungen stark verbessert werden kann.[149] Im Mittelpunkt der empirischen Analyse von *Weißenberger/Angelkort* steht die Frage, ob Controller für die Herausforderungen unter IFRS inhaltlich und methodisch vorbereitet sind. Hierbei werden die Relevanz der IFRS sowie der Stand der Integration der Rechnungslegung analysiert.[150] *Jahnke/Wielenberg/Schumacher* untersuchen dagegen die Frage, ob die Integration des Rechnungswesens ein Motiv für die Einführung der IFFRS in mittelständischen Unternehmen darstellt.[151]

Der Dissertation von *Hoke*[152] (2001) liegt eine empirische Erhebung zur Vereinheitlichung von internem und externem Rechnungswesen auf Konzernebene zugrunde. Neben einer Momentaufnahme zur Praxis der Konzernsteuerung werden Gründe, die zur Divergenz von internem und externem Rechnungswesen geführt haben, analysiert und Ansatzpunkte einer Vereinheitlichung herausgearbeitet.

Hebeler[153] (2003) zeigt in seiner Ausarbeitung die Ergebnisse einer im US-Bundesstaat Wisconsin durchgeführten empirischen Untersuchung zur Ausgestaltung der US-amerikanischen Accounting-Praxis. Nach der Ableitung diverser Anforderungskriterien für eine Harmonisierung geht er auf mögliche Harmonisierungspotenziale des internen und externen Rechnungswesens im Konzern ein und stellt ein Strukturmodell eines harmonisierten Rechnungswesens vor.

Die Dissertation von *Müller*[154] (2006) basiert auf einer in Deutschland durchgeführten empirischen Untersuchung zur Harmonisierung von externem und internem Rechnungswesen. Gründe und Motive für eine Harmonisierung werden auf ihre Relevanz untersucht. Vor- und Nachteile der Harmonisierung werden einer Ex-ante- und einer Ex-post-Betrachtung unterzogen und eine anschließende Wertung in Bezug auf deren Wichtigkeit vorgenommen.

Neben diesen Beiträgen gibt es eine Reihe von weiteren Untersuchungen, die sich ebenfalls vollständig oder in Teilabschnitten mit dem Thema der Harmonisierung der Unternehmensrechnung befasst haben. Diese und die bereits erwähnten Ausarbeitungen weisen jedoch im Vergleich zur vorliegenden Dissertation andere Schwerpunkte auf. So wird z. B. in der

---

[149] Vgl. Grieshop, H./Weber, J. (2007), S. 307 f.
[150] Vgl. Weißenberger, B. E./Angelkort, H. (2007), S. 8 f.
[151] Vgl. Jahnke, H./Wielenberg, S./Schumacher, H. (2007), S. 365 f.
[152] Vgl. ausführlicher Hoke, M. (2001).
[153] Vgl. ausführlicher, Hebeler, C. (2003).
[154] Vgl. ausführlicher Müller, M. (2006).

Dissertation von *Melcher* aus dem Jahr 2002 das Ziel verfolgt, eine Umstellung auf ein konvergentes Rechnungswesen zu ermöglichen. Grundlage hierfür sollen ein vertikales und horizontales Erfolgsspaltungskonzept sowie die Anwendung einer einheitlich verwendeten Überleitungsgröße sein.[155] In der 2004 veröffentlichten Dissertation von *Wussow* wird dagegen eine Antwort auf die Frage nach der Eignung der IAS/IFRS[156] als Standard für eine Harmonisierung des Rechnungswesens erarbeitet. Hierzu wird auch untersucht, ob ein harmonisiertes Rechnungswesen auf Basis der IAS/IFRS dazu geeignet ist, mit dem Konzept einer wertorientierten Steuerung verknüpft zu werden.[157]

Neben den bereits erwähnten Untersuchungen sind noch die Dissertationen von *Bärtl* (2001), *Zirkler* (2002), *Schenk* (2003), *Himmel* (2004), und *Stute* (2007) sowie die Habilitationsschrift von *Weißenberger* (2003) zu nennen.[158]

Die vorliegende Arbeit baut auf den bisherigen Forschungsergebnissen auf und zeigt, auf welche Voraussetzungen, Anforderungen und Auswirkungen im Rahmen einer Harmonisierung von interner und externer Unternehmensrechnung auf Konzernebene geachtet werden sollte. Hierdurch

---

[155] Vgl. ausführlicher Melcher, W. (2002).
[156] IAS sind Rechnungslegungsstandards, die vom International Accounting Standards Committee (IASC) herausgegeben wurden. Das IASC wurde 1973 als privatrechtliche Vereinigung mit Sitz in London von Berufsverbänden (hauptsächlich Wirtschaftsprüfern) gegründet. 2001 hat das International Accounting Standards Board (IASB) die Aufgabe des IASC übernommen, eine weltweite Konvergenz im Bereich internationaler Finanzberichterstattung zu erreichen. Hauptaufgaben des IASB sind die Erarbeitung und Veröffentlichung neuer Standards. Neue, vom IASB veröffentlichte Standards heißen seitdem IFRS. Da das IASB ein privatrechtlicher Standardsetter ist, werden die IAS/IFRS nicht automatisch europäisches Recht, sondern erst nach einem speziellen Anerkennungsverfahren. Da die vom IASC herausgegebenen Standards auch weiterhin unter der Bezeichnung IAS Gültigkeit haben, wird für den weiteren Verlauf der Arbeit die Abkürzung IAS/IFRS verwendet. Mit IAS/IFRS werden hier sowohl die einzelnen Standards bezeichnet, als auch die Gesamtheit aller Standards einschließlich der Interpretationen und des Frameworks. Vgl. Lüdenbach, N. (2004), S. 35 ff.; Weißenberger, B. E. et al. (2003), S. 7 ff.; Böcking, H.-J. (2002), S. 424 ff.; PricewaterhouseCoopers (2005), S. 54 ff.; Thielemann, F./Keller, G. (2004), S. 173 f.; Pellens, B. et al. (2008), S. 80 f. Die bereits in das EU-Recht übernommenen Standards können auf der EU-Website (http://ec.europa.eu/internal_market/ accounting/ias_de.htm; Entnahmedatum: 27.11.2008) eingesehen bzw. heruntergeladen werden.
[157] Vgl. ausführlicher Wussow, S. (2004).
[158] Vgl. ausführlicher Bärtl, O. (2001); Zirkler, B. (2002); Melcher, W. (2002); Schenk, U. (2003); Himmel, H. (2004); Wussow, S. (2004); Stute, A. (2007); Weißenberger, B. E. (2003).

grenzt sie sich deutlich gegenüber den genannten Ausarbeitungen ab und zeigt wie das Projekt der Harmonisierung in seiner Gesamtheit zu managen ist.

Die nachfolgende Abbildung 2 stellt die hier erwähnten Arbeiten in chronologischer Reihenfolge nach dem Erscheinungsjahr zusammenfassend dar.

Autor(en)	Jahr	Methode / Art der Arbeit	Titel der Arbeit
Horváth/Arnaout	1997	empirische Untersuchung	Internationale Rechnungslegung und Einheit des Rechnungswesens - State-of-the-Art und Implementierung in der deutschen Praxis
Bärtl	2001	Dissertation	Wertorientierte Unternehmenssteuerung: zum Zusammenhang von Kapitalmarkt, externer und interner Rechnungslegung
Hoke	2001	empirische Untersuchung im Rahmen einer Dissertation	Konzernsteuerung auf Basis eines intern und extern vereinheitlichten Rechnungswesens: Empirische Befunde vor dem Hintergrund der Internationalisierung der Rechnungslegung
Melcher	2002	Dissertation	Konvergenz von internem und externem Rechnungswesen - Umstellung des traditionellen Rechnungswesens und Einführung eines abgestimmten vertikalen und horizontalen Erfolgsspaltungskonzepts
Zirkler	2002	Dissertation	Führungsorientiertes US-amerikanisches Management Accounting: Entwicklung - Aufgabenfelder - Spezifika
Hebeler	2003	empirische Untersuchung im Rahmen einer Dissertation	Harmonisierung des internen und externen Rechnungswesens: US-amerikanische Accounting-Systeme als konzeptionelle Grundlage für deutsche Unternehmen?
Schenk	2003	Dissertation	Konzernrechnungswesen und Verhaltenssteuerung: Ebenen der Integration von internem und externem Konzernrechnungswesens
Weißenberger	2003	Habilitation	Anreizkompatible Erfolgsrechnung im Konzern - Grundmuster und Gestaltungsalternativen
Haring/Prantner	2004	empirische Untersuchung	Konvergenz des Rechnungswesens - State-of-the-Art in Deutschland und Österreich
Himmel	2004	Dissertation	Konvergenz von interner und externer Unternehmensrechnung am Beispiel der Segmentberichterstattung
Wussow	2004	Dissertation	Harmonisierung des internen und externen Rechnungswesens mittels IAS/IFRS unter Berücksichtigung der wertorientierten Unternehmenssteuerung
Dorfer/Gaber	2006	empirische Untersuchung	Controlling und Reporting vor dem Hintergrund der Anforderungen von internationalen Rechnungslegungsstandards
Müller	2006	empirische Untersuchung im Rahmen einer Dissertation	Harmonisierung des externen und internen Rechnungswesens: Eine empirische Untersuchung
Grieshop/Weber	2007	empirische Untersuchung	Ergebnisse einer empirischen Studie zur Kooperation von Controllerbereich und externem Rechnungswesen
Jahnke/Wielenberg/Schumacher	2007	empirische Untersuchung	Ist die Integration des Rechnungswesens tatsächlich ein Motiv für die Einführung der IFRS in mittelständischen Unternehmen?
Stute	2007	Dissertation	Konvergenz von IFRS und interner Unternehmensrechnung: Eignung der IFRS-Rechnungslegung zur Erfüllung von Funktionen und zur Substitution von Instrumenten der internen Unternehmensrechnung
Weißenberger/Angelkort	2007	empirische Untersuchung	Controller Excellence unter IFRS in Österreich

Abb. 2: Literaturüberblick zur Harmonisierung der Unternehmensrechnung[159]

---

[159] Quelle: Eigene Darstellung.

2.2.2 Ziele und Grenzen der Harmonisierung von interner und externer Unternehmensrechnung

Die Ziele, die mit der Harmonisierung von interner und externer Unternehmensrechnung einhergehen, können in recht vielfältiger und unterschiedlich starker Ausprägungsform vorliegen. Zur Abgrenzung kann zwischen extrinsischen und intrinsischen Zielen unterschieden werden. Extrinsische Ziele sind hauptsächlich durch Entwicklungen in der Unternehmensumwelt bedingt, z. B. durch die Globalisierung von Unternehmen und die verstärkte Kapitalmarktorientierung. Intrinsische Ziele haben ihren Ursprung dagegen im Unternehmen selbst, z. B. Erhöhung der Transparenz der Unternehmensrechnung, Steigerung der Prozesseffizienz und Reduktion der Abschlusszeiten.[160] Hier ist jedoch zu beachten, dass sich nicht alle verfolgten Ziele eindeutig den extrinsischen oder intrinsischen Zielen zuordnen lassen. So kann z. B. das Ziel einer Verringerung der Abschlusszeiten sowohl einen extrinsischen als auch eine intrinsischen Ursprung haben. Die Verringerung der Abschlusszeiten kann also zum einen von externen gefordert werden (Kapitalmarkt) und zum anderen vom Management als Ziel verfolgt werden und somit einen intrinsischen Ursprung haben.

Dem Ziel der Harmonisierung lassen sich wiederum weitere Unterziele zuordnen. Diese sollen jeweils durch ein harmonisiertes Rechenwerk realisiert werden. Die Unterziele lassen sich auch als anzustrebende Vorteile einer Harmonisierung im Vergleich zu einem zweigeteilten Rechenwerk betrachten. Die Ziele, die mit einer Harmonisierung der Unternehmensrechnung verfolgt werden, müssen jedoch immer im Einklang mit der Zielausrichtung des Gesamtunternehmens stehen. Neben den mit einer Harmonisierung in Verbindung stehenden Zielsetzungen sollen im Rahmen dieser Arbeit auch die Grenzen bzw. Nachteile einer Harmonisierung deutlich gemacht werden.

Die nachfolgende Aufzählung gibt einen Überblick über die möglichen Ziele, die mit einer Harmonisierung in Verbindung gebracht werden können. Hierbei wird aus dem Blickwinkel eines international tätigen und börsennotierten Konzerns argumentiert. Die Reihenfolge soll nicht als Wertung in Bezug auf die Wichtigkeit verstanden werden.[161] Es soll deutlich

---

[160] Vgl. Hebeler, C. (2003), S. 32 f.; Müller, M. (2006), S. 39 f.; Wussow, S. (2004), S. 29 f.; Jonen, A./Lingnau, V. (2005), S. 5 f.; Fleischer, W. (2005), S. 190 f.
[161] Zur Beurteilung der Wichtigkeit der verschiedenen Vorteile oder Ziele vgl. die empirische Untersuchung von *Müller* aus dem Jahr 2004. Die Erkenntnisse dieser Studie werden mit den empirischen Studien von *Horváth/Arnaout* und *Hoke* bei

werden, dass die einzelnen Zielsetzungen sich durchaus gegenseitig beeinflussen bzw. voneinander in gewissem Maße abhängen können. So ermöglicht z. B. eine Verringerung des Abstimmungsaufwands zwischen internem und externem Rechenwerk eine schnellere Abschlusserstellung. Durch eine Harmonisierung von interner und externer Unternehmensrechnung sollen vor allem die folgenden Ziele realisiert werden. Diese werden nach der hier erfolgten Aufzählung detaillierter erläutert:[162]

- Reduktion von Abstimmungs- und Interpretationsproblemen
- Verbesserung der Kommunikation
- Erhöhung der Transparenz
- Stärkung der Glaubwürdigkeit
- Interne und externe Steigerung der Akzeptanz
- Reduktion der Komplexität
- Erhöhung der Datenqualität
- Verringerung der Abschlusszeiten
- Verbesserung der internationalen Steuerung
- Verknüpfung der Entlohnungsform mit der Wertschaffung des Unternehmens
- Fokussierung auf die eigentlichen Controller-Tätigkeiten
- Realisierung von Kosteneinsparungs- und Effizienzsteigerungsmöglichkeiten

Das Ziel der Reduktion von Abstimmungs- und Interpretationsproblemen lässt sich durch die Verwendung einer einheitlichen Datenbasis sowie den weitgehenden Verzicht auf eine Überleitungsrechnung zwischen interner und externer Unternehmensrechnung realisieren. Überleitungsrechnungen sind als Verbindungselement zwischen interner und externer Unternehmensrechnung zu betrachten und weisen aufgrund mangelnder Transparenz oft einen motivationshemmenden Erklärungsbedarf auf.[163] Vor allem unterschiedliche

---

Müller verglichen und die Entwicklung im Zeitablauf beurteilt. Hier geht es um eine Erwartungshaltung in Bezug auf mögliche Vorteile. Diese kann auch als eine Ex-ante-Betrachtung angesehen werden. Vgl. Müller, M. (2006), S. 168 f.; Horváth, P./Arnaout, A. (1997), S. 263; Hoke, M. (2001), S. 155.

[162] Die Literaturangaben zu den dargestellten Zielen werden jeweils bei der inhaltlichen Erläuterung der einzelnen Ziele angeführt. Eine Unterscheidung in intrinsische und extrinsische Ziele wird aufgrund der oft fehlenden eindeutigen Zuordnung hier nicht vorgenommen.

[163] Vgl. Küting, K./Lorson, P. (1998d), S. 2305 f.; Haller, A./Park, P. (1999), S. 64; Melcher, W. (2002), S. 155 f.

Ergebnis- und Zielgrößen führen in getrennten Rechenkreisen zu Interpretations- und Verständnisproblemen und können somit Fehlsteuerungen zur Folge haben.[164] Durch die Harmonisierung wird beispielsweise zukünftig nicht mehr zu klären sein, ob das Ergebnis der internen oder der externen Unternehmensrechnung das „wirkliche" Ergebnis für die weitere Verwendung darstellt.

Die Harmonisierung kann der gewachsenen begrifflichen Vielfalt[165] innerhalb der Unternehmensrechnung entgegenwirken und so die interne und externe Kommunikationsfähigkeit sowie die Transparenz nach innen und außen erhöhen.[166] Eine weitere Erhöhung der Transparenz kann durch die Verknüpfung der vom Management verfolgten Strategie einer wertorientierten Unternehmensführung an für den externen Adressaten nachvollziehbaren Erfolgsgrößen erreicht werden.[167] Dies wiederum kann sich positiv auf die Glaubwürdigkeit auswirken.[168]

Da sich die Trennung von Aufwendungen und Kosten international nicht durchgesetzt hat, streben vor allem international tätige Unternehmen nach einer Verringerung der Divergenz zwischen kalkulatorischem und handelsbilanziellem Ergebnis.[169] In diesem Zusammenhang treten bei global agierenden Unternehmen mit getrennten Rechenkreisen besonders bei nicht-deutschen Mitarbeitern häufig Akzeptanzprobleme auf. Zudem erlangt der Aspekt der internationalen Vergleichbarkeit von Unternehmensdaten in Verbindung mit einer geplanten Anlageentscheidung immer mehr an

---

[164] Dieses Problem wird v. a. durch das Zitat von *Havermann* deutlich: *„Kein Aufsichtsrat ist besonders glücklich, wenn ihm in der Aufsichtsratssitzung vier bis fünf verschiedene Ergebnisse präsentiert werden: ein handelsrechtliches, ein steuerrechtliches, ein betriebswirtschaftliches, ein Ergebnis vor Umrechnungen und nach Umrechnungen etc., und auf die simple Frage, was haben wir denn wirklich verdient, keine klare Antwort kommt."* Havermann, H. (2000), S. 123.

[165] Als Beispiel sei auf die unterschiedlichen Definitions- und Abgrenzungsmöglichkeiten der Begriffe Auszahlungen, Ausgaben und Aufwendungen hingewiesen. Vgl. Küpper, H.-U. (1997), S. 25.

[166] Vgl. Menn, B.-J. (1999), S. 641 f.; Weißenberger, B. E./Stahl, A. B./Vorstius, S. (2004), S. 8; Klein, G. A. (1999a), S. 68 f.; Küting, K./Lorson, P. (1999b), S. 220; Hax, H. (2002), S. 759; Wagenhofer, A. (2006), S. 12 f.

[167] Vgl. Kley, K.-L. (2000), S. 338 f.; Menn, B.-J. (1999), S. 641 f.; Horváth, P./Arnaout, A. (1997), S. 262 f.

[168] Vgl. Müller, M. (2006), S. 51 f.

[169] Vgl. Schweitzer, M./Ziolkowski, M. (1999), S. 2 ff.; Männel, W. (1997), S. 11 f.; Weber, J./Weißenberger, B. E. (1998), S. 30 f.

Bedeutung. Die Harmonisierung der Unternehmensrechnung kann somit die interne und externe Akzeptanz erhöhen.[170]

Durch weitere Internationalisierungsbestrebungen der Unternehmen wird die Komplexität der Unternehmensrechnung weiter steigen, so dass die Abweichungen innerhalb sowie zwischen den internen und externen Rechenwerken kaum noch in angemessener Zeit und Qualität zu handhaben sein werden.[171] Eine Komplexitätsreduktion wird durch eine mit der Harmonisierung verbundene Verringerung der IT-Systeme und die Harmonisierung der Datenbasis innerhalb der Unternehmensrechnung realisiert. Durch die Verwendung einer bereits extern objektivierten Datenbasis sowohl für externe Publizitätszwecke als auch für interne Steuerungszwecke wird zudem die Qualität der der Unternehmensrechnung zugrunde liegenden Daten erhöht.[172] Die Komplexität der Unternehmensrechnung wird durch die erwähnte gleichzeitige Verwendung der extern vorgegebenen Standards auch für die internen Zwecke weiter verringert. Die Akzeptanz und Glaubwürdigkeit der Daten einer harmonisierten Unternehmensrechnung können hierdurch ebenfalls gesteigert werden.[173]

Die oft mit einer Harmonisierung verbundene aufbau- und ablauforganisatorische Veränderung innerhalb von Bereichen und Abteilungen, die unmittelbar mit der Unternehmensrechnung auf Ebene des Konzerns in Zusammenhang stehen, führt oft zu einer stärkeren Prozessorientierung und ermöglicht u. a. eine Reduktion der Abschlusszeiten im Gesamtkontext der Unternehmensrechnung. Hierdurch wird die interne und externe Datenverfügbarkeit beschleunigt und die Aktualität der Daten für die betroffenen Adressaten entsprechend erhöht.[174] Somit kann das Unternehmen schneller auf die Notwendigkeit von internen und externen Veränderungen reagieren. Die bestehenden Konflikte zwischen Genauigkeit und Schnelligkeit können reduziert sowie die Abschlusserstellung in puncto Prozesseffizienz optimiert werden. Die Geschwindigkeit bei der Durchführung eines Abschlusses ist entscheidend für seine Akzeptanz und Nutzung.[175]

---

[170] Vgl. Horváth, P./Arnaout, A. (1997), S. 259 f.
[171] Vgl. Burger, A./Buchhart, A. (2001), S. 549 f.; Horváth, P./Arnaout, A. (1997), S. 262 f.; Küpper, H.-U. (1999), S. 6 f.; Hebeler, C. (2003), S. 42 f.; Müller, M. (2006), S. 51 f.
[172] Vgl. Stahl, H.-W. (1999), S. 31 f.; Küting, K./Lorson, P. (1998d), S. 2305 f.; Haller, A./Park, P. (1999), S. 60.
[173] Vgl. Müller, M. (2006), S. 51 f.
[174] Vgl. Schuler, A. H. et al. (2003), S. 575 f.; Weide, G. (2009), S. 9.
[175] Vgl. Weide, G. (2009), S. 9.

Durch Definition eines vereinheitlichten Prozesses der Unternehmensrechnung können Effizienzvorteile realisiert werden. Des Weiteren wird durch Vereinheitlichung der intern und extern verwendeten Steuerungsgrößen die internationale und globale Steuerbarkeit des Konzerns verbessert. Dies setzt voraus, dass ein global gültiges Ziel- und Kennzahlensystem im Konzern implementiert ist. Durch dieses über verschiedene Hierarchieebenen implementierte, vereinheitlichte Ziel- und Kennzahlensystem wird der Grundsatz der Zielkongruenz im Gesamtkontext unterstützt.[176]

Die Kapitalmärkte fordern verstärkt eine Verknüpfung der Entlohnungsform mit der Wertschaffung des Unternehmens. In diesem Kontext wird verlangt, dass das extern kommunizierte Wertkonzept auch intern als Bemessungsgrundlage für den variablen Vergütungsanteil verwendet werden sollte.[177] Aus diesem Grund werden die Leitungsorgane der Unternehmen verstärkt versuchen, die nachgeordneten Führungsebenen auf Basis der Daten zu führen und zu beurteilen, an denen sie selbst gemessen werden.[178] Für die Verhaltenssteuerung von nachgelagerten Führungsebenen ist es im Rahmen der Harmonisierung wichtig, dass die diesen zugrunde liegenden Berechnungskomponenten einheitlich und unternehmensweit ermittelt, verwendet und kommuniziert werden.[179] Zusätzlich ist hier noch auf die fehlende Notwendigkeit der Pflege doppelter Prozesse, Strukturen und Systeme bei Verwendung eines harmonisierten Rechenwerks einzugehen. Dies wirkt sich unmittelbar auf die Realisierung von Kosteneinsparungs- und Effizienzsteigerungsmöglichkeiten aus.[180]

Die bisher erläuterten Ziele stehen teilweise in einem interdependenten Verhältnis zueinander. Bei adäquater Realisierung, besteht die Möglichkeit, die Tätigkeiten im Controlling wieder auf die ursprünglichen Tätigkeiten eines Controllers zu konzentrieren.[181] Zeitintensive Arbeiten wie Datenerfassung und -aufbereitung sollen sich verringern und die analytischen, beratenden sowie unterstützenden Tätigkeiten verstärkt werden.

Wie u. a. die Ende 2002/Anfang 2003 durchgeführte empirische Studie von *Accenture* zeigt, wird in der betriebswirtschaftlichen Praxis davon ausgegangen, dass als Folge der Harmonisierung eine Verschiebung der

---

[176] Vgl. Müller, M. (2006), S. 53 f.
[177] Vgl. Aders, C./Hebertinger, M. (2003), S. 33 ff.
[178] Vgl. Pfaff, D./Bärtl, O. (1998), S. 770 ff.
[179] Vgl. Schenk, U. (2003), S. 235 f.; Kümmel, G./Watterott, R. (2005), S. 25.
[180] Vgl. Michel, U. (2006), S. 441 f.
[181] Vgl. zu den Tätigkeiten eines Controllers die Ausführungen in Abschnitt 2.1.1.2 dieser Arbeit.

Tätigkeitsschwerpunkte weg von den reinen Routinetätigkeiten hin zu wertschaffenden Tätigkeiten (z. B. Analyse und Simulation) im Konzern-Controlling eintreten wird. Analyse und Simulation sollen ausgebaut und der Anteil der nicht unmittelbar wertschöpfenden Tätigkeiten, wie z. B. Datenerfassung und Datenverarbeitung, durch ein gewisses Maß an Standardisierung und Automatisierung verringert werden.[182]

Die nachfolgende Abbildung 3 bezieht sich auf die oben beschriebene Studie von *Accenture* und zeigt, dass bereits eine Verschiebung der Tätigkeitsschwerpunkte innerhalb des Konzern-Controllings stattgefunden hat und auch weiterhin stattfinden wird. Hierbei wird zwischen den Tätigkeitsschwerpunkten der Datenerfassung, -verarbeitung, -aufbereitung, -analyse und Simulation unterschieden.

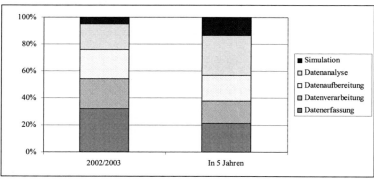

Abb. 3: Auswirkungen auf Tätigkeitsschwerpunkte[183]

Das Konzern-Controlling ist durch die skizzierte Entwicklung in der Lage, seine Entscheidungsunterstützungsfunktion intensiver wahrzunehmen. Der Verwässerung der ursprünglichen Aufgaben eines Controllers durch zeitintensive Arbeiten, wie der Abstimmung und Aufbereitung von Daten oder der Erstellung von Standardberichten, kann durch eine Harmonisierung der Unternehmensrechnung begegnet werden.[184] Ein effizientes und effektives Konzern-Controlling liefert somit einen positiven Beitrag zur wertorientierten Ausrichtung des Gesamtunternehmens.[185]

---

[182] Vgl. Accenture (2003), S. 33 f.; Weber, J. (1997), S. 8; Behme, W./Roth, A. (1997), S. 36; Werner, T. et al. (2005), S. 61; Schmidt, W. (2006b), S. 13 f.; Michel, U. (2006), S. 444 f.
[183] Vgl. Accenture (2003), S. 33.
[184] Vgl. Keller, M./Krugmann, B. (2006), S. 221; Weißenberger, B. E. (2007), S. 44 f.
[185] Vgl. Michel, U. (2006), S. 444.

Je nach erreichtem Realisierungsgrad haben alle zuvor genannten Ziele der Harmonisierung Auswirkungen auf das Ziel der Realisierung von Kosteneinsparungs- und Effizienzsteigerungsmöglichkeiten innerhalb der Unternehmensrechnung. Für die Harmonisierung der Unternehmensrechnung lassen sich jedoch auch negative Auswirkungen oder Begleiterscheinungen feststellen. Als Nachteile der Harmonisierung von interner und externer Unternehmensrechnung werden die folgenden Sachverhalte genannt, die anschließend kurz erläutert werden:[186]

- Abhängigkeit der intern verwendeten Größen und Kennzahlen von externen Normsetzungsprozessen
- Eingeschränkte Eignung der konzeptionellen Ausrichtung internationaler Rechnungslegungsstandards für Zwecke der internen Steuerung
- Controllinganforderungen nicht adäquat erfüllt
- Umstellungsaufwand und Akzeptanzprobleme bei Mitarbeitern
- Problem der Verknüpfung mit operativen Systemen

Der Nachteil der Abhängigkeit vom externen Normsetzungsprozess geht vor allem mit der fehlenden direkten Einflussnahme auf die Ausgestaltung der Rechnungslegungsstandards einher. Die harmonisierte Unternehmensrechnung muss also immer die Entwicklung der internationalen Rechnungslegungsstandards beobachten und die hieraus resultierenden Auswirkungen analysieren. Gerade vor dem Hintergrund einer sehr dynamischen Entwicklung der internationalen Rechnungslegungsstandards ist diese Problematik auf keinen Fall zu unterschätzen.

Internationale Rechnungslegungsstandards orientieren sich primär am Kriterium der Entscheidungsnützlichkeit externer Investoren und nicht an der

---

[186] Vgl. ausführlich zu den Nachteilen der Harmonisierung die Ergebnisse der empirischen Studien von *Horváth/Arnaout, Hoke, Haring/Prantner, Müller, Dorfer/Gaber, Grieshop/Weber, Weißenberger/Angelkort* sowie *Jahnke/Wielenberg/Schumacher*. Die emprischen Untersuchungen zeigen, dass die Nachteile als nicht sehr zutreffend bzw. schwerwiegend empfunden werden. Horváth, P./Arnaout, A. (1997), S. 262; Hoke, M. (2001), S. 158 f.; Haring, N./Prantner, R. (2005), S. 147 f.; Müller, M. (2006), S. 176 f.; Dorfer, A./Gaber, T. (2006), S. 22 f.; Grieshop, H./Weber, J. (2007), S. 307 f.; Weißenberger, B. E./Angelkort, H. (2007), S. 8 f.; Jahnke, H./Wielenberg, S./Schumacher, H. (2007), S. 365 f. Des Weiteren sind in diesem Zusammenhang auch die folgenden Artikel und Beiträge zu nennen: Wala, T./Messner, S. (2007), S. 15 f.; Weide, G. (2009), S. 6 f.; Himmel, H. (2004), S. 27 f.; Stute, A. (2007), S. 42 f.

Eignung für interne Steuerungszwecke. In diesem Zusammenhang sind besonders die Nichtbeachtung der Clean-Surplus-Relation und die hiermit verbundene Durchbrechung des Kongruenzprinzips sowie die sich hieraus ergebenden negativen Auswirkungen auf eine wertorientierte Steuerung zu nennen. So sind z. B. bei einer erfolgsneutralen Erfassung im Eigenkapital die Auswirkungen auf die Kapitalkosten zu beachten. Des Weiteren sind hier die „Conversions" zu nennen. Für Zwecke der wertorientierten Steuerung werden hier die Daten der externen Unternehmensrechnung entsprechend angepasst.

Durch Weitergabe von intern verwendeten Steuerungsgrößen wird es den externen Adressaten der Unternehmensrechnung ermöglicht, Einblicke in sensible und kritische Geschäftsdaten des Unternehmens zu erhalten. Somit besteht die Gefahr, dass aufgrund der gleichzeitigen Verwendung von Informationen sowohl für interne als auch für externe Zwecke die tatsächlich für die interne Steuerung notwendigen Informationen nicht in optimaler Form generiert werden. Unternehmen werden sehr genau prüfen, welche Informationen sie intern verwenden, weil externe Adressaten die identischen Informationen ebenfalls erhalten werden. Somit besteht das Risiko, dass die eigentlichen Controllinganforderungen schlechter erfüllt als benötigt werden. In diesem Zusammenhang ist auch auf den Flexibilitätsverlust bei der Gestaltung von Anreizsystemen hinzuweisen. Im Zusammenhang mit dem Management Approach wird dies als Zirkularitätsproblem bezeichnet.[187]

Ein nicht zu unterschätzender Umstellungsaufwand sowie mögliche Akzeptanzprobleme bei den betroffenen Controlling-Mitarbeitern sind als Nachteil zu erwähnen. Die Controlling-Mitarbeiter haben zuvor mit getrennten Systemen gearbeitet und haben möglicherweise Angst vor Veränderungen oder sogar dem Verlust des Arbeitsplatzes. Des Weiteren besteht bei einer Vielzahl von Controlling-Mitarbeitern Besorgnis darüber, dass sie durch die Notwendigkeit zur laufenden Aneignung von IAS/IFRS-Spezialistenwissen überfordert werden. Der Umfang der immer komplexer ausgestalteten externen Rechnungslegungsvorschriften und die hohe

---

[187] *„Das Zirkularitätsproblem entsteht dadurch, dass die externe Berichterstattung nach dem Management Approach auf der internen Unternehmensrechnung basiert. Folglich beeinflusst die interne Unternehmensrechnung die externe Berichterstattung. Gleichzeitig besteht aber die Möglichkeit, dass sich die Unternehmensleitung bei der Ausgestaltung der internen Unternehmensrechnung an den externen Regelungen orientiert, um die externen Anforderungen von vornherein zu erfüllen."* Himmel, H. (2004), S. 139. Dies birgt jedoch die Gefahr einer nur suboptimalen Ausgestaltung der Unternehmensrechnung für interne Steuerungszwecke.

Dynamik der damit verbundenen Änderungen setzen eine entsprechende Fachkompetenz voraus.

In der betriebswirtschaftlichen Literatur wird im Kontext der Verknüpfung der Unternehmensrechnung mit den operativen Systemen von einer Teilharmonisierung gesprochen, denn mit zunehmender Nähe zu operativen Hierarchieebenen nehmen die Abweichungen zwischen internen und externen Erfolgsmaßen zu.[188] Das Problem der Verknüpfung des harmonisierten Systems der Unternehmensrechnung mit den operativen Subsystemen tritt hier besonders zum Vorschein.

Analysiert man die Grenzen der Harmonisierung, so wird aufgrund der Zweckpluralität und der verschiedenen Rechnungsadressaten eine vollständige Harmonisierung nicht möglich sein.[189] Die Rechnungszweckabhängigkeit stellt also eine Grenze der Harmonisierung dar. *Bruns* sagt dazu: *„Die gesamte Aufgabenbreite des internen Rechnungswesens mittels der Daten der externen Rechnungslegung abdecken zu können, ist illusorisch."*[190] Ein vollständiger Verzicht auf kalkulatorische Elemente wird schon aufgrund der allgemeinen Verwendung wertorientierter Steuerungskonzepte zur Unternehmenssteuerung nicht durchführbar sein. Vor allem die kalkulatorischen Eigenkapitalkosten werden in Bezug zur wertorientierten Ausrichtung auch weiterhin Bestandteil einer harmonisierten Unternehmensrechnung auf Ebene des Konzerns sein.[191] Anderenfalls würden sich verschiedene wertorientierte Kennzahlen, wie z. B. EVA, von vornherein aus einer harmonisierten Datenbasis nicht berechnen lassen.

Wie gezeigt, bringt die Harmonisierung neben den beschriebenen Vorteilen auch diverse Nachteile mit sich. Die Abwägung von Vor- und Nachteilen, die Festlegung des Harmonisierungsbereichs und des Harmonisierungsgrads ist von jedem Unternehmen individuell zu beurteilen.[192] Insgesamt ist in der betriebswirtschaftlichen Praxis bereits ein Trend zur Harmonisierung zu

---

[188] Vgl. Simons, D./Weißenberger, B. E. (2008), S. 141.
[189] Vgl. Bruns, H.-G. (1999), S. 595.
[190] Bruns, H.-G. (1999), S. 593.
[191] Vgl. Küpper, H.-U. (1998), S. 157 f.; Hax, H. (2002), S. 766; Aders, C./Hebertinger, M. (2003), S. 12 ff.; Beißel, J./Steinke, K.-H. (2004), S. 65 f.; Weißenberger, B. E. (2004), S. 72 f.
[192] Auf die Darstellung und Abgrenzung des Harmonisierungsbereichs sowie der anzustrebende Grad der Harmonisierung wird in Abschnitt 2.2.4 und 2.2.5 eingegangen.

erkennen.[193] Die einmalig anfallenden Kosten der Harmonisierung kompensieren zunächst die Kosteneinsparungseffekte. Langfristig betrachtet gehen viele Unternehmen davon aus, dass die Vorteile der Harmonisierung überwiegen und die Einsparungseffekte sich auszahlen.[194]

2.2.3 Generelle Anforderungen an eine harmonisierte Unternehmensrechnung

Die generellen Anforderungen an die Unternehmensrechnung sind an die unterschiedlich zu erfüllenden Rechnungszwecke gekoppelt. Die harmonisierte Unternehmensrechnung hat somit die Aufgabe, die unterschiedlichen Rechnungszwecke des internen und externen Rechenwerks weitestgehend zu erfüllen. Ziel muss es also sein, ein effizientes System der Unternehmensrechnung zu gestalten, welches in der Lage ist, das Management und die nachgelagerten Führungsebenen mit relevanten Informationen zu versorgen, um so eine wertorientierte Konzernsteuerung zu gewährleisten.[195]

Als generelle interne Kriterien für die Ausgestaltung einer harmonisierten Unternehmensrechnung lassen sich die Anreizverträglichkeit, Analysefähigkeit, Kommunikationsfähigkeit und Wirtschaftlichkeit nennen.[196] Der Erfüllungsgrad dieser Kriterien hat unmittelbaren Einfluss auf die Realisierung der im vorherigen Abschnitt 2.2.2 formulierten Zielsetzungen einer Harmonisierung. Die bereits genannten internen Kriterien werden im Folgenden kurz erläutert.

Das Kriterium der Anreizverträglichkeit verlangt Objektivität und Zielkongruenz. Eine optimale Ausgestaltung des Anreizsystems kann zu einer Verringerung der Zielkonflikte und der Informationsasymmetrie führen. Die harmonisierte Unternehmensrechnung soll in diesem Kontext u. a. zur Lösung der durch die dezentrale Entscheidungsautonomie im Konzern

---

[193] Vgl. hierzu die empirischen Untersuchungen zur Harmonisierung von *Horváth/Arnaout, Hoke, Haring/Prantner* und *Müller*. Horváth, P./Arnaout, A. (1997); Hoke, M. (2001); Haring, N./Prantner, R. (2005); Müller, M. (2006).

[194] Vgl. Menn, B.-J. (1999), S. 641 f.; Haring, N./Prantner, R. (2005), S. 149; Seeliger, R./Kaatz, S. (1998), S. 125 f.; Pfaff, D. (1995), S. 124 f.; Horváth, P./Arnaout, A. (1997), S. 262 f.; Küting, K./Lorson, P. (1998d), S. 2306.

[195] Vgl. Hebeler, C. (2003), S. 113; Wurl, H.-J./Kuhnert, M./Hebeler, C. (2001), S. 1365.

[196] Vgl. Melcher, W. (2002), S. 55 ff.; Klein, G. A. (1999a), S. 69 f.; Coenenberg, A. G. (1995), S. 2080 f. In der Literatur gibt es in diesem Zusammenhang bei der Formulierung der Kriterien und Anforderungen einige begriffliche Unterschiede. Die Inhalte dieser unterschiedlichen Begriffsabgrenzungen zeigen jedoch keine substanziellen Abweichungen auf. Vgl. hierzu die Übersicht bei Hebeler, C. (2003), S. 117 und die dort angegebene Literatur.

auftretenden Steuerungsprobleme eingesetzt werden.[197] Um im Sinne des Prinzipals zu handeln, muss das Anreizsystem auf den Agenten eine motivierende Wirkung ausüben. Für die Unternehmensrechnung bedeutet dies, dass sich das Zielsystem auch im System der Unternehmensrechnung wiederfinden muss. Hierdurch soll vor allem der Forderung nach Objektivität der Messgrößen und der Bewertungsansätze im Sinne der Manipulationsfreiheit der Daten genügt werden.[198] Die Daten der Unternehmensrechnung müssen frei von Verzerrungen und objektiv nachprüfbar sein. Manipulationsspielräume gefährden die Zuverlässigkeit der Daten, was zu Fehlinterpretationen und damit zu Fehlentscheidungen führen kann. Durch Vorgabe von konzernweit gültigen Richtlinien kann diese Problematik eingeschränkt werden. Die Zielkongruenz fordert in diesem Zusammenhang, dass sich die Ziele des Agenten an den Zielen des Prinzipals ausrichten.[199] Es soll eine Kongruenz zwischen den Zielen der Konzernleitung und denen der nachgelagerten Führungsebenen hergestellt werden. Durch diese Zielkongruenz soll eine Ausrichtung auf das Gesamtzielsystem des Konzerns gewährleistet werden. Es muss also ein Wirkungszusammenhang zwischen den Zielen der Konzernleitung und denen der nachgelagerten Führungsebenen bestehen.[200] Dies setzt voraus, dass das Zielsystem und die diesem zugrunde liegenden Größen des Konzerns präzise festgelegt sind.

Die Analysefähigkeit soll die Adressaten der Unternehmensrechnung in die Lage versetzen, Ergebnisse und Informationen richtig zu interpretieren und mögliche Handlungsmaßnahmen daraus abzuleiten. Sie kann in Relevanz und Vergleichbarkeit unterteilt werden. Es muss sichergestellt sein, dass die generierten Ergebnisse und Informationen z. B. mit bereits veröffentlichten Daten vergleichbar sind und eine gewisse Relevanz besitzen. Voraussetzung sind also die Aktualität sowie die zeitliche, strukturelle und inhaltliche Vergleichbarkeit der Daten der Unternehmensrechnung. Die Relevanz bezieht sich in diesem Kontext auf wesentliche und zur Steuerung notwendige Informationen.[201]

---

[197] Vgl. Weißenberger, B. E. (2004), S. 73 f.
[198] Eine detaillierte Analyse der Anreizkompatibilität bestimmter Erfolgsmaße im Zusammenhang mit der Ausgestaltung einer Erfolgsrechnung im Konzern findet sich bei Weißenberger, B. E. (2003), S. 47 ff.
[199] Vgl. Müller, M. (2006), S. 94 f.
[200] Vgl. Müller, M. (2006), S. 65.
[201] Vgl. zu diesem Abschnitt Melcher, W. (2002), S. 55 ff.; Klein, G. A. (1999a), S. 69 f.; Coenenberg, A. G. (1995), S. 2080 f.; Müller, M. (2006), S. 67 f.

Die Kommunikationsfähigkeit setzt sich aus der Verständlichkeit und der hiermit eng verbundenen Akzeptanz der Unternehmensrechnung zusammen. Verständliche Informationen erzeugen eine höhere Akzeptanz als komplexe und unverständliche Informationen. Bei einem international tätigen Unternehmen ist neben der inhaltlichen auch auf die sprachliche Verständlichkeit und Akzeptanz zu achten. Die Akzeptanz hat wiederum Auswirkungen auf die Motivation der Mitarbeiter. Als grundlegende Basis der Akzeptanz kann die Gerechtigkeit betrachtet werden. Um die Komplexität möglichst gering zu halten, sollte die Unternehmensrechnung einfach, klar und transparent gestaltet sein. Da es im Rahmen einer harmonisierten Unternehmensrechnung kaum zu größerem Erklärungsbedarf bei Differenzen zwischen interner und externer Unternehmensrechnung mehr kommen wird, werden diesbezüglich auftretende Interpretationsschwierigkeiten und Kommunikationsprobleme von vornherein ausgeschlossen bzw. minimiert.[202] Die Kommunikation zwischen dem Unternehmen und den unterschiedlichen Adressaten - beispielsweise den Kapitalmarktteilnehmern - wird somit durch die Harmonisierung insgesamt verbessert.[203]

Die Wirtschaftlichkeit zielt auf eine Kosten-/Nutzen-Abwägung ab und soll sich nur auf die Abbildung wesentlicher Informationen konzentrieren. Durch die Harmonisierung der Rechenkreise können z. B. Doppelarbeiten und Überleitungen weitestgehend vermieden und somit Einsparungseffekte realisiert werden.[204]

Da eine harmonisierte Unternehmensrechnung hauptsächlich die extern vorgegebenen Anforderungen zu beachten hat, ist im Rahmen der Harmonisierung darauf zu achten, dass die Kriterien des jeweils zugrunde liegenden Rechnungslegungsstandards erfüllt werden. Hierbei wird deutlich, dass die externen Anforderungen, die von einem internationalen Rechnungslegungsstandard gestellt werden, den Anforderungen an die interne Unternehmensrechnung weitestgehend entsprechen. Untermauert wird diese Aussage vor allem damit, dass die internationalen

---

[202] Vgl. Klein, G. A. (1999b), S. 69 f.; Hoke, M. (2001), S. 100 f.; Coenenberg, A. G. (1995), S. 2081; Müller, M. (2006), S. 66 f.
[203] Müller, M. (2006), S. 94 f.; Wagenhofer, A. (2006), S. 12 f.
[204] Es ist bekanntermaßen sehr schwierig, den Nutzen von Informationen zu messen und die Kosten eines Abgleichs zweier Systeme abzuschätzen. In diesem Kontext sei explizit auf die Problematik der Ermittlung einer objektivierten Kosten-/Nutzen-Relation hingewiesen. Vgl. Wurl, H.-J./Kuhnert, M./Hebeler, C. (2001), S. 1366; Hebeler, C. (2003), S. 120 f.; Coenenberg, A. G. (1995), S. 2081; Hoke, M. (2001), S. 103 ff.; Müller, M. (2006), S. 68.

Rechnungslegungsstandards eine stärkere betriebswirtschaftliche Sichtweise einnehmen als das HGB, denn dieses zeichnet sich vor allem durch eine gläubigerschutzorientierte Philosophie der Rechnungslegung aus.[205] In Anlehnung an *Klein* wird dies anhand einer Gegenüberstellung der generellen Anforderungen an das interne Rechenwerk mit den Anforderungen an eine externe Rechnungslegung nach IAS/IFRS in Abbildung 4 deutlich.[206] Die Abbildung zeigt, dass die intern formulierten Anforderungen sich entsprechenden externen Kriterien, die sich aus den Frameworks des IAS/IFRS ableiten, gegenüberstellen lassen. Die linke Seite der Abbildung zeigt die generellen internen Anforderungen der Unternehmensrechnung. Die rechte Seite stellt diesen Anforderungen die entsprechenden Kriterien der externen Unternehmensrechnung gegenüber. Auf die einzelnen Kriterien der IAS/IFRS wird hier allerdings nicht weiter eingegangen. Es soll lediglich anschaulich gezeigt werden, dass sich die IAS/IFRS generell als Rechnungslegungsstandards im Rahmen der Harmonisierung eignen und die internen und externen Anforderungen an eine harmonisierte Unternehmensrechnung erfüllt werden. Eine diesbezügliche Gegenüberstellung mit den Standards der US-GAAP[207] gibt beispielsweise *Hebeler*.[208]

---

[205] Vgl. zu den Unterschieden zwischen der externen Unternehmensrechnung nach HGB und IAS/IFRS zur internen Unternehmensrechnung vor allem die Übersicht bei *Wussow*, Wussow, S. (2004), S. 23 f.

[206] Vgl. Klein, G. A. (1999b), S. 64.

[207] US-GAAP setzen sich i. W. aus Rechnungslegungsstandards zusammen, die vom Financial Accounting Standards Board (FASB) herausgegeben werden. Die Securities and Exchange Commission (SEC) hat ihre Regulierungskompetenz für die Rechnungslegung seit 1973 an das FASB delegiert. Die Verlautbarungen des FASB, insbesondere die Statements of Financial Accounting Standards (SFAS) müssen von den publizitätspflichtigen Unternehmen beachtet werden. Vgl. Pellens, B. et al. (2008), S. 57 ff.; Niehus, R. J. (1998), S. 1 ff.; Schildbach, T. (2002), S. 5 ff.

[208] Vgl. Hebeler, C. (2003), S. 170 ff.

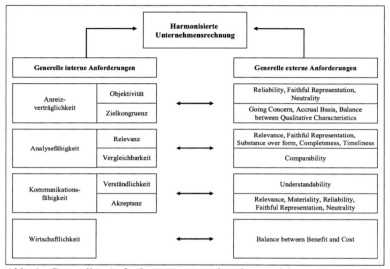

Abb. 4: Generelle Anforderungen an eine harmonisierte Unternehmensrechnung[209]

Die Gegenüberstellung von generellen internen und externen Anforderungen an eine harmonisierte Unternehmensrechnung zeigt, dass sich die internationalen Rechnungslegungsstandards als Basis einer intern und extern harmonisierten Unternehmensrechnung vom grundsätzlichen Aufbau her eignen.[210]

2.2.4 Darstellung und Abgrenzung des Harmonisierungsbereichs

Aufgrund der themenbedingten Fokussierung auf die Ebene des Konzerns und des dazugehörigen Konzernabschlusses werden Kapitalgesellschaften betrachtet, die zur Aufstellung eines Konzernabschlusses verpflichtet sind. Aus diesem Grund wird bei der Abgrenzung des Harmonisierungsbereichs der Schwerpunkt auf den konsolidierten Konzernabschluss sowie auf die Handelsbilanz II (HB II), als eine Vorstufe des konsolidierten Konzernabschlusses, gelegt.[211] Handelsbilanzen II werden aufgestellt, wenn es einem Konzern nicht möglich ist, bereits auf Ebene der Einzelabschlüsse

---

[209] In Anlehnung an Klein, G. A. (1999b), S. 92.
[210] Vgl. Bruns, H.-G. (1999), S. 589; Küting, K./Lorson, P. (1998a), S. 473.
[211] Vgl. Himmel, H. (2004), S. 31 f.

vereinheitlichte Abschlüsse zu generieren. Dies kommt hauptsächlich bei global tätigen Konzernen vor, da die Einzelabschlüsse von ausländischen Tochterunternehmen (HB I) von den im Konzernabschluss angewendeten Ansatz- und Bewertungswahlrechten abweichen können.[212] Unter HB II wird im Rahmen dieser Arbeit der konsolidierte Konzernabschluss nach Konzernrichtlinien verstanden, unabhängig davon ob die Abschlusserstellung nach HGB, IAS/IFRS oder US-GAAP erfolgt.

Im Folgenden wird der Weg von HB I über HB II hin zum konsolidierten Konzernabschluss skizziert. Die Einzelabschlüsse der Tochtergesellschaften nach Landesrecht und Landeswährung (HB I) stehen meist nicht im Einklang mit den Regelungen des Mutterunternehmens. Die HB I nach HGB dient vor allem der Pflicht zur Erfüllung der Zahlungsbemessungsfunktion für die Festlegung von Dividenden- und Steuerzahlungen.[213] Bei Übergang der HB I auf die HB II erfolgt bereits eine Anpassung im Vorfeld der eigentlichen konzerntypischen Konsolidierungsmaßnahmen in den Einzelabschlüssen der einbezogenen Konzerngesellschaften. Das bedeutet, Bilanzierung und Bewertung auf Konzernebene können losgelöst von der einzelgesellschaftlichen Rechnungslegung erfolgen. Legitimiert wird diese Vorgehensweise durch die §§ 300 und 308 HGB. Die HB II steht für eine konzerneinheitliche Gliederung, hauptsächlich aber für einen konzerneinheitlichen Ansatz und eine konzerneinheitliche Bewertung.[214] Die HB II stellt somit die Grundlage für die Berücksichtigung im konsolidierten Konzernabschluss dar.[215]

Dieser Sachverhalt bleibt bei Zugrundelegung von IAS/IFRS oder US-GAAP grundsätzlich bestehen. Dem Konzernabschluss nach HGB kommt, ebenso wie dem nach IAS/IFRS oder US-GAAP, demnach keine Steuer- und Ausschüttungsbemessungsfunktion zu. Die IAS/IFRS weisen in IAS 27.21 explizit auf die einheitliche Bilanzierung und Bewertung hin. IAS 27.21 befasst sich mit dem Grundsatz der einheitlichen Rechnungslegungsgrundsätze (Uniform Accounting Policies). Bei Anwendung der US-GAAP wird dies bereits durch die relative Identität zwischen Einzel- und

---

[212] Vgl. Küting, K./Weber, C.-P. (2008), S. 67 f.
[213] Vgl. Kümpel, T. (2002), S. 344.
[214] Vgl. Küting, K./Lorson, P. (1999b), S. 216 f.; Krawitz, N./Albrecht, C./Büttgen, D. (2000), S. 551.
[215] Vgl. zu diesem Abschnitt Baetge, J./Kirsch, H.-J./Thiele, S. (2004), S. 2 f.; Hahn, D./Hungenberg, H. (2001), S. 871 f.; Coenenberg, A. G. (2005), S. 580 f.; Küting, K./Weber, C.-P. (2008), S. 67 f.

Konzernabschluss aufgrund geringerer Anpassungsspielräume im Einzelabschluss gewährleistet.[216]

Zur Erstellung des Konzernabschlusses sind demnach alle HB II der Tochterunternehmen durch Horizontaladdition in einer Summenbilanz und Summen-GuV zusammenzufassen. Diese Summenbilanz und Summen-GuV müssen jeweils um die konzerninternen Transaktionen bereinigt werden. Die Bereinigung erfolgt im Rahmen der Konsolidierung.[217] Des Weiteren sind im Zuge der Erstellung des Konzernabschlusses alle Transaktionen in einer einheitlichen Währung abzubilden.

Abbildung 5 zeigt die Einordnung von HB I und HB II in den Kontext des Konzernabschlusses.

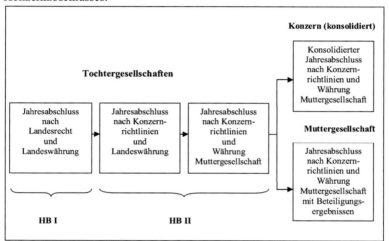

Abb. 5: Handelsbilanz I und Handelsbilanz II im Kontext des Konzernabschlusses[218]

---

[216] Vgl. Coenenberg, A. G. (2005), S. 585 f.; Schön, D./Kröninger, L. (2005), S. 88; Kirsch, H. (2002), S. 207.
[217] Vgl. zur Thematik der Konsolidierung die Angaben in Abschnitt 3.3.1.2.1 und die dort angegebene Literatur.
[218] In Anlehnung an Hahn, D./Hungenberg, H. (2001), S. 872.

Auf der Ebene der HB II ist eine prinzipielle Zweckidentität von interner und externer Unternehmensrechnung zu erkennen.[219] In Anlehnung an *Jonen/Lingnau* bezieht sich diese prinzipielle Zweckidentität auf die Informationsfunktion, auf Teilbereiche der Entscheidungsunterstützungsfunktion sowie auf die Verhaltenssteuerungsfunktion.[220]

Der Bereich der Entscheidungsunterstützungsfunktion ist in eine laufende und eine fallbezogene Entscheidungsunterstützung zu unterteilen. Der Funktion der laufenden Entscheidungsunterstützung kann die Steuerungs- und Kontrollrechnung zugeordnet werden und sie basiert auf den sogenannten Grundrechnungen. Die fallbezogene Entscheidungsunterstützungsfunktion gehört dagegen nicht zum Harmonisierungsbereich, da sie sich hauptsächlich auf spezielle Entscheidungsprobleme bezieht und fallweise im Rahmen von sogenannten Sonderrechnungen durchgeführt wird.[221] Die Zahlungsbemessungs- und Ausschüttungsbemessungsfunktion der externen Unternehmensrechnung kann durch die Fokussierung auf HB II und den konsolidierten Konzernabschluss ausgeklammert werden, da sie auf dieser Ebene keine Relevanz besitzt.

Die Studie von *Müller* bestätigt die prinzipielle Eignung der Ebene des Konzerns für eine harmonisierte Unternehmensrechnung. In dieser Studie wird gezeigt, dass gerade auf Ebene des Konzerns eine weitestgehende Harmonisierung als durchführbar und sinnvoll betrachtet wird und die prinzipielle Eignung einer Harmonisierung auf unteren Steuerungsebenen abnimmt.[222] Diese Auffassung wird durch ein Zitat von *Bruns* bestätigt: *„Je operativer das interne Rechnungswesen..., desto geringer die Möglichkeiten einer Integration."*[223] In der Studie von *Müller* wird in diesem Zusammenhang auch deutlich, dass große internationale Konzerne eher nach einer Harmonisierung streben als kleine nationale Unternehmen.[224]

---

[219] Vgl. Klein, G. A. (1999a), S. 68 f.; Küting, K./Lorson, P. (1998b), S. 487 ff.; Coenenberg, A. G. (1995), S. 2083; Himmel, H. (2004), S. 33.
[220] Vgl. Jonen, A./Lingnau, V. (2005), S. 9 f.
[221] Vgl. Jonen, A./Lingnau, V. (2005), S. 9 f. Zu einer ähnlichen Abgrenzung des Harmonisierungsbereichs vgl. Hoke, M. (2001), S. 24 f.; Bruns, H.-G. (1999), S. 595 f.; Küting, K./Lorson, P. (1998b), S. 492 f.; Melcher, W. (2002), S. 69 f.
[222] Vgl. Müller, M. (2006), S. 215 f.
[223] Bruns, H.-G. (1999), S. 595. *Bruns* spricht im Gegensatz zu der in dieser Arbeit getroffenen begrifflichen Abgrenzung von Rechnungswesen anstatt von Unternehmensrechnung und von Integration anstatt von Harmonisierung.
[224] Vgl. Müller, M. (2006), S. 201 f.

Die nachfolgende Abbildung 6 fasst die getroffenen Aussagen zusammen und veranschaulicht die prinzipielle Zweckidentität und die hiermit zusammenhängende Abgrenzung des Harmonisierungsbereichs.

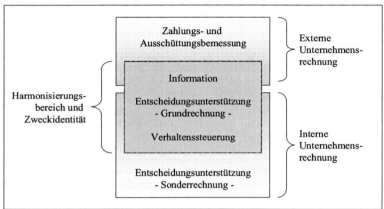

Abb. 6: Harmonisierungsbereich der Rechnungszwecke[225]

2.2.5 Grad der Harmonisierung

In Anlehnung an *Küting/Lorson* gibt der Grad der Harmonisierung Auskunft über das Übereinstimmungsniveau von interner und externer Unternehmensrechnung. Hierbei sind Ausprägungen zwischen vollständig und teilweise harmonisiert möglich.[226] Der Harmonisierungsgrad ist als Maß für die Reduktion der Unterschiede zwischen interner und externer Unternehmensrechnung zu verstehen.[227] Internes und externes Rechenwerk sind dann vollständig harmonisiert, wenn keine Unterschiede zwischen den beiden Rechenwerken bestehen. Über jede Anpassungsmaßnahme des externen Datenbestands ist in diesem Fall immer kritisch und unternehmensindividuell zu entscheiden. *Pfaff* fordert in diesem Zusammenhang, die Ansatz- und Bewertungsvorschriften der externen Unternehmensrechnung zu übernehmen und nur dort anzupassen, wo es unbedingt notwendig erscheint, z. B. bei Anreizwirkungen.[228]

---

[225] In Anlehnung an Hoke, M. (2001), S. 19.
[226] Vgl. Küting, K./Lorson, P. (1998b), S. 487.
[227] Zur Ableitung und empirischen Untersuchung des Harmonisierungsgrads vgl. v. a. *Müller*. Im Rahmen seiner Untersuchung wird der Harmonisierungsgrad durch vier Stufen der Harmonisierung charakterisiert. Müller, M. (2006), S. 107 ff.
[228] Vgl. Pfaff, D. (1995), S. 125.

Kalkulatorische Bestandteile sind auf die Anwendung kalkulatorischer Eigenkapitalkosten zu begrenzen. Die Bestimmung des Grads der Harmonisierung sollte jedoch schließlich immer unternehmensindividuell erfolgen.[229] Der Grad der Harmonisierung kann beispielsweise auch über die Anzahl der Überleitungspositionen zwischen internem und externem Rechenwerk bestimmt werden. Die Anzahl der Überleitungspositionen nimmt in diesem Fall mit wachsendem Harmonisierungsgrad ab.[230]

Bei Betrachtung des Harmonisierungsgrades ist festzulegen, bis auf welche Ebene der Unternehmensstruktur die Harmonisierung stattfinden soll. Es geht hier also um den Grad der Harmonisierung in Bezug auf die Hierachieebenen. Als Hierachieebenen können die des Konzerns, der Segmente, der Geschäftsbereiche und der Profit-Center genannt werden. In Anlehnung an *Weißenberger* wird in der folgenden Abbildung 7 der Harmonisierungspfad deutlich. Die Abbildung zeigt, dass die Abweichungen und somit der Bedarf an Überleitungspositionen zwischen interner und externer Unternehmensrechnung auf operativer Ebene zunehmen.[231] Für den weiteren Verlauf wird von einer Harmonisierung bis auf die Ebene der Geschäftsbereiche ausgegangen.[232] Eine vollumfängliche Harmonisierung ist weder aus Sicht der Literatur empfehlenswert noch empirisch nachweisbar.[233]

Die Darstellung des Harmonisierungsgrades einer teilharmonisierten Unternehmensrechnung kommt in der folgenden Abbildung zum Ausdruck.

---

[229] Vgl. Küting, K./Lorson, P. (1998b), S. 487; Müller, M. (2006), S. 37 f.
[230] Vgl. Weißenberger, B. E. (2006b), S. 413.
[231] Vgl. Weißenberger, B. E./Angelkort, H. (2007), S. 50 f.
[232] Die Geschäftsbereiche sind im Rahmen dieser Arbeit eine Hierachiestufe unter den Segmenten angesiedelt. Verschiedene Geschäftsbereiche lassen sich eindeutig einem Segment zuordnen. Für eine wertorientierte Ausrichtung müssen die Kapitalkosten also auf Ebene der Geschäftsbereiche bestimmbar sein. Vgl. auch Aders, C./Hebertinger, M. (2003), S. 26 f.
[233] Vgl. Müller, M. (2006), S. 215 f.

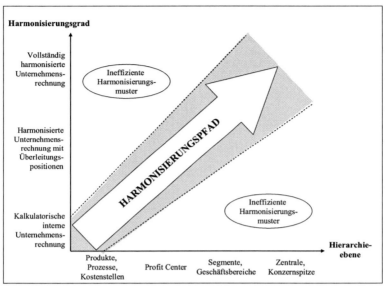

Abb. 7: Harmonisierungsgrad einer teilharmonisierten Unternehmensrechnung[234]

2.2.6 Bestimmung der Harmonisierungsrichtung

Die externe Unternehmensrechnung dominiert in gewissem Maße die Diskussion der Harmonisierungsrichtung. Die Dominanz entsteht aufgrund der gesetzlichen Vorschriften und der Richtlinien der internationalen Standardsetter gegenüber der mit Freiheitsgraden ausgestatteten internen Unternehmensrechnung.[235] Die interne Unternehmensrechnung muss sich bei diesem Harmonisierungsprozess stärker an das externe Rechenwerk anpassen und die Konventionen der externen Unternehmensrechnung beachten bzw. übernehmen.

Aufgrund der steigenden Publizitätsanforderungen und des erhöhten Informationsbedarfs bei Investoren und Analysten ist jedoch zu erkennen, dass gewisse Sachverhalte der internen Unternehmensrechnung zunehmend in Vorschriften und Standards der externen Berichterstattung explizite

---

[234] In Anlehnung an Weißenberger, B. E. (2006c), S. 75.
[235] Vgl. Bruns, H.-G. (1999), S. 594; Burger, A./Buchhart, A. (2001), S. 549 ff.; Hoke, M. (2001), S. 33.

Beachtung finden. Exemplarisch sind die Regelungen und Anforderungen der Goodwill-Bilanzierung nach US-GAAP und IAS/IFRS sowie die damit zusammenhängende Notwendigkeit der Durchführung eines Impairment-Tests[236] und der noch näher zu beschreibende Management Approach im Rahmen der Segmentberichterstattung zu nennen. Mit dem Management Approach gelangen die nach der internen Sicht des Managements generierten Daten an externe Adressaten. Die interne Sicht der Unternehmensrechnung hat bei konsequenter Verfolgung des Management Approach einen großen Einfluss auf die Harmonisierung.[237]

Des Weiteren ist in diesem Kontext auf eine freiwillige Zusatzberichterstattung im Rahmen eines Value Reportings[238] oder Business Reportings[239] hinzuweisen. Durch die zusätzlichen Informationen sollen vorhandene Informationsasymmetrien zwischen der Unternehmensleitung

---

[236] Durch die Regelungen der Goodwill-Bilanzierung (SFAS 141 und IFRS 3) sind Unternehmen verpflichtet, mindestens einmal jährlich eine Bewertung auf Ebene der Reporting Unit (SFAS 142) oder Cash Generating Unit (IAS 36) durchzuführen. Die unterjährige Durchführung des Werthaltigkeitstests (Impairment-Test) ist bei Vorliegen bestimmter Ereignisse wie negativer Geschäftsentwicklung, Verschärfung des Wettbewerbs usw. vorgeschrieben. Hierbei soll ein potenzieller Wertberichtigungsbedarf auf Ebene der Reporting Unit oder Cash Generating Unit ermittelt werden. Dies setzt wiederum die Bestimmung von Kapitalkosten auf diesen Ebenen voraus. Da im Rahmen des Impairment-Tests auf Plandaten zurückgegriffen werden muss, ist auf eine einheitliche inhaltliche und strukturelle Gleichheit zwischen Planermittlung und Ermittlung der aktuellen Daten zu achten. Vgl. Pellens, B. et al. (2008), S. 256 ff.; Pellens, B./Sellhorn, T. (2001), S. 1681 f.; Brücks, M./Kerkhoff, G./Richter, M. (2005), S. 1 f.; Hachmeister, D./Kunath, O. (2005), S. 62 f.; Weißenberger, B. E./Maier, M. (2006), S. 2078 f.; Heuser, P. J./Theile, C. (2007), Rz. 4600 f.

[237] Vgl. Benecke, B. (2000), S. 55.

[238] Das Hauptziel des Value Reportings ist es, dem Kapitalmarkt bewertungsrelevante Informationen bereitzustellen, mit deren Hilfe eine Unternehmensbewertung durch Unternehmensexterne erleichtert und somit eine Verringerung der Informationsasymmetrien zwischen Management und Investoren erreicht werden soll. Vgl. Arbeitskreis Externe Unternehmensrechnung der Schmalenbach-Gesellschaft (2002), S. 2337 ff.; Günther, T./Beyer, D. (2001), S. 1624 ff.; Ruhwedel, F./Schultze, W. (2004), S. 489 ff.; Fischer, T. M./Wenzel, J. (2004), S. 305 ff.; Fischer, T. M./Wenzel, J./Kühn, C. (2001), S. 1209 f.

[239] Der Begriff des Business Reportings kam mit dem vom Special Committee on Financial Reporting 1994 veröffentlichten Comprehensive Report in die öffentliche Diskussion und hat einen vergleichbaren Inhalt wie das Value Reporting. Es sollen verstärkt die Informationen an den Kapitalmarkt kommuniziert werden, die auch intern zur Unternehmenssteuerung eingesetzt werden. Vgl. Peskes, M. (2004), S. 37 f.; Berndlmaier, A. F./Klein, G. A. (1997), S. 1089 ff.; Böcking, H.-J./Benecke, B. (1998), S. 92 ff.

und den Kapitalgebern abgebaut und die Ausrichtung der Unternehmensführung auf eine Steigerung des Unternehmenswerts deutlich gemacht werden. In diesem Fall werden vermehrt bisher nur intern verwendete Informationen unternehmensexternen Adressaten zugänglich gemacht. Hierdurch wird hauptsächlich der Forderung von privaten Anlegern, Analysten und institutionellen Investoren, die aus den publizierten Finanzdaten die getätigten Managemententscheidungen ablesen und somit versuchen, mögliche Auswirkungen auf die zukünftige Entwicklung des Unternehmens abschätzen zu können, entsprochen.[240]

Bei Betrachtung der Berichtsfrequenz (jährlich, quartärlich, monatlich usw.) ist im Zuge der Harmonisierung eine Dominanz der internen Unternehmensrechnung festzustellen, da die ihr zugrunde liegenden Daten i. d. R. auf monatlicher Basis erhoben werden.[241] Vor allem im Rahmen der wertorientierten Ausrichtung wird auf den Ansatz und die Berechnung von kalkulatorischen Eigenkapitalkosten im Rahmen der Unternehmensrechnung nicht verzichtet werden können. Inwieweit auf längere Sicht vermehrt die Veröffentlichung von Informationen, die auch zur internen Steuerung und Entscheidungsfindung dienen, verpflichtend vorgeschrieben wird, bleibt abzuwarten.

Es existiert also zweifellos ein wechselseitiger Einfluss beider Rechenwerke auf die Harmonisierung der Unternehmensrechnung, bei der das externe Rechenwerk aber die stärkere Stellung einnimmt und die grundsätzliche Richtung der Harmonisierung vorgibt.[242]

Vor allem der in der Segmentberichterstattung zur Anwendung kommende Management Approach nimmt eine besonders wichtige Schnittstellenfunktion zwischen interner und externer Unternehmensrechnung wahr, da intern generierte und verwendete Daten an die externen Adressaten berichtet werden. Aus diesem Grund soll im Folgenden die besondere Schnittstellenfunktion zwischen interner und externer Unternehmensrechnung der Segmentberichterstattung detaillierter herausgearbeitet werden.

---

[240] Vgl. Menn, B.-J. (1999), S. 632 f.
[241] Vgl. Accenture (2003), S. 37.
[242] Vgl. Melcher, W. (2002), S. 66 f.; Klein, G. A. (1999b), S. 23 f.

2.2.7 Management Approach der Segmentberichterstattung als Schnittstelle von interner und externer Unternehmensrechnung

Die Aufstellung einer Segmentberichterstattung nach dem Management Approach[243] fördert eine Harmonisierung von interner und externer Unternehmensrechnung. Bei Zugrundelegung internationaler Rechnungslegungsstandards ist die Segmentberichterstattung als Teil des Konzernanhangs obligatorisch zu erstellen und extern zu veröffentlichen.[244] Der Begriff des Management Approach stammt aus der Diskussion um die Segmentberichterstattung nach SFAS 131. Durch den Management Approach soll die Strategie und die Sicht des Managements nach außen kommuniziert werden.[245] Die intern zur Entscheidungsunterstützung und Informationsversorgung verwendeten Daten für die Unternehmensleitung sollen von der internen auf die externe Berichterstattung übertragen werden.[246] Dies ermöglicht den Adressaten der externen Segmentberichterstattung, das Unternehmen und die dazugehörigen Segmente aus dem Blickwinkel des Managements zu betrachten („through the eyes of the management").[247] Der Management Approach gewährleistet somit eine gewisse Entscheidungsrelevanz der veröffentlichten Segmentdaten.[248] Das Management als auch die externen Adressaten haben durch die Segmentberichterstattung eine bessere Möglichkeit, die Ressourcennutzung und die Performance der einzelnen Segmente zu beurteilen.[249]

---

[243] Der Management Approach wird nach IAS/IFRS durch IFRS 8 geregelt. Bei dem davor gültigen Standard IAS 14 (revised) kommt der Risk and Reward Approach zur Anwendung. Dieser verlangt, dass die in der Segmentberichterstattung berücksichtigten Zahlen IAS-/IFRS-konform erstellt sind und nicht nur die Managementperspektive widerspiegeln. Bei Anwendung von US-GAAP kommt der Management Approach zur Anwendung (SFAS 131). Vgl. hierzu die Ausführungen in Abschnitt 2.3.3.

[244] Auf die Segmentberichterstattung wird in Abschnitt 2.3.3 vertiefend eingegangen.

[245] Vgl. Müller, S./Peskes, M. (2006), S. 824; Benecke, B. (2000), S. 55; Wagenhofer, A. (2006), S. 4. *Weißenberger* gibt einen Überblick über Controlling-relevante Standards im Rahmen des Management Approach. Vgl. vertiefend Weißenberger, B. E. (2007), S. 179 f.

[246] Die Adressaten der externen Unternehmensrechnung sollen somit ihre Entscheidungen und Analysen auf Grundlage der gleichen Daten treffen und aufbauen können wie das interne Management. Vgl. Fey, G./Mujkanovic, R. (1999), S. 263 f.

[247] *„Deutlichster Ausdruck der Verbindung von externem und internem Rechnungswesen stellt die nach internationalen Regeln erstellte Segmentberichterstattung dar."* Löw, E. (1999), S. 92. Vgl. weitergehend IASB (2006), IFRS 8 Operating Segments, paragraph 60. Heuser, P. J./Theile, C. (2007), Rz. 4607.

[248] Vgl. Haller, A./Park, P. (1999), S. 60 f.; Weißenberger, B. E. (2006a), S. 614 f.

[249] Vgl. Fink, C./Ulbrich, P. R. (2006), S. 234.

Bestehende Unterschiede zwischen interner und externer Unternehmensrechnung müssen im Rahmen der externen Veröffentlichung in einer Überleitungsrechnung offen gelegt und erläutert werden. Diese Verpflichtung kann dazu führen, dass Ausmaß an Differenzen zwischen interner und externer Unternehmensrechnung so gering wie möglich zu halten.[250] Dies schließt jedoch nicht aus, dass weiterhin unternehmsindividuelle Anpassungen zur Erfüllung interner Steuerungsanforderungen entsprechend vorgenommen werden können.

Die Veröffentlichung der vom Management eingenommenen Sichtweise wirkt sich positiv auf die Transparenz, Verständlichkeit und Kommunizierbarkeit der Berichterstattung aus. Durch den Rückgriff auf das intern verwendete Datenmaterial soll der Management Approach eine zeitnahe und kostengünstige Berichterstattung ermöglichen.[251] Der Zugriff auf ein harmonisiertes Rechenwerk wird durch die Anwendung des Management Approach begünstigt und macht die Unterteilung in eine interne und externe Segmentberichterstattung obsolet.

Die interne Unternehmensrechnung ist so auszugestalten, dass die zur Steuerung verwendeten Daten direkt in die nach außen gerichtete Segmentberichterstattung übernommen werden können.[252] Abbildung 8 soll diesen idealtypischen Zusammenhang vereinfacht darstellen. Je nach Komplexität und Größe des Unternehmens sowie der einzelnen Geschäftsbereiche (GB) kann in der Praxis davon ausgegangen werden, dass die hier ersichtlichen GB 1 bis 9 sich in weitere Geschäftsfelder (GF) unterteilen lassen. GB 8 zeigt diese weitere Unterteilungsmöglichkeit. Mit Hilfe des GB 9 soll in dieser exemplarischen Abbildung die horizontale Überleitung der Segmentergebnisse auf das Konzernergebnis dargestellt werden. In dieser Überleitung sind beispielsweise die zentralen Stabsabteilungen (Corporate-Center-Funktionen), verschiedene Konsolidierungssachverhalte sowie die Größen der Überleitung zwischen interner und externer Unternehmensrechnung zu finden.[253]

---

[250] Vgl. Hoke, M. (2001), 71 f.; Wussow, S. (2004), S. 61 f.
[251] Vgl. Küting, K./Pilhofer, J. (1999a), S. 562 f.; Himmel, H. (2004), S. 136 f.
[252] Vgl. Melcher, W. (2002), S. 49 f.
[253] In der Überleitungsrechnung werden zudem Konsolidierungseffekte und die Größen des Sammelsegments (inklusive der den ausgewiesenen Segmenten nicht zurechenbaren Größen) dargestellt. Vgl. Alvarez, M./Büttner, M. (2006), S. 313 f.; Hoke, M. (2001), S. 73 f.; Weißenberger, B. E./Liekweg, A. (1999), S. 168; Haller, A./Park, P. (1999), S. 64; Küting, K./Pilhofer, J. (1999b), S. 606; Müller, S./Peskes, M. (2006), S. 823 f.

Die Geschäftsfelder können durchaus nochmals feiner aufgesplittet werden (z. B. in einzelne Produkte). Die Anzahl der zu berücksichtigenden Hierarchieebenen erhöht sich dann entsprechend. Die Daten hierfür werden von den rechtlich legalen Einheiten (Konzerngesellschaften, Teilkonzerne) im Rahmen der Abschlusserstellung generiert und in das harmonisierte System eingespielt.

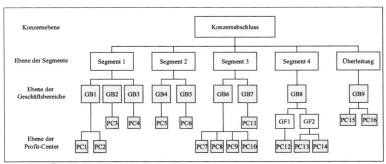

Abb. 8: Überleitung von interner Unternehmensrechnung über die Segmentberichterstattung zum Konzernabschluss[254]

Demnach ist idealerweise bereits auf der Ebene der Profit-Center (PC) eine direkte Zuordnung zu den einzelnen Geschäftsbereichen (GB) oder zu den einzelnen Geschäftsfeldern (GF) - je nach Gliederungstiefe der Struktur - festzulegen, so dass eine automatisierte Erstellung der Segmentberichterstattung entlang der Konzernsteuerungs- und Führungsstruktur erfolgen kann. Die Überleitungsrechnung („Reconciliation") dient der Verbindung von segmentierten und aggregierten Abschlussgrößen des Konzerns und gewährleistet somit, dass zwischen diesen Daten keine unerklärten Differenzen entstehen bzw. auftreten.[255] Der Inhalt einer Überleitungsrechnung muss hierbei in verständlicher Form kommuniziert und dokumentiert werden. Die Kriterien Komplexität, Transparenz und Verständlichkeit sollten deshalb bei der Ausgestaltung der Überleitungsrechnung immer beachtet werden.[256]

---

[254] Quelle: Eigene Darstellung.
[255] Vgl. Alvarez, M./Büttner, M. (2006), S. 315.
[256] Es sollte immer darauf geachtet werden, dass die eventuell durch die Überleitungsrechnung ausgelöste Verwirrung (fehlende Transparenz und Glaubwürdigkeit usw.) durch bestehende wirtschaftliche Vorteile einer abweichenden Anwendung von Bewertungs- und Bilanzierungsgrundsätzen mindestens ausgeglichen werden. Große Abweichungen können zu einem Vertrauensverlust führen. Vgl. Schenk, U. (2003), S. 290 f.; Müller, S./Peskes, M. (2006), S. 824.

Um die verschiedenen Positionen und Sachverhalte der Überleitung so gering wie möglich zu halten, sind die Standards der externen Rechnungslegung auch für interne Zwecke anzuwenden. Sollten die Daten dennoch für interne Steuerungszwecke modifiziert werden müssen, so sind diese Abweichungen klar und verständlich in der Überleitungsrechnung zu kommentieren.[257] Die Überleitungsrechnung muss nicht für alle Segmentdaten ausgewiesen werden, d. h. sie muss nicht im selben Detail extern veröffentlicht werden wie die Berichterstattung der Segmente.[258]

In dem seit 01. Januar 2009 für kapitalmarktorientierte Konzerne anzuwendenden IFRS 8 ist der Management Approach entsprechend geregelt. IFRS 8 unterscheidet sich grundsätzlich von seinem Vorgänger IAS 14 (revised). Bei Anwendung des IAS 14 (revised) mussten die Segmentdaten gemäß den Anforderungen und Regelungen der IAS/IFRS dargestellt werden, d. h. dass zur Ermittlung der Segmentdaten nach IAS 14 (revised) nur die Bilanzierungs- und Bewertungsmethoden zur Anwendung kommen durften, die auch für die externe Unternehmensrechnung erlaubt waren. Die Daten der Segmentberichterstattung mussten also gemäß IAS 14 (revised) IAS/IFRS-konform erstellt werden. Um zu vermeiden, dass innerhalb der Segmente unterschiedliche Bilanzierungs- und Bewertungsmethoden zum Einsatz kommen, sind konzernweit gültige Richtlinien, Accounting Policies und Standards zu definieren.[259]

In Abbildung 9 wird die Schnittstellenfunktion der Segmentberichterstattung bei Anwendung des Management Approach dargestellt.

---

[257] Vgl. Wussow, S. (2004), S. 61 f.; Müller, S./Peskes, M. (2006), S. 822.
[258] Die hierzu beschriebenen Regelungen sind in IFRS 8 unter der Rubrik „Reconciliations" zu finden. Vgl. IASB (2006), IFRS 8 Operating Segments, paragraph 28.
[259] Vgl. Müller, S./Peskes, M. (2006), S. 822; Alvarez, M./Büttner, M. (2006), S. 312 f.

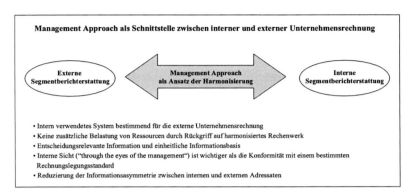

Abb. 9: Management Approach als Ansatz der Harmonisierung[260]

Die Fokussierung auf den Management Approach im Rahmen der Regelungen der Segmentberichterstattung in IFRS 8 und die in diesem Abschnitt dargestellte Schnittstellenfunktion werden sich positiv auf die Verbreitung und Akzeptanz einer Harmonisierung der Unternehmensrechnung auswirken. Aufgrund der Wichtigkeit der Segmentberichterstattung für eine harmonisierte Unternehmensrechnung werden im Abschnitt 2.3.3 die Grundlagen und Ziele der Segmentberichterstattung herausgearbeitet. Da die Segmentberichterstattung nach internationalen Rechnungslegungsstandards ein Teil der externen Berichterstattung darstellt, wird zuvor auf die Grundlagen der Konzernrechnungslegung eingegangen.

---

[260] In Anlehnung an Himmel, H. (2004), S. 136.

2.3 Grundlagen der Konzernrechnungslegung

2.3.1 Allgemeine Grundlagen der Konzernrechnungslegung

Generell unterscheiden sowohl das HGB[261] als auch die internationalen Rechnungslegungsstandards zwischen einem Einzelabschluss der rechtlichen Unternehmen und dem Konzernabschluss einer fiktiven wirtschaftlichen Einheit. Im Zuge der Erstellung des Konzernabschlusses werden somit nur diejenigen Aktivitäten berücksichtigt, die der Konzern mit außenstehenden Dritten abgewickelt hat.[262]

Unter Konzern wird die Verbindung rechtlich selbstständiger Unternehmen zu einer wirtschaftlichen Einheit verstanden. Zentrales Merkmal stellt die einheitliche Leitung gemäß § 18 AktG dar. Somit bestehen Konzerne aus Unternehmen, die zwar rechtlich selbstständig, wirtschaftlich jedoch voneinander abhängig sind. Konzerne gliedern sich in sogenannte Spitzeneinheiten (Konzernzentrale, Muttergesellschaft), ggf. Zwischeneinheiten (Teilkonzerne) und Grundeinheiten (Konzernunternehmen, Tochtergesellschaften).[263] Alle Konzernunternehmen sind im Verhältnis miteinander verbundene Unternehmen.[264]

Der Konzernabschluss ist ein konsolidierter Jahresabschluss, der die (Einzel-) Abschlüsse der rechtlich selbstständigen Konzernunternehmen nicht ersetzt, sondern den Abschluss um die spezifische Konzernkomponente ergänzt. Er entsteht durch Konsolidierung der Einzelbilanzen zur Konzernbilanz. Die Konsolidierung wird hierfür unterteilt in Kapitalkonsolidierung, Schuldenkonsolidierung, Zwischenergebniseliminierung sowie Aufwands- und Ertragskonsolidierung.[265]

Das AktG unterscheidet zwischen hierarchisch bedingten und gleichberechtigten Beziehungen der Unternehmen innerhalb eines Konzerns. Wie Abbildung 10 zeigt, wird zwischen einem Unterordnungs- und einem Gleichordnungskonzern differenziert. Im Fall eines Unterordnungskonzerns ist eine weitere Unterscheidung in Faktischer Konzern, Vertrags- und

---

[261] Vgl. zu den aktuellen Entwicklungen bezüglich der Reform des HGB durch das Bilanzrechtsmodernisierungsgesetz (BilMoG) vor allem Fülbier, R. U./Gassen, J. (2007), S. 2605 f.; Rhiel, R./Veit, A. (2008), S. 193 f.
[262] Vgl. Pellens, B. et al. (2008), S. 141 f.; Küting, K./Weber, C.-P. (2008), S. 78 f.
[263] Vgl. zu diesem Abschnitt Baetge, J./Kirsch, H.-J./Thiele, S. (2004), S. 1 ff.; Mellewigt, T./Matiaske, W. (2001), S. 112 f.
[264] Vgl. Küting, K./Weber, C.-P. (2008), S. 31 f.
[265] Vgl. Lanfermann, J. (1998), S. 419 f.; Baetge, J./Kirsch, H.-J./Thiele, S. (2004), S. 8 f.; Theisen, M. R. (2000), S. 506 f. Zur Konsolidierung vgl. vertiefend Abschnitt 3.3.1.2.1 dieser Arbeit.

Eingliederungskonzern vorzunehmen.[266] Als mögliche Konzernstrukturen kommen entweder die Holding oder das Stammhaus in Betracht. Die Holding ist als dezentrale Organisationsform des Konzerns und das Stammhaus (Stammhauskonzern) als weitgehend zentralisierte Organisationsform zu bezeichnen. Beim Stammhaus ist der Autonomie- und Delegationsgrad der Unternehmenseinheiten des Konzerns durch die Spitzeneinheit stark eingeschränkt. Je nach Bandbreite der ausgeübten Konzernleitungsfunktion lassen sich als mögliche Ausprägungsformen einer Holding die Finanzholding und die (strategische) Management-Holding unterscheiden.[267] Als aufbauorganisatorische Grundstrukturen sind die funktionale, die divisionale und die Matrix- oder Tensororganisation zu nennen. Diese Grundstrukturen können durch Stabsabteilungen ergänzt bzw. modifiziert werden.[268]

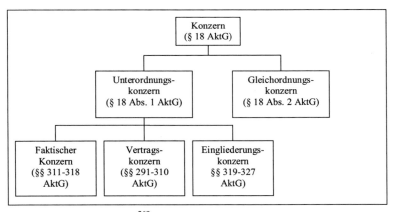

Abb. 10: Konzernformen[269]

Der Konzernabschluss hat den Zweck der Bereitstellung eines Informations-, Dokumentations- und Entscheidungsinstrumentariums.[270] Als Funktion des Konzernabschlusses ist die Vermittlung von Informationen über die wirtschaftliche Einheit des Konzerns zu nennen. Die angelsächsische Rechnungslegung nach IAS/IFRS und US-GAAP weist eine deutlich höhere

---

[266] Vgl. Baetge, J./Kirsch, H.-J./Thiele, S. (2004), S. 2 f.; Mellewigt, T. (1995), S. 23 f.
[267] Vgl. Weißenberger, B. E. (2003), S. 41 f.; Bühner, R. (1998), S. 338 f.; Kreikebaum, H. (2002), S. 124 ff.; Mellewigt, T./Matiaske, W. (2001), S. 112 ff.
[268] Vgl. Krüger, W. (1994), S. 95 f.; Raupach, A. (1998), S. 76 f.
[269] In Anlehnung an Baetge, J./Kirsch, H.-J./Thiele, S. (2004), S. 3.
[270] Vgl. Küting, K./Weber, C.-P. (2008), S. 77 f.

Regelungsdichte auf als die handelsrechtliche.[271] Durch den Konzernabschluss sollen die Konzernunternehmen so dargestellt werden, dass sie insgesamt als ein einziges Unternehmen betrachtet werden können. Nach IAS/IFRS ist dieser Sachverhalt beispielsweise durch IAS 27 geregelt.[272]

2.3.2 Komponenten des Konzernabschlusses

Die im Rahmen dieser Arbeit verwendeten Rechnungslegungsstandards (HGB, IAS/IFRS, US-GAAP) weisen bei Analyse der Komponenten des Konzernabschlusses Parallelen auf. Bei der Betrachtung der einzelnen Abschlusselemente und der Festlegung von Mindestbestandteilen und Mindestgliederungsvorschriften der Berichterstattung sowie bei den Anforderungen zur Erstellung eines Lageberichts sind jedoch Unterschiede zu erkennen.[273]

Als generelle Bestandteile eines Konzernabschlusses nach HGB (§ 297 Abs. 1 Satz 1 HGB) lassen sich die Konzernbilanz, die Konzern-GuV, der Konzernanhang, die Kapitalflussrechnung und der Eigenkapitalspiegel des Konzerns sowie eine auf freiwilliger Basis zu erstellende Segmentberichterstattung nennen (§ 297 Abs. 1 Satz 2 HGB). Nach handelsrechtlichen Vorschriften (§ 315 HGB) ist der Konzernabschluss um einen Konzern-Lagebericht zu ergänzen.

Die Regelungen der IAS/IFRS zu den Bestandteilen des Konzernabschlusses beziehen sich auf das im Jahr 1989 vom IASC veröffentlichte Rahmenkonzept und die speziellen Standards zur Veröffentlichung weiterer Komponenten, z. B. IFRS 8 für die Segmentberichterstattung oder IAS 7 für die Kapitalflussrechnung.[274] Nach IAS 1.8 besteht der IAS/IFRS-Abschluss aus den Bestandteilen der Bilanz, GuV, Eigenkapitalveränderungsrechnung, Kapitalflussrechnung und dem Anhang. Prinzipiell sind für den Konzernabschluss ähnliche Bestandteile wie nach HGB vorgesehen.[275] Eine konkrete Veröffentlichungspflicht für den Lagebericht besteht jedoch

---

[271] Vgl. Küting, K./Weber, C.-P. (2008), S. 76.
[272] Vgl. Coenenberg, A. G. (2005), S. 552 f.; Weber, J./Weißenberger, B. E. (2006), S. 31 f.; Küting, K./Weber, C.-P. (2008), S. 74 f.
[273] Vgl. ausführlich Küting, K./Weber, C.-P. (2008), S. 577 ff.; Pellens, B. et al. (2008), S. 107 ff.
[274] Vgl. Pellens, B. et al. (2008), S. 108 f.
[275] Es wird nach IAS/IFRS grundsätzlich nicht zwischen Einzel- und Konzernabschluss unterschieden. Die geforderten Bestandteile sind also sowohl für den Einzel- als auch für den Konzernabschluss gleich. Vgl. Küting, K./Weber, C.-P. (2008), S. 577.

nicht.[276] Für Unternehmen, die ihren Konzernabschluss nach IAS/IFRS erstellen, besteht allerdings auch weiterhin die Pflicht zur Veröffentlichung eines Konzernlageberichts (§ 315a HGB). Die Segmentberichterstattung ist nach IAS/IFRS als Teil des Anhangs zu publizieren. Der bei der Segmentberichterstattung zur Anwendung kommende Management Approach sollte sich 1:1 aus der internen Unternehmensrechnung generieren lassen.

Wie die Bestandteile nach IAS/IFRS zeigen auch die Regelungen nach US-GAAP Ähnlichkeiten im Konzernabschluss auf. Die Regelungen ergeben sich im Wesentlichen aus dem Conceptual Framework des FASB oder sind durch spezielle Normen, z. B. SFAS 131, geregelt.[277] Wenn Unternehmen zudem der SEC-Berichtspflicht unterliegen, sind die Vorgaben der SEC[278] bei der Abschlusserstellung zu erfüllen. Gemäß diesen Regelungen ist der Konzernabschluss um eine Management Discussion and Analysis (MD&A)[279] zu ergänzen. Unternehmen, die § 292a HGB in Anspruch genommen haben, mussten darauf achten, dass der erstellte Lagebericht in seiner Aussagekraft mit § 315 HGB gleichzusetzen war. Es sei an dieser Stelle explizit darauf hingewiesen, dass § 292a HGB aufgehoben ist und die Übergangsvorschriften zur Verordnung Nr. 1606/2002 zu beachten sind (speziell Art. 58 EGHGB Nr. 2). Nach IAS/IFRS und US-GAAP ist des Weiteren ein Statement of Comprehensive Income zur Überleitung auf das Konzerngesamtergebnis zu veröffentlichen. Die den jeweiligen Komponenten zugrunde liegenden Zahlen sind aus der harmonisierten Unternehmensrechnung abzuleiten.

---

[276] Das IASB überlegt jedoch, eigene Vorschriften zum Lagebericht zu erlassen. Ende 2005 hat das IASB in einem Diskussionspapier erste Ideen zu einem sog. „management commentary" veröffentlicht. Vgl. Pellens, B. et al. (2008), S. 939 f.

[277] Das Conceptual Framework ist inhaltlich weitgehend identisch mit dem Rahmenkonzept der IAS/IFRS. Vgl. Pellens, B. et al. (2008), S. 134.

[278] Regulation (Reg.) S-X sind von der SEC verbindlich veröffentlichte Verlautbarungen und Stellungnahmen. Reg. S-X beziehen sich auf Vorschriften über Form, Inhalt, Prüfung und Offenlegung von bei der SEC einzureichenden Abschlüssen. Reg. S-K dagegen befasst sich mit Vorschriften über die Veröffentlichung von Informationen, die nicht zu den Bestandteilen des Abschlusses zu zählen sind. Vgl. Schmidt, A. (2003), S. 67.

[279] Die SEC sieht die MD&A als zusätzliche Informationsquelle des Abschlusses an. Externen Adressaten soll hierdurch v. a. eine Beurteilung der wirtschaftlichen Lage seitens des Managements zugänglich gemacht werden. Vgl. Selchert, F. W. (1999), S. 222 ff.

2.3.3 Segmentberichterstattung als Bestandteil des Konzernabschlusses

2.3.3.1 Grundlagen der Segmentberichterstattung

Um die Bedeutung des in der Segmentberichterstattung anzuwendenden Management Approach für die Harmonisierung zu unterstreichen, wird im Rahmen dieses Abschnitts die Segmentberichterstattung und ihre Grundlagen betrachtet. Wie die Unternehmensrechnung kann die Segmentberichterstattung generell je nach Adressatenkreis und Zweck vor allem im nationalen Raum in eine interne und eine externe Segmentberichterstattung unterteilt werden.[280] Sie ist nach IAS/IFRS und US-GAAP als Teil des Konzernanhangs zu sehen. Der Konzernanhang wiederum ist neben den Bestandteilen der Bilanz, GuV, Eigenkapitalveränderungsrechnung und Kapitalflussrechnung als Hauptbestandteil eines Konzernabschlusses zu bezeichnen. Nach HGB kann der Konzernabschluss dagegen freiwillig um eine Segmentberichterstattung erweitert werden.[281]

Vor Verabschiedung des KapAEG und des KonTraG im Jahr 1998 gab es in Deutschland nur sehr oberflächliche Vorschriften im Bereich der Segmentberichterstattung. Diese Normen sind in § 285 Nr. 4 und § 314 Abs. 1 Nr. 3 HGB geregelt.[282] Gemäß § 292a HGB (KapAEG) waren Mutter- und Tochterunternehmen von einem HGB-Konzernabschluss befreit, wenn sie einen Konzernabschluss nach international anerkannten Rechnungslegungsgrundsätzen aufstellten.[283] Wurde diese Befreiungsregel in Anspruch genommen, so musste auch die Segmentberichterstattung nach den Vorschriften der US-GAAP oder IAS/IFRS erstellt werden.[284]

Durch den mit Einführung des KonTraG gültigen § 297 Abs. 1 Satz 2 HGB sind börsennotierte Mutterunternehmen generell in ihrer Entscheidung frei, ob sie eine Segmentberichterstattung veröffentlichen wollen oder nicht.[285]

---

[280] Vgl. Himmel, H. (2004), S. 41 ff.
[281] Vgl. Küting, K./Weber, C.-P. (2008), S. 577 f.; Pellens, B. et al. (2008), S. 877 f.
[282] Vgl. Coenenberg, A. G. (2002), S. 176 f.; Himmel, H. (2004), S. 87.
[283] Die Regelungen des § 292a HGB sind aufgehoben. Zu beachten sind die entsprechenden Übergangsvorschriften des Art. 58 EGHGB Nr. 2.
[284] Vgl. Haller, A./Park, P. (1999), S. 59 f.; Melcher, W. (2002), S. 44 f.; Schenk, U. (2003), S. 286 f.; Coenenberg, A. G. (2002), S. 178.
[285] Vgl. Fey, G./Mujkanovic, R. (1999), S. 263; Weißenberger, B. E./Liekweg, A. (1999), S. 166; Melcher, W. (2002), S. 44 f.; Haller, A./Park, P. (1999), S. 59 f. Ursprünglich bestand eine Verpflichtung zur Veröffentlichung einer Segmentberichterstattung, die ebenfalls in § 297 HGB geregelt war. Da die meisten kapitalmarktorientierten Unternehmen ohnehin eine Segmentberichterstattung nach IAS/IFRS ab dem 01. Januar 2005 aufstellen müssen, sind diese in den

Auf eine Regelung zur inhaltlichen Ausgestaltung der Segmentberichterstattung hat der Gesetzgeber verzichtet. Aus diesem Grund wurde vom Deutschen Rechnungslegungs Standards Committee[286] (DRSC) im Jahr 2000 der DRS 3 als Standard für die Segmentberichterstattung verabschiedet, der sich eng an die Regelungen und Grundprinzipien der IAS/IFRS und US-GAAP zur Segmentberichterstattung anlehnt.[287] International gehört die Segmentberichterstattung schon seit längerer Zeit zum Pflichtbestandteil der Rechnungslegung von kapitalmarktorientierten Unternehmen und ist dort Teil des Konzernanhangs.[288] Für die Abschlüsse nach US-GAAP wurde bereits im Jahr 1976 der für die Segmentberichterstattung maßgebliche Standard SFAS 14 (Financial Reporting for Segments of a Business Enterprise) vom FASB verabschiedet. Dieser wurde 1997 durch SFAS 131 (Disclosure about Segments of an Enterprise and Related Information) ersetzt.[289] Der IAS 14 (Segment Reporting) dagegen wurde im Jahr 1981 herausgegeben, durch Exposure Draft (ED) 51 vom IASC überarbeitet und 1997 als IAS 14 (revised) für Abschlüsse nach IAS/IFRS wirksam.[290]

Durch den zu Beginn des Jahres 2006 veröffentlichten Exposure Draft (ED) 8 war es abzusehen, dass die in IAS 14 (revised) formulierten Regelungen zur Segmentberichterstattung im Rahmen des „Convergence Project" zur Angleichung der beiden Rechnungslegungsstandards (IAS/IFRS und US-GAAP) einige Änderungen erfahren würden. Die durch IFRS ED 8 geplanten Änderungen sind allerdings nicht vollständig in dem vom IASB im November 2006 verabschiedeten IFRS 8 umgesetzt worden. Weiterhin bestehende Unterschiede zwischen IFRS 8 und SFAS 131 sind in der „Basis for Conclusions on International Financial Reporting Standard: IFRS 8

---

entsprechenden Standards explizit geregelt. Vgl. hierzu Coenenberg, A. G. (2002), S. 177 f.; Böcking, H.-J. (2002), S. 435; Küting, K./Weber, C.-P. (2008), S. 605.

[286] Die vom DRSC erlassenen „Deutschen Rechnungslegungsstandards" (DRS) werden vom Bundesjustizministerium bekannt gemacht und haben den Charakter von Empfehlungen. Das DRSC wurde im Jahr 1998 als privates Rechnungslegungsgremium anerkannt. Vgl. Hoke, M. (2001), S. 69 f.

[287] *Böcking/Benecke* analysierten bereits den Entwurf des DRSC zur Segmentberichterstattung (E-DRS 3) im Hinblick auf eine grundsätzliche Orientierung an US-GAAP und/oder IAS/IFRS. Böcking, H.-J./Benecke, B. (1999), S. 839 f. Vgl. auch Schenk, U. (2003), S. 286 f.; Himmel, H. (2004), S. 88 f.; Müller, S./Peskes, M. (2006), S. 819.

[288] Vgl. Coenenberg, A. G. (2002), S. 177; Küting, K./Weber, C.-P. (2008), S. 605 f.

[289] „This Statement supersedes FASB Statement No. 14..." FASB, SFAS 131, par. 2. Vgl. auch Böcking, H.-J./Benecke, B. (1998), S. 99 f.

[290] Vgl. Risse, A. (1995), S. 738; Pellens, B. et al. (2008), S. 877 f.

Operating Segments" zu finden.[291] IFRS 8 ist für Perioden, die am oder nach dem 01.01.2009 beginnen, anzuwenden. Voraussetzung für die Rechtsverbindlichkeit der IAS/IFRS ist ihre Anerkennung durch die EU.[292] Diese erfolgte für IFRS 8 im November 2007 durch die EU-Kommission („endorsement"). Haupterkenntnis ist, dass der Management Approach durch IFRS 8 gemäß SFAS 131 umzusetzen ist.[293]

Das generelle Ziel der Angleichung beider Rechnungslegungssysteme wurde bereits 2002 in einer Absichtserklärung („Memorandum of Understanding") zwischen IASB und FASB festgehalten (sog. „Norwalk-Agreement").[294] Da die Segmentberichterstattung zu den Bereichen der kurzfristig zu erreichenden Anpassungen gezählt wird, gehören deren Harmonisierungsbestrebungen zum „Short-term Convergence Project". Das „Short-term Convergence Project" wurde im September 2002 in Zusammenarbeit von IASB und FASB gestartet. Es stellt einen Teilbereich des gesamten „Convergence Project" dar.[295] Es ist festzuhalten, dass bereits IFRS ED 8 und letztlich auch der verabschiedete IFRS 8 sich sehr stark in seiner Gesamtheit an SFAS 131 orientieren.[296]

---

[291] Hier speziell der Abschnitt „Differences from SFAS 131", paragraph BC 60. Als Beispiel sei auf die Regelungen über den Ausweis von Segmentschulden hingewiesen. IFRS ED 8 forderte im Gegensatz zu IAS 14 (revised), auf den Ausweis von Segmentschulden zu verzichten. IFRS 8 verlangt eine Veröffentlichung der Segmentschulden nur dann, wenn diese in regelmäßigen Abständen an den „chief operating decision maker" berichtet werden. SFAS 131 wiederum sieht von einer Veröffentlichung der Segmentschulden ab. Vgl. weitergehend zu den Unterschieden zwischen IFRS 8 und SFAS 131 Fink, C./Ulbrich, P. R. (2007b), S. 5; Knorr, L. (2007), S. 11.

[292] Durch Anerkennung der IAS/IFRS durch die Europäische Kommission werden die Standards automatisch zu nationalem Recht. Vgl. Fink, C./Ulbrich, P. R. (2007a), S. 981; Kerkhoff, G./Thun, S. (2007), S. 456 f.; Pellens, B. et al. (2008), S. 100 f.; D'Arcy, A. (2004), S. 14 f.

[293] Vgl. Fink, C./Ulbrich, P. R. (2007b), S. 1.

[294] Vgl. Alvarez, M./Büttner, M. (2006), S. 307 f.; Müller, S./Peskes, M. (2006), S. 821 f.; Fink, C./Ulbrich, P. R. (2006), S. 233 f.; Kampmann, H./Schwedler, K. (2006), S. 521 f.; Weißenberger, B. E. (2007), S. 53 f.

[295] Vgl. Fink, C./Ulbrich, P. R. (2006), S. 233 f.; Alvarez, M./Büttner, M. (2006), S. 307 f.

[296] Vgl. Müller, S./Peskes, M. (2006), S. 821; Knorr, L. (2007), S. 9 f.

2.3.3.2 Ziele der Segmentberichterstattung

Die Segmentberichterstattung ist ein wesentliches Instrument zur Erfüllung der Informationsfunktion des Konzernabschlusses. Im Gegensatz zum aggregierten Konzernabschluss sollen mithilfe der Segmentberichterstattung disaggregierte Daten und Informationen zur Verbesserung des Informationsgehalts den verschiedenen Adressaten der Unternehmensrechnung zur Verfügung gestellt werden. Aus aggregierten Daten ist nicht ersichtlich, ob alle Segmente eines Unternehmens erfolgreich arbeiten oder ob es zu sogenannten Quersubventionierungen zwischen verschiedenen Segmenten kommt. Es besteht also die Gefahr, dass Verluste eines Segments durch die kompensatorische Wirkung der Gewinne anderer Segmente im Rahmen der externen Analyse nicht erkannt werden können. Die Segmentberichterstattung gibt somit insgesamt Auskunft über das Geschäftsportfolio des Konzerns.[297]

Zudem soll die Segmentberichterstattung eine bessere Einschätzung der Chancen und Risiken und der hiermit verbundenen zukünftigen Entwicklungspotenziale der heterogenen Segmente und des gesamten Unternehmens ermöglichen und die Transparenz sowie die Vergleichbarkeit erhöhen.[298] Den Adressaten der Unternehmensrechnung soll durch die Segmentberichterstattung ein besserer Überblick über die Vermögens-, Finanz- und Ertragslage vermittelt werden.[299]

Da die alleinige Aussagekraft von Konzernabschlüssen bei Konzernen mit einer hohen Anzahl von Segmenten sinkt, werden Informationen über die Segmente immer wichtiger.[300] Die Segmentberichterstattung eignet sich aus diesem Grund als Instrument zum Abbau der Informationsasymmetrie zwischen Unternehmensleitung und Eigentümern. Sie eignet sich zudem zur Durchführung einer Bewertung des Unternehmens und seiner einzelnen Segmente. Hierdurch kann die Segmentberichterstattung eine wirksamere

---

[297] Vgl. Benecke, B. (2000), S. 166.
[298] Eine vollständige Vergleichbarkeit wird aufgrund unternehmensindividueller Besonderheiten bei der Ausgestaltung der Segmentberichterstattung nicht möglich sein. Vgl. Geiger, T. (2002), S. 48; Peskes, M. (2004), S. 31 f. Zur Kritik am Management Approach und der Möglichkeit einer zwischenbetrieblichen Vergleichbarkeit vgl. Küpper, H.-U. (1999), S. 5 f.; Peskes, M. (2004), S. 425 f.
[299] Vgl. Wussow, S. (2004), S. 61 f.; Coenenberg, A. G. (2002), S. 195 f.; Melcher, W. (2002), S. 45 f.; Himmel, H. (2004), S. 116; Weißenberger, B. E./Liekweg, A. (1999), S. 165; Fink, C./Ulbrich, P. R. (2006), S. 234; Risse, A. (1995), S. 737 f.; Küting, K./Pilhofer, J. (1999a), S. 560; Pellens, B. et al. (2008), S. 878; Peskes, M. (2004), S. 85 f.
[300] Vgl. Husmann, R. (1997), S. 1662 f.

Kontrolle der getätigten Entscheidungen des Managements ermöglichen.[301] Die Steigerung des Wertes für den Konzern insgesamt kann nur im Zusammenhang mit einer Steigerung des Wertes der einzelnen Segmente erfolgen. Die Wertorientierung verlangt von der Segmentberichterstattung die Bereitstellung von Informationen, die neben der Beurteilung der wirtschaftlichen Lage auch eine Einschätzung der Wertentwicklung auf Ebene der Segmente erlauben. Den Adressaten der Unternehmensrechnung auf Segmentebene sind im Rahmen der Wertorientierung also Informationen zur Verfügung zu stellen, die es erlauben, wertschaffende und wertvernichtende Segmente zu identifizieren.[302] Hierfür sind die Kapitalkosten auf Ebene der Segmente zu bestimmen bzw. auf die Segmente zu verteilen.[303]

Um die Unterschiede zwischen den verschiedenen Standards zur Segmentberichterstattung besser abgrenzen zu können, wird im nächsten Abschnitt auf die momentan gültigen Standards eingegangen.

2.3.3.3 Abgrenzung der Segmentberichterstattung nach IAS/IFRS, US-GAAP und HGB

Die drei relevanten und gültigen Standards für die Segmentberichterstattung, IFRS 8, SFAS 131 und DRS 3, verfolgen alle dieselbe Zwecksetzung und orientieren sich an den in Abschnitt 2.3.3.2 genannten Zielen der Segmentberichterstattung. Die Regelungen des DRS 3 orientieren sich hierbei sehr stark an den Regelungen und Grundprinzipien - des nicht mehr anzuwendenden - IAS 14 (revised) und SFAS 131 und stellen streng genommen keinen eigenständigen Ansatz zur Segmentberichterstattung dar.[304]

IAS 14 (revised) und SAFS 131 haben sich konzeptionell im Hinblick auf die Segmentabgrenzung unterschieden. Während SFAS 131 den Management Approach konsequent umsetzt, war der konkurrierende Einfluss des Risk and

---

[301] Vgl. Himmel, H. (2004), S. 121; Müller, S./Peskes, M. (2006), S. 824 f.; Löw, E. (1999), S. 91 f.
[302] Vgl. Geiger, T. (2002), S. 48 f.
[303] Zur Notwendigkeit der Bestimmung von Kapitalkosten auf Segmentebene bei einer wertorientierten Ausrichtung und deren möglichen Berechnungsmethoden vgl. ausführlicher Himmel, H. (2004), S. 201 ff.
[304] Vgl. Müller, S./Peskes, M. (2006), S. 819; Schenk, U. (2003), S. 286 f.; Böcking, H.-J./Benecke, B. (1999), S. 839 f.

Reward Approach[305] bei Anwendung des IAS 14 (revised) deutlich zu erkennen.[306] Der DRS 3 stimmt bei der Segmentabgrenzung mit dem SFAS 131 grundsätzlich überein, unterstellt jedoch eine Orientierung der internen Berichtsstruktur an Chancen und Risiken. Zudem lehnt sich der DRS 3 beim Ausweis und bei den Bilanzierungs- und Bewertungsmethoden der Segmentdaten mehr an den IAS 14 (revised) an.[307]

Durch den im Rahmen des „Short-term Convergence Project" erarbeiteten IFRS ED 8 sollten die bestehenden Unterschiede zwischen IAS 14 (revised) und SFAS 131 weitgehend ausgeräumt werden. Die wesentlichen Änderungen durch den bereits verabschiedeten - und im November 2007 von der EU-Kommission übernommenen - IFRS 8 im Vergleich zu den Anforderungen und Regelungen des ursprünglichen Standards (IAS 14 (revised)) der Segmentberichterstattung sind in Abbildung 11 kurz dargestellt.

---

[305] Der Risk and Reward Approach erfordert eine Abgrenzung der Segmente nach homogenen Risiken und Chancen. Danach sollen alle Segmente unterscheidbare Teilbereiche des Unternehmens sein, die so abgegrenzt werden, dass ihr Tätigkeitsbereich einerseits hinsichtlich der Risiken und Chancen möglichst homogen ist und sich andererseits die Risiken und Chancen der Segmente untereinander möglichst stark unterscheiden. Vgl. Pellens, B. et al. (2008), S. 892 f.

[306] Vgl. Alvarez, M./Büttner, M. (2006), S. 310; Hoke, M. (2001), S. 72; Müller, S./Peskes, M. (2006), S. 819 f.; Coenenberg, A. G. (2002), S. 195 f.; Fey, G./Mujkanovic, R. (1999), S. 263 f.; Böcking, H.-J./Benecke, B. (1998), S. 96 f.; Haller, A./Park, P. (1999), S. 62 f.

[307] Vgl. Müller, S./Peskes, M. (2006), S. 819 f.; Himmel, H. (2004), S. 105 f.; Pellens, B. et al. (2008), S. 892 f.

Regelungsbereiche	Änderungen durch IFRS 8
Anwendungsbereich	Vorschriften sind für Geschäftsjahre verpflichtend anzuwenden, die am oder nach dem 01.01.2009 beginnen. Eine vorzeitige Anwendung ist möglich, soweit gesondert auf diese hingewiesen wird
Segmentierungskriterien	Keine Beschränkung auf sektorale und geographische Segmentierung mehr, Übereinstimmung mit interner Berichtsstruktur maßgeblich
Segmentabgrenzung	Konsequente Anwendung des Management Approach und Abkehr vom Risk and Reward Approach
Segmentauswahl	Berichtspflichtiges Segment nicht mehr an die Bedingung primär externer Segmentumsatzerlöse gebunden
Segmentangaben	- Kein primäres und sekundäres Berichtsformat mehr - Ausweis von Segmentschulden entfällt, wenn diese nicht in regelmäßigen Abständen an den "chief operating decision maker" berichtet werden - Zusätzlicher Ausweis u. a. von Zinserträgen und -aufwendungen sowie Aufwendungen und Erträgen aus Ertragssteuern
Segmentbilanzierungs- und Segmentbewertungsmethoden	Übereinstimmung mit unternehmensinterner Berichtsstruktur statt mit Bilanzierungs- und Bewertungsmethoden des Konzernabschlusses
Zusatzinformationen	- Bestimmungsfaktoren der Segmentabgrenzung - Überleitungskomponenten - Bilanzierungs- und Bewertungsmethoden - Dominante Kunden (Umsatz und betroffenes Segment, soweit mehr als 10% der konsolidierten Umsätze mit einem Kunden erreicht werden)

Abb. 11: Änderungen des IAS 14 (revised) durch IFRS 8[308]

Die zentrale Änderung ist in der konsequenten Ausrichtung am Management Approach und der Orientierung an der internen Berichtsstruktur zu sehen. Hiermit ist die Forderung nach einer Übereinstimmung der intern zur Anwendung kommenden Bilanzierungs- und Bewertungsansätze innerhalb der Segmentberichterstattung verbunden. Gemäß IAS 14 (revised) war hier noch eine Orientierung der Segmentdaten an den Bilanzierungs- und Bewertungsansätzen des Konzernabschlusses zu sehen.[309]

Eine Überleitung aufgrund von Unterschieden in der Bilanzierung und Bewertung war somit nach IAS 14 (revised) per se nicht notwendig. Dies wird sich bei Anwendung des Management Approach vermutlich ändern. Die Komponenten und Tatbestände der Überleitung sind den Adressaten in Form von Zusatzinformationen entsprechend eindeutig zu kommunizieren

---

[308] In Anlehnung an Müller, S./Peskes, M. (2006), S. 821.
[309] Vgl. zur Neukonzeption der Segmentberichterstattung und deren Auswirkungen ausführlich die Ausführungen von Müller, S./Peskes, M. (2006), S. 819 f.; Alvarez, M./Büttner, M. (2006), S. 307 f.; Fink, C./Ulbrich, P. R. (2006), S. 233 f.

3. Dimensionen für eine Harmonisierung der Unternehmensrechnung auf inhaltlicher, struktureller, prozessualer und technischer Ebene

3.1 Begriffliche Abgrenzungen

Um das komplexe Ziel der Harmonisierung von interner und externer Unternehmensrechnung erfolgreich zu gestalten, wird die Analyse einer Harmonisierung auf vier verschiedenen Ebenen unterteilt und betrachtet. Hierdurch können die unterschiedlichen Dimensionen der Harmonisierung strukturiert und transparent dargestellt werden.

Unter Harmonisierung[310] wird im Rahmen dieser Arbeit die inhaltliche, strukturelle, prozessuale und technische Anpassung der ehemals getrennten internen und externen Unternehmensrechnung auf Ebene des Konzerns hin zu einem harmonisierten Rechenkreis mit einheitlicher Datenbasis verstanden. Harmonisierung zielt allgemein auf eine Abstimmung gewisser Sachverhalte bzw. auf eine gegenseitige Annäherung oder Anpassung ab.

Es soll tendenziell eine Abkehr vom Zweikreissystem hin zum Einkreissystem vollzogen werden.[311] Die aus diesem harmonisierten Rechenkreis gezogenen Daten sollen sowohl für eine wertorientierte Konzernsteuerung eingesetzt als auch für die externe Berichterstattung verwendet werden. Durch die Harmonisierung kann ein gewisser Grad an Standardisierung erreicht werden. Die Standardisierung ist wiederum als wichtige Voraussetzung für eine weitergehende Automatisierung zu betrachten, denn durch ein gewisses Maß an Standardisierung, Automatisierung und Aufgabenbündelung können Vorteile in Bezug auf

---

[310] In der Literatur finden sich neben dem Begriff der Harmonisierung u. a. auch die Begriffe der Vereinheitlichung, Konvergenz, Integration, Konversion oder Angleichung. Vgl. zur Vereinheitlichung Küting, K./Lorson, P. (1998c), S. 2251 ff.; vgl. zur Konvergenz Männel, W. (1999a), S. 11 ff.; Männel, W. (1997), S. 9 ff.; Küting, K./Lorson, P. (1998b), S. 483 ff.; vgl. zur Integration Männel, W. (1999a), S. 11 ff.; Küting, K./Lorson, P. (1998e), S. 493, Tz. 671; vgl. zur Konversion Seeliger, R./Kaatz, S. (1998), S. 125 f.; vgl. zur Angleichung Küpper, H.-U. (1998), S. 144 ff.

[311] Vgl. zur detaillierten Abgrenzung von Einkreis- und Zweikreissystem Männel, W. (1997), S. 9; Männel, W. (1999a), S. 11 f.; Coenenberg, A. G. (1995), S. 2077 ff.; Zirkler, B. (2002), S. 19 f.; Haring, N./Prantner, R. (2005), S. 147 f.; Küting, K./Lorson, P. (1998c), S. 2251 f.

Professionalisierung und Spezialisierung erzielt werden.[312] Um den vielfältigen Anforderungen und Voraussetzungen der Konzernführung gerecht zu werden, muss das Rechenwerk jedoch auch weiterhin genügend Freiräume lassen und benötigte Modifikationen erlauben. Die Unternehmensrechnung muss somit eine gewisse Flexibilität aufweisen, um der Dynamik der Veränderungsprozesse, z. B. durch Integration neuer Geschäftsfelder, bei Änderungen von Rechnungslegungsstandards oder bei Veränderungen der Markt- und Wettbewerbsstruktur, gerecht werden zu können.[313]

Die Dimensionen der inhaltlichen, strukturellen, prozessualen und technischen Harmonisierung werden in diesem Kontext für den weiteren Verlauf folgendermaßen charakterisiert und abgegrenzt:[314]

a) Inhaltliche Harmonisierung: Beschäftigt sich mit der Abgrenzung der Daten die aus dem harmonisierten Datenbestand benötigt werden. Die Abgrenzung der Daten wiederum befasst sich mit der theoretischen Basiskonzeption einer harmonisierten Unternehmensrechnung. Hierbei sind die Daten inhaltlich so abzugrenzen, dass zum einen die Anforderungen des externen Rechnungslegungsstandards erfüllt und zum anderen das zugrunde liegende wertorientierte Konzept und somit die Steuerung des Unternehmens unterstützt werden.

b) Strukturelle Harmonisierung: Beschäftigt sich mit der Frage in welcher Art und Weise die inhaltlich abgegrenzten Daten in die jeweiligen Strukturkomponenten übertragen und aufbereitet werden sollen. Sie befasst sich somit mit den Sachverhalten der Berichts- und Managementstruktur, die den strukturellen Aufbau der Unternehmensrechnung betreffen und eng an die Konzernsteuerungs- und Führungsstruktur gekoppelt sind.

c) Prozessuale Harmonisierung: Beschäftigt sich mit den Aspekten, die mit dem prozessualen Gesamtablauf, der Definition einheitlicher Prozessschritte sowie der Identifikation von Schnittstellen der Unternehmensrechnung in Verbindung stehen. Es geht primär um die Definition eines einheitlichen Zeitplans und einer einheitlichen Frequenz bei der Abschlusserstellung und Berichterstattung. Des

---

[312] Vgl. Michel, U. (2006), S. 442.
[313] Vgl. Wurl, H.-J./Kuhnert, M./Hebeler, C. (2001), S. 1366.
[314] Die Begriffe der inhaltlichen, strukturellen, prozessualen und technischen Harmonisierung werden in den jeweiligen Abschnitten von Kapitel 3 detailliert erläutert. Das Begriffsverständnis und die thematische Abgrenzung der vier Dimensionen werden zwar in diesem Kapitel gelegt, auf die einzelnen Dimensionen wird aber auch im 4. Kapitel immer wieder Bezug genommen.

Weiteren ist hier die Koordination mit anderen Subsystemen und Abteilungen des Unternehmens mit dem Ziel, abgestimmte und einheitliche Arbeitsabläufe zu gewährleisten, zu nennen.

d) Technische Harmonisierung: Beschäftigt sich mit den Fragen, die mit der Ausgestaltung der IT-Infrastruktur und den technologischen Voraussetzungen und Gegebenheiten der Unternehmensrechnung in Verbindung stehen. Die heterogene Systemlandschaft ist im Rahmen der technischen Harmonisierung durch ein harmonisiertes System mit einheitlicher Datenbasis abzubilden.

Bei der Ausgestaltung der harmonisierten Unternehmensrechnung sind diese vier Dimensionen besonders zu beachten. Die bereits formulierten Ziele und generellen Anforderungen einer harmonisierten Unternehmensrechnung können nur realisiert bzw. erfüllt werden, wenn die in diesem Kapitel dargestellten Dimensionen entsprechend im Rahmen der Harmonisierung beachtet werden. Die verschiedenen Handlungsfelder, Voraussetzungen und Implikationen innerhalb der vier Dimensionen werden aus diesem Grund in den nächsten Abschnitten des 3. Kapitels detaillierter betrachtet. Sind diese adäquat im Rahmen der Harmonisierung berücksichtigt, können evtl. auftretende Problemfelder bereits im Vorhinein abgeschwächt werden. Die systembildende und systemkoppelnde Koordinationsfunktion des Controllings kommt bei dieser Analyse deutlich zum Vorschein.

3.2 Inhaltliche Dimensionen einer Harmonisierung

3.2.1 Allgemeine inhaltliche Voraussetzungen der Harmonisierung

Die bereits in Kapitel 2 dargestellten Abgrenzungen bzgl. des Harmonisierungsbereichs, des -grades und der -richtung sowie die dargestellten internen und externen Anforderungen an eine harmonisierte Unternehmensrechnung sind in adäquater Weise bei der Formulierung von inhaltlichen Voraussetzungen zu berücksichtigen. Die inhaltliche Abgrenzung der Daten hat die extern geforderten Anforderungen und die intern angewandte wertorientierte Steuerung optimal zu erfüllen bzw. zu unterstützen.

Die inhaltliche Dimension beschäftigt sich mit der inhaltlichen Abgrenzung der Daten. Aus diesem Grund ist bei Diskussion der allgemeinen inhaltlichen Voraussetzungen der Harmonisierung die Struktur der Daten zu beachten. Sie befasst sich mit der Frage, wie und vor allem welche Basisdaten der Unternehmensrechnung in einem harmonisierten und einheitlichen Datenpool erfasst, abgelegt, archiviert und gesichert werden sollen. Der einheitliche Datenpool stellt das Hauptbuch dar und wird im angelsächsischen Sprachgebrauch als *General Ledger* bezeichnet.[315]

Der methodische Rahmen des wertorientierten Ansatzes muss definiert und die entsprechenden Größen und Kennzahlen zur Umsetzung des Konzepts festgelegt werden. Bei Entwicklung der inhaltlichen Voraussetzungen sind diese entsprechend zu berücksichtigen. Die Gültigkeit des Lücke-Theorems wird als eine inhaltliche Voraussetzung der Harmonisierung angesehen.[316] Als problematisch ist hier die Durchbrechung des Kongruenzprinzips in der externen Unternehmensrechnung zu nennen. Auf diesen Sachverhalt wird vertiefend im Rahmen des Abschnitt 3.2.3 eingegangen.

Bei Betrachtung der Datenstruktur geht es auch um die Art und Weise der Datenerfassung, -speicherung und -sicherung, die Problematik von Schnittstellen sowie redundanter Datenhaltung.[317] Die Problematik von Schnittstellen und redundanter Datenhaltung kommt vorwiegend bei der Übernahme der Daten aus Vorsystemen[318] sowie beim Datentransfer zu

---

[315] Vgl. Zirkler, B. (2002), S. 12 ff.; Oehler, K. (1997), S. 356 f.
[316] Vgl. hierzu die Ausführungen zum Lücke-Theorem in Abschnitt 2.1.2.2 dieser Arbeit.
[317] Vgl. Schuler, A. H. et al. (2003), S. 575 f.; Accenture (2003), S. 46 f.; Samtleben, M./Stadlbauer, F./Hess, T. (2006), S. 87 f.
[318] Als Verfahren der Datenübernahme aus Vorsystemen kann zwischen manuellen Eingaben, maschinellen Eingaben (Upload) und automatischer Übertragung unterschieden werden. Bei Vorhandensein eines vereinheitlichten Systems ist eine

nachgelagerten Systemen zu Zwecken der internen und externen Berichterstattung und Analyse zum Vorschein.[319]

So ist es beispielsweise für Zwecke der Konsolidierung unabdingbar, die Informationen in der Datenstruktur vorzuhalten, anhand derer erkennbar ist, ob es sich um ein konzerninternes oder konzernexternes Geschäft handelt. Bei konzerninternen Transaktionen ist weiter zu unterscheiden, ob es sich um segmentinterne oder -externe Transaktionen handelt. Die Darstellung der nächst tieferen Hierarchieebene und deren Verantwortungsbereiche verlangt dann entsprechend die Unterscheidung in geschäftsbereichsinterne oder -externe Transaktionen.[320]

Des Weiteren ist die einheitliche Definition und Standardisierung von Begriffen, Inhalten und Kennzahlen als wichtige Voraussetzung der Harmonisierung anzusehen.[321] Mithilfe der harmonisierten Unternehmensrechnung werden jeweils die gleichen Signale und Informationen nach innen und außen kommuniziert. Die direkte Ableitbarkeit der Steuerungsgrößen und -kennzahlen aus dem vereinheitlichten Rechenwerk ermöglicht eine Verhaltensbeeinflussung der Segment- und Geschäftsbereichsverantwortlichen dahingehend, dass diese ihre Entscheidungsfindung an den Gesamtunternehmenszielen und den Zielvorstellungen des Kapitalmarkts ausrichten.[322] Dies wiederum hat einen positiven Einfluss auf die stark ausgeprägte Koordinationsorientierung des Konzern-Controllings.

Die extern vorgeschriebenen Bewertungsansätze und -wahlrechte sind in einem harmonisierten Rechenwerk auch für Zwecke der internen Unternehmensrechnung anzuwenden. Notwendige Modifizierungen sollten nur für Zwecke der internen Steuerung durchgeführt werden.[323] Die Ansatz-, Bewertungs- und Gliederungswahlrechte können z. B. durch konzernweit

---

Datenübernahme aus Vorsystemen nicht erforderlich. Vgl. Accenture (2003), S. 48; Schmitt, W. (2002), S. 519.

[319] In der von *Accenture* im Jahr 2003 veröffentlichten Studie wird deutlich, dass insbesondere Microsoft-Office-Produkte, besonders Excel und PowerPoint, eine große Rolle bei der Berichterstattung und Analyse spielen. Vgl. Accenture (2003), S. 50 f.

[320] Auf die Behandlung von segmentinternen und -externen Transaktionen im Rahmen der Segmentkonsolidierung wird in Abschnitt 3.3.1.2.2 detailliert eingegangen werden.

[321] Vgl. Müller, M. (2006), S. 195 f.

[322] Durch die Zielkompatibilität zwischen Kapitalmarktteilnehmern, Konzernführung und Geschäftsbereichsverantwortlichen kann möglichen Konflikten im Sinne der Prinzipal-Agenten-Theorie entgegengewirkt werden. Vgl. Schenk, U. (2003), S. 91 ff.

[323] Vgl. Neubürger, H.-J. (2006), S. 4 f.

gültige Bilanzierungshandbücher und -richtlinien, Guidelines und/oder durch Ausgabe von sogenannten Accounting Policies geregelt werden. Durch diese Maßnahmen kann einer nicht zielkonformen Ausnutzung von Manipulations- und Handlungsspielräumen entgegengewirkt werden.[324]

In einer intern und extern harmonisierten Unternehmensrechnung wird durch den weitgehenden Verzicht auf den Ansatz kalkulatorischer Größen und die verstärkte Ausrichtung auf Daten der externen Unternehmensrechnung, die gleichzeitig als Basisdaten einer harmonisierten Unternehmensrechnung bezeichnet werden können, eine einheitliche Verwendung der Daten innerhalb der Unternehmensrechnung gewährleistet.[325] Die Daten der externen Unternehmensrechnung weisen aufgrund der Verpflichtung zur Prüfung durch einen externen Prüfer (Wirtschaftsprüfer) eine stärkere Objektivität auf als die der internen Unternehmensrechnung.[326] Dieses Kriterium eignet sich ebenfalls dafür, mögliche Manipulations- und Handlungsspielräume einzugrenzen.[327]

Durch eine Umstellung der Konzernrechnungslegung auf einen internationalen Rechnungslegungsstandard (IAS/IFRS, US-GAAP) können mögliche Ansatz- und Bewertungswahlrechte verringert werden.[328] Die Umstellung auf einen internationalen Rechnungslegungsstandard wird in Theorie und Praxis oft als Ausgangspunkt der Harmonisierung betrachtet. Es wird die Auffassung vertreten, dass die auf Basis eines internationalen Rechnungslegungsstandards gewonnenen Informationen der externen

---

[324] Durch Ausgabe von konzernweit gültigen Bilanzierungshandbüchern, Guidelines und sogenannten Accounting Policies soll einheitlich festgelegt werden, wie bei explizit gewährten Handlungsspielräumen bei der Anwendung verschiedener Ansatz- und Bewertungswahlrechte aufgrund eines bestimmten Standards oder gesetzlich festgeschriebener Wahlrechte im Sinne des Konzerns zu verfahren bzw. welche Methodik anzuwenden ist. Vgl. Haring, N./Prantner, R. (2005), S. 149 f.; Kerkhoff, G./Thun, S. (2007), S. 458.

[325] In der externen Unternehmensrechnung gilt der Grundsatz der Pagatorik. Pagatorische Größen zeichnen sich durch eine Fokussierung auf erfolgswirksame Zahlungsgrößen aus. Vgl. Weißenberger, B. E. (2004), S. 72; Hax, H. (2002), S. 760 f.; Küpper, H.-U. (1997), S. 20 f.

[326] Vgl. Breker, N./Naumann, K.-P./Tielmann, S. (1999), S. 147 f.

[327] Vgl. Himmel, H. (2004), S. 36 f.; Küpper, H.-U. (1998), S. 156 f.

[328] Im Vergleich zum HGB sind bei den internationalen Rechnungslegungsstandards die Ansatz- und Bewertungswahlrechte nicht in demselben Umfang vorhanden. Vgl. Haller, A. (1997), S. 274 f.; Hebeler, C. (2003), S. 158.

Unternehmensrechnung sich für die interne Konzernsteuerung besser eignen als Informationen auf Basis eines HGB-Abschlusses.[329]

3.2.2 Inhaltliche Einbindung der Harmonisierung in wertorientierte Steuerungskonzepte

Wenn im Rahmen der Harmonisierung die zur internen Steuerung generierten Größen und Kennzahlen aus der externen Unternehmensrechnung abgeleitet werden müssen, liegt die Annahme nahe, dass die bisherigen Größen und Kennzahlen eine Veränderung erfahren oder durch Modifikationen für interne Zwecke der Steuerung wieder entsprechend angepasst werden müssen. Die Notwendigkeit von Modifikationen wird im Wesentlichen auf die konzeptionelle Ausrichtung der internationalen Rechnungslegung in Form der Investorensicht und der damit nicht immer in Übereinstimmung stehenden Anforderungen der internen Steuerung zurückgeführt.[330] Als Modifikationen kommen beispielsweise die Eliminierung von neutralen bzw. außergewöhnlichen Ergebnisbestandteilen und Sondereinflüssen, die Bereinigung externer Ergebnisgrößen um das Finanzergebnis sowie die Anwendung betriebswirtschaftlich zweckmäßigerer Ansatz- und Bewertungsgrundsätze in Frage.[331]

Alle Modifikationen beziehen sich grundsätzlich auf Ansatz-, Bewertungs- und Gliederungsvorschriften, die einen Unterschied zur externen Unternehmensrechnung aufweisen. Im Zusammenhang mit einer wertorientierten Steuerung nach dem EVA-Verfahren werden hierzu über 160 Anpassungen („Conversions") vorgeschlagen. Mit jeder Anpassung wird eine Modifizierung des externen und somit rechnungslegungskonformen Datenbestands vorgenommen. Sie dienen vornehmlich der Bereinigung von buchhalterischen Verzerrungen und Sichtweisen.[332] Wie bereits in Abschnitt 2.1.2.3.2 ausgeführt, können die „Conversions" im Rahmen des EVA-Verfahrens in vier Kategorien gegliedert werden. Hierbei handelt es sich um „Operating Conversions", „Funding Conversions", „Shareholder Conversions" und „Tax Conversions". Mit diesen soll das auf der externen Unternehmensrechnung basierende Rechenwerk („Accounting Model") in ein sogenanntes „Economic Model" überführt werden. Die Vorschriften der internationalen Rechnungslegung, die nicht einer ökonomisch ausgerichteten

---

[329] Vgl. Haring, N./Prantner, R. (2005), S. 147 f.; Kümpel, T. (2002), S. 343; Küting, K./Lorson, P. (1999b), S. 218; Löw, E. (1999), S. 91 f.; Auer, K. V. (1998); S. 20 f.; Hebeler, C. (2003), S. 156 f.; Müller, M. (2006), S. 195 f.
[330] Vgl. Weißenberger, B. E. (2006c), S. 70 f.
[331] Vgl. Hoke, M. (2001), S. 174 f.; Aders, C./Hebertinger, M. (2003), S. 18 f.
[332] Vgl. Hostettler, S. (2000), S. 97 ff.

Erfolgsmessung entsprechen, werden somit für Zwecke einer wertorientierten Steuerung angepasst.[333] Eine Abwägung des individuellen Kosten-/Nutzen-Verhältnisses der jeweiligen Anpassung ist immer unternehmensspezifisch zu beurteilen. Es gilt zu beachten, dass die Anpassungen sich negativ auf das gewünschte Ausmaß der Zielerreichung der Harmonisierung auswirken können. Transparenz, Reduktion der Komplexität, Vergleichbarkeit und Kommunikationsfähigkeit dürften dann nicht im erwünschten Maß umsetzbar sein.[334]

Die empirische Untersuchung von *Müller* hat gezeigt, dass sich bei Anwendung eines internationalen Rechnungslegungsstandards bei gleich bleibendem Harmonisierungsgrad der Bedarf an Modifikationen verringert.[335] Die empirische Untersuchung von *Aders/Hebertinger* unterstreicht diese Aussage und stellt fest, dass die Anpassungen und Modifikationen des extern generierten Zahlenwerks eher zurückhaltend in Verbindung mit einer harmonisierten Unternehmensrechnung getätigt werden.[336]

3.2.3 Beurteilung wertorientierter Steuerungskonzepte in Verbindung mit einer harmonisierten Unternehmensrechnung

Bei der Beurteilung der bereits vorgestellten wertorientierten Konzepte (WACC-Verfahren, EVA-Verfahren) ist besonders darauf zu achten, dass die bereits formulierten inhaltlichen Voraussetzungen einer Harmonisierung (Abschnitt 3.2.1) sowie die an eine harmonisierte Unternehmensrechnung zu stellenden generellen Anforderungen der Anreizverträglichkeit, Analysefähigkeit, Kommunikationsfähigkeit und Wirtschaftlichkeit (Abschnitt 2.2.3) weitestgehend erfüllt werden. Des Weiteren sollte das zur Anwendung kommende wertorientierte Konzept prinzipiell dazu geeignet sein, sich aus den Daten der externen Unternehmensrechnung generieren zu lassen.[337]

---

[333] Vgl. Weißenberger, B. E./Blome, M. (2005), S. 5.
[334] Vgl. Hoke, M. (2001), S. 174.
[335] Vgl. Müller, M. (2006), S. 222 f.
[336] Vgl. Aders, C./Hebertinger, M. (2003), S. 18 f.
[337] Die unmittelbare Anknüpfung an die externe Unternehmensrechnung wird im Rahmen der Wertorientierung aber auch kritisch betrachtet: *„Es kann nicht im Sinne des Erfinders sein, wenn zur Herstellung einer vermeintlichen Konvergenz im Bereich der Rechengrößen für die interne Unternehmensrechnung eine gewinnorientierte Ausrichtung von Steuerungsgrößen propagiert wird, deren Mängel gerade die Notwendigkeit zur Entwicklung einer wertorientierten Unternehmensrechnung haben entstehen lassen".* Dirrigl, H. (1998b), S. 575. Vgl. auch Rappaport, A. G. (1995), S. 19 ff. Gerade Rappaport geht auf die Unzulänglichkeiten von buchhalterischen Erfolgsgrößen ein.

Die beiden bereits vorgestellten Konzepte (WACC-Verfahren, EVA-Verfahren) zur wertorientierten Konzernsteuerung bieten jeweils die Möglichkeit, die dem jeweiligen Konzept zugrunde liegenden Bewertungskomponenten aus dem Zahlenwerk der externen Unternehmensrechnung, zu generieren. Somit eignen sich die beiden vorgestellten Verfahren generell auch für den Rückgriff auf ein intern und extern harmonisiertes Rechenwerk. Die anzusetzenden kalkulatorischen Eigenkapitalkosten sind aus Sicht der externen Unternehmensrechnung kalkulatorische Zusatzkosten und somit nicht Bestandteil des externen Rechenwerks. Das externe Rechenwerk unterscheidet sich demnach in diesem Punkt von der wertorientierten Ausrichtung.[338]

Das EVA-Verfahren lässt sich durch das in Abschnitt 2.1.2.2 angesprochene Lücke-Theorem unter Einhaltung der dort genannten Voraussetzungen (z. B. Kongruenzprinzip) mit dem Verfahren der dynamischen Investitionsrechnung und somit mit dem vorgestellten WACC-Verfahren in Einklang bringen.[339] Eine Vorziehenswürdigkeit allein aus dieser Perspektive kann also nicht abgeleitet werden.

Im Zusammenhang mit dem Kongruenzprinzip ist jedoch die von den internationalen Rechnungslegungsstandards geforderte erfolgsneutrale Verbuchung gewisser Sachverhalte im Eigenkapital zu erwähnen. In diesem Fall wird das Kongruenzprinzip und die im Rahmen des Lücke-Theorems in Abschnitt 2.1.2.2 bereits erwähnte Clean-Surplus-Relation durchbrochen und es wird vom sogenannten Dirty-Surplus-Accounting gesprochen.[340] Als wesentliche Posten, die nach IAS/IFRS außerhalb der GuV erfasst werden können, sind z. B. unrealisierte Gewinne und Verluste aus available-for-sale-Finanzinstrumenten sowie die Neubewertung von Sachanlagevermögen und immateriellen Vermögenswerten (Fair-Value-Folgebewertung), zu nennen.[341]
So kann das Kongruenzprinzip bei Anwendung der Fair-Value-Bewertung verletzt werden, wenn z. B. bei der Neubewertung des Sachanlagevermögens eine eventuelle Werterhöhung gemäß IAS 16 (Property, Plant and Equipment) erfolgsneutral im Eigenkapital ausgewiesen wird und die Abschreibungen aufgrund des erhöhten Buchwerts erfolgswirksam

---

[338] Vgl. Wussow, S. (2004), S. 198.
[339] Vgl. Crasselt, N./Pellens, B./Schremper, R. (2000a), S. 73.
[340] Vgl. Bogajewskaja, J. (2007), S. 48 f.; Krotter, S. (2006), S. 1 f.; Weißenberger, B. E./Blome, M. (2005), S. 30 f.
[341] Vgl. Krotter, S. (2006), S. 8 f.; Bogajewskaja, J. (2007), S. 48 f.; Weißenberger, B. E./Blome, M. (2005), S. 22 f.; Ordelheide, D. (1998), S. 522 f.

verrechnet werden.[342] Die sich hieraus ergebenden Auswirkungen auf die Anreizkompatibilität sind entsprechend zu beachten. Der erfolgsneutrale Ausweis einer Werterhöhung im Eigenkapital wird beispielsweise zu einer Erhöhung des Eigenkapitals führen und somit die Relation zwischen Eigenkapital und Fremdkapital bei Ermittlung des WACC beeinflussen.[343] Wichtig in diesem Zusammenhang ist die Unterscheidung von temporären und permanenten Kongruenzdurchbrechungen. Bei Betrachtung der Totalperiode wird bei Vorliegen einer temporären Kongruenzdurchbrechung die Kongruenz eingehalten, wenn die ursprünglich außerhalb der GuV erfolgsneutral erfassten Wertänderungen bei deren Realisierung in die GuV umgebucht werden. Unterbleibt die Wiederherstellung der Kongruenz wird von einer permanenten Kongruenzdurchbrechung gesprochen.[344]

Bei Durchbrechung des Kongruenzprinzips ist also vornehmlich darauf zu achten, dass z. B. die angesprochenen Fair-Value-Änderungen sowohl in der Überschussgröße (NOPLAT) als auch in der Vermögensbasis (betriebsnotwendiges Kapital) gleichermaßen berücksichtigt werden. Um die Einhaltung des Kongruenzprinzips zu gewährleisten, sind aus diesem Grund die Größen NOPLAT und betriebsnotwendiges Kapital intern anzupassen.[345] Nur dann stellt der Übergang zu einer Fair-Value-Bilanzierung auch für die wertorientierte Steuerung einen sinnvollen Beitrag dar.[346] Generell entspricht der Fair Value oder auch Zeitwert dem Betrag, zu dem ein Vermögenswert zwischen sachverständigen, vertragswilligen und voneinander unabhängigen Parteien getauscht werden könnte.[347]

Das EVA-Verfahren eignet sich besonders für eine zielorientierte Verhaltenssteuerung. Die Durchgängigkeit des EVA-Verfahrens fördert die Konsistenz des Steuerungssystems.[348] Dies wiederum hat positive

---

[342] Um die Anreizverträglichkeit zu gewährleisten, sind diese Sachverhalte durch „Conversions" für Zwecke der wertorientierten Ausrichtung der Unternehmensrechnung anzupassen bzw. zu eliminieren. Vgl. Wussow, S. (2004), S. 192 f.; Weißenberger, B. E. (2006a), S. 619.

[343] Vgl. Wussow, S. (2004), S. 192 f.

[344] Vgl. Bogajewskaja, J. (2007), S. 53 f.; Krotter, S. (2006), S. 16 f.; Hüning, M. (2007), S. 114 f.

[345] Vgl. Weißenberger, B. E./Blome, M. (2005), S. 33.

[346] Vgl. Weißenberger, B. E./Blome, M. (2005), S. 22 f.

[347] Vgl. Pellens, B. et al. (2008), S. 320 f.; IAS 16.6.

[348] Vgl. Doerr, H.-H./Fiedler, R./Hoke, M. (2003), S. 286. In diesem Zusammenhang ist darauf hinzuweisen, dass auf die Anwendung des DCF-Verfahrens nicht vollständig verzichtet werden kann. Die Anwendbarkeit und die Vorzüge des DCF-Verfahrens bei der Lösung bestimmter betriebswirtschaftlicher Sachverhalte soll hiermit keinesfalls in Frage gestellt werden.

Auswirkungen auf die Transparenz, Akzeptanz und die interne und externe Kommunikationsfähigkeit. Für den weiteren Verlauf wird das EVA-Verfahren u. a. aufgrund seiner Verhaltenssteuerungsfunktion und Durchgängigkeit als Konzept zur wertorientierten Konzernsteuerung im Zusammenhang mit der Harmonisierung der Unternehmensrechnung verfolgt. Die weite Verbreitung des EVA-Konzepts in der betriebswirtschaftlichen Praxis wird durch die empirische Untersuchung von *Aders/Hebertinger* aus dem Jahr 2003 bestätigt und soll die hier getroffene Entscheidung zur weiteren Verwendung des EVA-Konzepts für den Fortgang dieser Arbeit bestärken.[349]

Die Beurteilung der Wirtschaftlichkeit bei Anwendung des WACC-Verfahrens oder des EVA-Verfahrens erweist sich aufgrund von Messproblemen als außerordentlich schwierig. Eine Beurteilung der Konzepte vor dem Hintergrund einer Kosten-/Nutzen-Abwägung wird somit im Rahmen dieser Arbeit nicht weiter verfolgt.[350]

Abschließend ist darauf hinzuweisen, dass auch bei Anwendung des EVA-Konzepts[351] im Zusammenhang mit einer harmonisierten Unternehmensrechnung Nachteile auftreten können, z. B. müssen Änderungen und deren Auswirkungen durch Veröffentlichung neuer Standards bei der Ermittlung des EVA berücksichtigt werden.[352] Jede Änderung der Rechnungslegungsstandards in Bezug auf den Ansatz, die Bewertung und den Ausweis hat damit potenziell einen Effekt auf die harmonisierte Unternehmensrechnung bzw. auf das zugrunde liegende wertorientierte Konzept.[353] Dies ist vor allem aufgrund der sehr dynamischen Entwicklung der internationalen Standards als kritisch zu betrachten.

---

[349] Vgl. Aders, C./Hebertinger, M. (2003), S. 13 f.
[350] Vgl. Hebeler, C. (2003), S. 120 f.; Hoke, M. (2001), S. 108 f.; Wurl, H.-J./Kuhnert, M./Hebeler, C. (2001), S. 1371.
[351] Die aufgeführten Nachteile sind auch bei Anwendung der DCF-Verfahren zu berücksichtigen.
[352] Vgl. Wurl, H.-J./Kuhnert, M./Hebeler, C. (2001), S. 1362; Lorson, P./Schedler, J. (2002), S. 276; Wussow, S. (2004), S. 203 f.
[353] Vgl. Zülch, H./Fischer, D. (2007), S. 1769 f.

3.2.4 Behandlung von kalkulatorischen Ergebnisbestandteilen

Die Verwendung von kalkulatorischen Größen ist in der betriebswirtschaftlichen Praxis durch eine abnehmende Bedeutung gekennzeichnet.[354] Eine Ausnahme stellen die kalkulatorischen Zinsen in Form der kalkulatorischen Eigenkapitalkosten dar.[355] Hierbei wird trotz Nichtberücksichtigung der kalkulatorischen Eigenkapitalkosten im Rahmenwerk der internationalen und auch nationalen Rechnungslegungsstandards auf eine Beibehaltung von kalkulatorischen Eigenkapitalkosten für eine zielgerichtete wertorientierte Konzernsteuerung auf Ebene der Geschäftsbereiche plädiert.[356] Sie sind aus diesem Grund im Rahmen dieser Arbeit als Teil des harmonisierten Datenbestands anzusehen. Die kalkulatorischen Eigenkapitalkosten bringen die alternative Verwendbarkeit von Kapital zum Ausdruck und können als eine Art Mindestverzinsungsanspruch der Eigenkapitalgeber verstanden werden.[357] Bei dezentralisierten Investitionsentscheidungen können die kalkulatorischen Zinsen auch zur Steuerung von Investitionsvorhaben von Geschäftsbereichsverantwortlichen verwendet werden.[358] Im Rahmen einer wertorientierten Ausrichtung ist die Bestimmung der kalkulatorischen Eigenkapitalkosten unabdingbar.

Die wertorientierte Ausrichtung des Konzerns verlangt jedoch auch eine wertorientierte Ausrichtung der nachgelagerten Segmente und Geschäftsbereiche. Um dies zu ermöglichen, sind die Eigenkapitalkosten der jeweiligen Ebene entsprechend zu ermitteln. Aber auch zum Zwecke der Bewertung einzelner Segmente ist eine Bestimmung segmentbezogener Eigenkapitalkosten notwendig. Zu nennen sind u. a. die Regelungen und Anforderungen der Goodwill-Bilanzierung nach US-GAAP und IAS/IFRS sowie die damit zusammenhängende Notwendigkeit der Durchführung eines Impairment-Tests.

Die Berechnung der Eigenkapitalkosten auf Ebene der Segmente oder Geschäftsbereiche setzt allerdings eine Verteilung von Vermögens- bzw. Kapitalgrößen des Konzerns auf die entsprechende Hierarchieebene voraus. Ein zentrales Problem stellt die oft fehlende rechtliche Selbstständigkeit der Segmente dar. In der empirischen Studie von *Aders/Hebertinger* wurde deutlich, dass bei den DAX100-Unternehmen eine Wertermittlung nach

---

[354] Vgl. Weißenberger, B. E. (2003), S. 112 f.
[355] Vgl. Weißenberger, B. E. (2004), S. 72 f.
[356] Vgl. Beißel, J./Steinke, K.-H. (2004), S. 69.
[357] Vgl. Küpper, H.-U. (1998), S. 157 f.; Busse von Colbe, W. (1998), S. 99 f.
[358] Vgl. Hax, H. (2002), S. 764 f.

Management-Strukturen gegenüber einer gesellschaftsrechtlichen Struktur klar im Vordergrund steht.[359]

Bei der Bestimmung der Eigenkapitalkosten auf Segmentebene kann entweder ein für alle Segmente einheitlicher Eigenkapitalkostensatz oder ein für jedes Segment individuell bestimmter Eigenkapitalkostensatz zur Anwendung kommen. Da die einzelnen Segmente aber in den meisten Fällen eine unterschiedliche Risiko-Rendite-Struktur aufweisen, können bei Anwendung eines einheitlich festgelegten Eigenkapitalkostensatzes Fehlallokationen auftreten. Die Kapitalzuweisung hat also die individuellen Risikosituationen der Segmente zu berücksichtigen.[360] Anderenfalls besteht die Gefahr, dass bei unterschiedlicher Risiko-Rendite-Struktur der Segmente entweder zu hohe oder zu niedrige Renditeerwartungen angesetzt werden und somit die Segmente unter- bzw. überbewertet sind.[361]

Die folgende Abbildung 12 zeigt die Problematik der Verwendung eines einheitlich ermittelten Eigenkapitalkostensatzes. Die in der Abbildung ersichtlichen Punkte A bis E stellen die Kombinationen der Risiko-Rendite-Struktur der fünf Segmente dar. Der einheitlich festgelegte Eigenkapitalkostensatz des Konzerns liegt in der Abbildung bei 9,5 %. Die an die Segmente A und B gestellten Renditeanforderungen sind gemessen an deren Risiken zu hoch. Der umgekehrte Fall ist bei den Segmenten D und E zu konstatieren. Lediglich bei Segment C ist eine Übereinstimmung des Eigenkapitalkostensatzes mit der Risikoklasse zu sehen.

---

[359] Vgl. Aders, C./Hebertinger, M. (2003), S. 27.
[360] Vgl. Nicklas, M. (1998), S. 105 f.; Schierenbeck, H./Lister, M. (2001), S. 477 f.; Himmel, H. (2004), S. 202 f.; Geiger, T. (2002), S. 237 f.; Arbeitskreis Finanzierung der Schmalenbach-Gesellschaft (1996), S. 550 f.
[361] Vgl. Kruschwitz, L./Milde, H. (1996), S. 1115 f.; Himmel, H. (2004), S. 202 f.

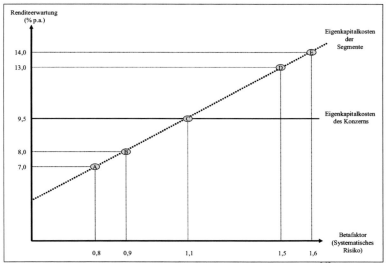

Abb. 12: Differenzierte Eigenkapitalkosten auf Segmentebene[362]

Abbildung 12 bestärkt die Notwendigkeit der Ermittlung von segmentbezogenen Eigenkapitalkosten anschaulich. Es wird deutlich, dass es für eine zielgerichtete und effiziente Steuerung und Kapitalallokation unerlässlich ist, individuelle segmentbezogene Eigenkapitalkosten zu ermitteln.

Die in der Literatur diskutierten Ansätze zur Bestimmung segmentbezogener Eigenkapitalkosten lassen sich in zwei Gruppen einteilen. Es handelt sich hierbei um die kapitalmarktbezogenen und die pragmatischen Ansätze.[363] Die kapitalmarktbezogenen Ansätze sind durch die Möglichkeit einer direkten und indirekten Ermittlung weiter zu untergliedern. Die pragmatischen Ansätze, die hier in Scoring- und Befragungsmodelle unterschieden werden, werden in der Literatur teilweise auch unter den Analyseansätzen

---

[362] In Anlehnung an Freygang, W. (1993), S. 248.
[363] Zu den einzelnen Ansätzen vgl. v. a. Schierenbeck, H./Lister, M. (2001), S. 477 f.; Geiger, T. (2002), S. 240 f.; Himmel, H. (2004), S. 220 f.; Bufka, J./Schiereck, J./Zinn, K. (1999), S. 116 f.; Arbeitskreis Finanzierung der Schmalenbach-Gesellschaft (1996), S. 550 f.; Nicklas, M. (1998), S. 111 f.; Fröhling, O. (2000), S. 49 f.

subsumiert.[364] Abbildung 13 stellt die verschiedenen Ansätze zunächst im Überblick dar. Die einzelnen Ansätze zur Ermittlung individueller segmentbezogener Eigenkapitalkosten werden im Anschluss erläutert.

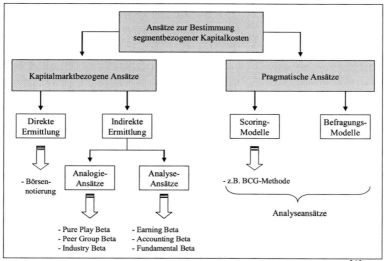

Abb. 13: Ansätze zur Bestimmung segmentbezogener Kapitalkosten[365]

Die in Abbildung 13 ersichtlichen kapitalmarktbezogenen Ansätze stehen alle im Zusammenhang mit dem CAPM[366] oder bauen direkt auf diesem auf.[367] Berücksichtigt wird also die Ermittlung der Eigenkapitalkosten und speziell die Art der Ermittlung des Beta-Faktors.[368] Für die Berechnung des WACC müssen zusätzlich die Kapitalstruktur auf Segmentebene und die realistischen Fremdkapitalkosten pro Segment bekannt sein.

---

[364] Vgl. Arbeitskreis Finanzierung der Schmalenbach-Gesellschaft (1996), S. 554 f.; Himmel, H. (2004), S. 224 f.
[365] In Anlehnung an Himmel, H. (2004), S. 220.
[366] Vgl. zum CAPM die Ausführungen in Abschnitt 2.1.2.3.1 dieser Arbeit.
[367] Vgl. Schierenbeck, H./Lister, M. (2001), S. 477; Geiger, T. (2002), S. 240 f.; Bufka, J./Schiereck, J./Zinn, K. (1999), S. 117 f.; Nicklas, M. (1998), S. 111.
[368] Zu Ausführungen und Interpretationen zum Beta-Faktor vgl. Serfling, K./Langguth, H. (1991), S. 726 f.

Liegt eine segmentbezogene Börsennotierung vor, so sind die Eigenkapitalkosten direkt zu bestimmen.[369] Eine Möglichkeit der segmentbezogenen Börsennotierung kann über die Emission sogenannter „Tracking Stocks" oder „Targeted Stocks" erreicht werden.[370] Da dies eher die Ausnahme ist, können die segmentbezogenen Eigenkapitalkosten auf indirekte Weise ermittelt werden.

Bei der indirekten Ermittlung kann zwischen Analogie- und Analyseansätzen unterschieden werden.[371] Die Analogieansätze ermitteln die Beta-Faktoren eines Segments durch Rückgriff auf Marktdaten vergleichbarer börsennotierter Unternehmen. Hier kann bei der Auswahl eines oder mehrerer Vergleichsunternehmen auf verschiedene Alternativen zurückgegriffen werden. Erfolgt die Bestimmung des Beta-Faktors durch Vergleich mit einem einzelnen börsennotierten Unternehmen, wird dies als Pure-Play-Methode genannt. Bei der Auswahl des Referenzunternehmens müssen eine Reihe von Auswahlkriterien beachtet werden, wie z. B. gleiche Branche und ähnliche Vertriebswege. Wird der durchschnittliche Beta-Faktor aus einer Referenzgruppe berechnet, so wird von der Peer-Group-Methode gesprochen. Die börsennotierten Unternehmen der Referenzgruppe sollten hierbei mit dem jeweiligen Segment vergleichbar sein. Erfolgt ein Rückgriff auf durchschnittliche Industrie- oder Branchenbetas, wird dies als Industry-Methode bezeichnet.[372]

Die Analyseansätze dagegen versuchen, aus bestimmten Bestimmungsfaktoren der externen Unternehmensrechnung die relevanten Risikopositionen und damit die Beta-Faktoren abzuleiten. Es soll also ein Zusammenhang zwischen den Daten der externen Unternehmensrechnung und dem systematischen Risiko hergestellt werden. Je nach Auswahl der Bestimmungsfaktoren lassen sich Earning Betas, Accounting Betas und

---

[369] Bei Übereinstimmung von rechtlicher Einheit einer Konzerngesellschaft oder Teilkonzern mit einem Segment ist dies prinzipiell leichter durchführbar.

[370] Hierbei handelt es sich um börsennotierte Aktien eines Segments. Bei dieser Form ist die rechtliche Selbstständigkeit des jeweiligen Segments nicht notwendig. Vgl. Himmel, H. (2002), S. 220 f.; Geiger, T. (2002), S. 241 f.

[371] Vgl. Bufka, J./Schiereck, J./Zinn, K. (1999), S. 117 f.; Schierenbeck, H./Lister, M. (2001), S. 477 f.; Arbeitskreis Finanzierung der Schmalenbach-Gesellschaft (1996), S. 552 f.; Himmel, H. (2004), S. 222 f.; Nicklas, M. (1998), S. 111 f.; Geiger, T. (2002), S. 241 f.; Steinle, C./Krummaker, S./Lehmann, G. (2007), S. 206 f.

[372] Vgl. zur Pure-Play-, Peer-Group- und Industry-Methode v. a. Arbeitskreis Finanzierung der Schmalenbach-Gesellschaft (1996), S. 552 f.; Himmel, H. (2004), S. 222 f.; Geiger, T. (2002), S. 241 f.; Weißenberger, B. E. (2007), S. 304 f.; Steinle, C./Krummaker, S./Lehmann, G. (2007), S. 206 f.

Fundamental Betas unterscheiden. Bei der Ermittlung des Earning Beta wird z. B. von einer Korrelation der Ergebnisgröße und dem systematischen Risiko ausgegangen. Kann dieser Zusammenhang nachgewiesen werden, ist es möglich, ein segmentbezogenes Earning Beta mithilfe der beobachtbaren Ergebnisschwankung eines Segments bezogen auf die durchschnittliche Ergebnisschwankung der Branche des Segments zu ermitteln.[373]

Die pragmatischen Ansätze werden hier in Scoring-Modelle und Methoden der Managementbefragung differenziert. Sie unterscheiden sich in zweifacher Hinsicht von den Ansätzen einer kapitalmarktbezogenen Ermittlung segmentbezogener Eigenkapitalkosten. Zum einen basiert die Risikoermittlung nicht auf objektiven Vergleichsdaten anderer Unternehmen, sondern erfolgt primär durch subjektive Einschätzungen. Zum anderen wird keine separate Bestimmung der Eigenkapitalkosten vorgenommen, sondern es findet eine segmentbezogene Anpassung der Gesamtkapitalkosten statt.[374] Scoring-Modelle und Methoden der Managementbefragung sind jedoch auch als Analyseansätze zu bezeichnen.[375] Als Scoring-Modell sei auf den von der *Boston Consulting Group (BCG)* entwickelten Ansatz zur Bestimmung segmentbezogener Kapitalkosten hingewiesen. Es geht hier um die Abschätzung des Geschäftsrisikos. Hierbei ist der durch das Scoring ermittelte Segmentrisikowert zu einem gesamtunternehmensbezogenen Risikowert in Beziehung zu setzen.[376] Zur Ableitung der segmentbezogenen Kapitalkosten bedient sich das BCG-Modell des in Abbildung 14 dargestellten Kriterienrasters.

---

[373] Vgl. ausführlich zu den Analyseansätzen v. a. Arbeitskreis Finanzierung der Schmalenbach-Gesellschaft (1996), S. 554 f.; Himmel, H. (2004), S. 224 f.; Geiger, T. (2002), S. 242 f.; Steinle, C./Krummaker, S./Lehmann, G. (2007), S. 206 f.

[374] Vgl. Bufka, J./Schiereck, J./Zinn, K. (1999), S. 118 f.; Geiger, T. (2002), S. 247 f.; Arbeitskreis Finanzierung der Schmalenbach-Gesellschaft (1996), S. 556 f. Zur Methode der Managementbefragung vgl. v. a. Arbeitskreis Finanzierung der Schmalenbach-Gesellschaft (1996), S. 556 f.

[375] Vgl. Arbeitskreis Finanzierung der Schmalenbach-Gesellschaft (1996), S. 554 f.

[376] Zur Ermittlung segmentbezogener Kapitalkosten auf Basis des BCG-Ansatzes vgl. Fröhling, O. (2000), S. 50 f.; Bufka, J./Schiereck, J./Zinn, K. (1999), S. 118 f.; Geiger, T. (2002), S. 248 f.

Kriterium	Ausprägung						
	Geringes Risiko	1	2	3	4	5	Hohes Risiko
Kontrolle	Geringe externe Renditeeinflüsse						Starke externe Renditeeinflüsse
Markt	Stabil, ohne Zyklen						Dynamisch, zyklisch
Wettbewerber	Wenige, konstante Marktanteile						Viele, variable Marktanteile
Produkte/Konzepte	Langer Lebenszyklus, nicht substituierbar						Kurzer Lebenszyklus, substituierbar
Markteintrittsbarrieren	Hoch						Niedrig
Kostenstruktur	Geringe Fixkosten						Hohe Fixkosten

Abb. 14: Kriterienraster des BCG-Modells zur Bestimmung segmentbezogener Kapitalkosten[377]

Das Kriterienraster ist durch das jeweilige Management oder von der Unternehmenszentrale auszufüllen, wobei das Unternehmen in Summe als Referenzpunkt gilt, dem eine mittlere Merkmalsausprägung (Wert = 3) zukommt. Je höher der zugewiesene Wert, desto riskanter schätzt dass Management das Segment bezüglich der einzelnen Kriterien ein. Die Summe über alle Kriterienwerte ergibt den Kriterienrasterwert des Segments. Dieser ermittelte Wert wird ins Verhältnis zum Referenzwert des Gesamtunternehmens gesetzt (6 Kriterien mit einer mittleren Ausprägung von 3 = 18). Anschließend erfolgt eine lineare Anpassung der Gesamtkapitalkosten mithilfe der folgenden Formel:[378]

$$i_{GKS} = i_{GK} \cdot \frac{Wert_S}{18}$$

i_{GKS} : Gewichteter Gesamtkapitalkostensatz des Segments
i_{GK} : Gewichteter Gesamtkapitalkostensatz des Gesamtunternehmens
$Wert_S$: Kriterienrasterwert des Segments

---

[377] In Anlehnung an Geiger, T. (2002), S. 248.
[378] Vgl. Geiger, T. (2002), S. 248 f.; Fröhling, O. (2000), S. 50 f.; Bufka, J./Schiereck, J./Zinn, K. (1999), S. 118 f. Für Vorschläge zu Verbesserungsmöglichkeiten im Rahmen des BCG-Ansatzes vgl. v. a. Fröhling, O. (1999), S. 1445 f. Anstelle der linearen Anpassung der Gesamtkapitalkosten kann auch eine bestimmte Anpassungsspanne vorgegeben werden. Die Segmente mit dem höchsten bzw. niedrigsten Kriterienrasterwert des Segments bilden dabei die Ober- bzw. Untergrenze. Vgl. hierzu Bufka, J./Schiereck, J./Zinn, K. (1999), S. 119; Geiger, T. (2002), S. 249.

Zur Berechnung eines segmentbezogenen WACC[379] sind neben den Eigenkapitalkosten auch die Kosten des Fremdkapitals zu bestimmen. Wird von einer zentralen Finanzierung ausgegangen, so können die durchschnittlichen Kosten des Fremdkapitals auf der Ebene des Konzerns durchaus auch auf Segmentebene angewendet werden.[380]

Bei der Berechnung des Fremdkapitalkostensatzes sind die unterschiedlichen Fremdkapitalkategorien, wie z. B. kurz-/langfristiges Fremdkapital und Pensionsrückstellungen, zu berücksichtigen. Er berechnet sich demgemäß als ein mit den verwendeten Fremdkapitalformen gewichteter durchschnittlicher Fremdkapitalkostensatz. Vereinfacht könnte auch der Fremdkapitalkostensatz über Vergleichszinssätze am Anleihemarkt gebildet werden. Hierbei sollte hauptsächlich auf die Vergleichbarkeit in Bezug auf Restlaufzeit und Bonität geachtet werden.[381] Üblicherweise werden bei kapitalmarktfähigen Unternehmen die Fremdkapitalkosten als Summe der aktuellen Rendite eines risikolosen Wertpapier, einem marktüblichen Risikozuschlag (Abhängig von Größe und Bonität) und einem individuellen Zuschlag (Abhängig von den individuellen Finanzierungsverhältnissen) ermittelt.[382] Sofern ein Rating, z. B. aufgrund der Basel II-Regelungen vorliegt, können sie aber auch durch einen bonitätsabhängigen Zuschlag auf einen risikofreien Zinssatz ermittelt werden.[383] Da die Kosten des Eigen- und Fremdkapitals im Rahmen des WACC-Ansatzes mit den Anteilen des Eigen- und Fremdkapitals am Gesamtkapital gewichtet werden, ist die Struktur des Kapitals zu ermitteln. Die Kapitalstruktur kann z. B. auf Basis einer Marktwertbilanz ermittelt werden.[384]

---

[379] Vgl. zum WACC-Ansatz die Ausführungen in Abschnitt 2.1.2.3.1 dieser Arbeit.

[380] Vgl. Nicklas, M. (1998), S. 130.

[381] Vgl. Arbeitskreis Finanzierung der Schmalenbach-Gesellschaft (1996), S. 558 f. Die *Siemens AG* zieht z. B. zur Ermittlung der Kosten des Fremdkapitals den langfristigen Zinssatz für Industrieanleihen mit gutem Rating heran. Vgl. Neubürger, H.-J. (2000), S. 193.

[382] Als eine weitere Möglichkeit zur Berechnung der Fremdkapitalkosten kann auf die Relation zwischen ausgewiesenem Finanzaufwand und dem durchschnittlich verzinslichem Fremdkapital hingewiesen werden. Dieses Vorgehen ist zwar relativ einfach durchzuführen, jedoch ist die Berechnung aufgrund der in der Praxis anzutreffenden komplexen Formen der Fremdkapitalbeschaffung abzulehnen. Vgl. Hostettler, S. (2002), S. 170 f.; Nowak, K. (2003), S. 87 f.

[383] Vgl. Weißenberger, B. E. (2007), S. 303 f. Zu Basel II vgl. vertiefend Küting, K./Ranker, D./Wohlgemuth, F. (2004), S. 93 f.

[384] Der *Arbeitskreis Finanzierung der Schmalenbach-Gesellschaft* kommt zu der Aussage, dass im Fall von Konzernen mit weitestgehend homogenen Geschäftsbereichen die gleiche Kapitalstruktur angewendet werden kann wie im Konzern selbst: Bei „...*nicht zu heterogen strukturierten Konzernen ist die Vereinfachung vertretbar, für die Geschäftsbereiche die gleiche Kapitalstruktur wie*

3.2.5 Zur Analyse der inhaltlichen Harmonisierung eines bestimmten Rechnungslegungsstandards

Aufgrund der gesetzlichen Vorschriften und der verbindlichen Richtlinien der nationalen und internationalen Standardsetter sind die inhaltlichen Voraussetzungen und Kriterien für die Ausgestaltung einer harmonisierten Unternehmensrechnung weitgehend von der externen Unternehmensrechnung vorgegeben. Die Daten der externen Unternehmensrechnung sind möglichst unverändert für das harmonisierte Rechenwerk zu übernehmen und nur dort zu modifizieren, wo es die interne Steuerung erforderlich macht. Eine vollständige Übernahme des externen Rechenwerks für interne Zwecke wird aus diesem Grund nicht durchführbar sein. Es gilt jedoch die Frage zu klären, ob sich ein Rechnungslegungsstandard besonders für die Harmonisierung eignet.

Ein auf dem HGB aufbauender harmonisierter Datenbestand würde den Anpassungsbedarf für interne Steuerungszwecke, im Vergleich zu internationalen Rechnungslegungsstandards, erhöhen. Dies ist im Wesentlichen auf die eher betriebswirtschaftlich ausgerichteten internationalen Standards zurückzuführen.[385] Basierend auf der Ausschüttungs- und der Steuerbemessungsfunktion des HGB-Abschlusses wird jedoch auch weiterhin ein Abschluss nach HGB für die Muttergesellschaft erstellt werden müssen.[386] Ist der betrachtete Konzern zudem noch an der US-amerikanischen Börse gelistet, kam die Notwendigkeit der Abschlusserstellung nach US-GAAP hinzu.[387] Im November 2007 gab die SEC jedoch bekannt, in Zukunft auf diese Überleitung verzichten zu wollen.[388]

---

für den Konzern in Ansatz zu bringen." Arbeitskreis Finanzierung der Schmalenbach-Gesellschaft (1996), S. 562.

[385] Vgl. Wussow, S. (2004), S. 23 f.; Michel, U. (2007), S. 4 f.

[386] Vgl. Zwirner, C./Boecker, C./Reuter, M. (2004), S. 217 f.; Herzig, N. (2000), S. 59 f.; Krawitz, N./Albrecht, C./Büttgen, D. (2000), S. 552.

[387] Durch Anpassungsbemühungen wird versucht, die Standards (US-GAAP und IAS/IFRS) aneinander anzugleichen. Zur Erreichung des Ziels der beiderseitigen Annäherung der Standards wurde 2002 zwischen IASB und FASB ein Konvergenzprojekt (sog. „Norwalk-Agreement") gestartet. Es bleibt abzuwarten wie sich die Verlautbarung des SEC im November 2007 (Verzicht der Überleitung von IAS/IFRS auf US-GAAP) auf die weitere Zusammenarbeit zwischen IASB und FASB auswirken wird. Vgl. PricewaterhouseCoopers (2005), S. 70 f.; Hermann, T./Bernhard, M. (2003), S. 580; Pellens, B. et al. (2008), S. 56; Alvarez, M./Büttner, M. (2006), S. 307 f.; Neubürger, H.-J. (2006), S. 11 f.; Kampmann, H./Schwedler, K. (2006), S. 521 f.

[388] *„...the Commission today approved rule amendments under which financial statements from foreign private issuers in the U.S. will be accepted without reconciliation*

Es wird davon ausgegangen, dass US-GAAP und IAS/IFRS nicht parallel weiter existieren werden. Vielmehr wird die Meinung vertreten, dass sich langfristig die IAS/IFRS als globale Standards etablieren werden. Die Erkenntnisse und Annahmen der Financial Accounting Foundation (FAF) zeigen ebenfalls in diese Richtung: *„We therefore believe the time has come to consider a new approach to ... moves U.S. public companies to IFRS."*[389] Es bleibt abzuwarten wie sich diese Entwicklung tatsächlich in der Zukunft fortsetzen wird. In diesem Zusammenhang wird in der Accounting-Literatur empfohlen in Zukunft die Ressourcen von IASB und FASB nicht auf eine beiderseitige Annäherung der Rechnungslegungsstandards zu legen, sondern vielmehr darauf ausgerichtet sein sollten, sogenannte „high-quality global accounting standards" zu entwickeln.[390]

Die bereits angesprochene Internationalisierung der Konzernrechnungslegung hat auch Auswirkungen auf die Ausgestaltungsformen der internen Unternehmensrechnung. Im Zuge einer Umstellung auf einen international anerkannten Rechnungslegungsstandard kommt es oft zu Harmonisierungsbestrebungen zwischen interner und externer Unternehmensrechnung. Es ist allerdings zu beachten, dass die Harmonisierung der Unternehmensrechnung in den seltensten Fällen Hauptziel einer Umstellung der Konzernrechnungslegung auf einen internationalen Standard ist.[391] Vielmehr wird sie oft als Konsequenz der Anwendung eines internationalen Rechnungslegungsstandards verstanden und somit die Internationalisierung der Konzernrechnungslegung in der Literatur häufig als Ausgangspunkt einer Harmonisierung der Unternehmensrechnung betrachtet.[392]

Da auf die generellen Unterschiede z. B. im Ausweis, Ansatz und der Bewertung zwischen US-GAAP und IAS/IFRS hier nicht vertiefend eingegangen werden soll und sich in der Literatur und Praxis[393] ebenfalls

---

to U.S. Generally Accepted Accounting Principles only if they are prepared using International Financial Reporting Standards (IFRS) as issued by the International Accounting Standards Board." SEC (2007), S. 1.

[389] Financial Accounting Foundation (2007), S. 5.
[390] Vgl. Financial Accounting Foundation (2007), S. 5.
[391] Vgl. Horváth, P./Arnaout, A. (1997), S. 261 f.; Krawitz, N./Albrecht, C./Büttgen, D. (2000), S. 556; Pellens, B./Tomaszewski, C./Weber, N. (2000), S. 1830 f.
[392] Vgl. Haller, A. (1997), S. 271; Schenk, U. (2003), S. 233 f.; Lorson, P./Schedler, J. (2002), S. 257 f.; Breker, N./Naumann, K.-P./Tielmann, S. (1999), S. 147.
[393] Die Modelle in der Praxis z. B. bei *Lufthansa, Siemens* und *DaimlerChrysler* zeigen, dass sich eine harmonisierte Unternehmensrechnung sowohl auf Basis der US-GAAP als auch auf Basis der IAS/IFRS verwirklichen lässt. Vgl. Beißel, J./Steinke, K.-H. (2004), S. 63 f.; Kley, K.-L. (2000), S. 337 f.; Jonen, A./Lingnau, V. (2005), S. 18 f.; Schenk, U. (2003), S. 130 f.; Ziegler, H. (1994), S. 175 f.

keine Gründe finden lassen, die es rechtfertigen würden, im Zusammenhang mit der Harmonisierung der Unternehmensrechnung einen bestimmten Rechnungslegungsstandard dem anderen vorzuziehen, wird für die weiteren Ausführungen grundsätzlich von einer Abschlusserstellung nach IAS/IFRS ausgegangen.[394] Die bei dieser Thematik auftretenden Unterschiede zwischen US-GAAP, IAS/IFRS und HGB werden jedoch an verschiedenen Stellen explizit herausgearbeitet.

Die zunehmende Anwendung der IAS/IFRS in der betriebswirtschaftlichen Praxis bestärkt die Festlegung auf IAS/IFRS als Rechnungslegungsstandard. Dies wird durch die im November 2007 getroffene Entscheidung der SEC, auf eine Überleitungsrechnung von IAS/IFRS auf US-GAAP zu verzichten bestärkt.[395] Für die verstärkte Akzeptanz und Anwendung in Europa sind insbesondere regulatorische Veränderungen verantwortlich.[396]

---

[394] Diese Aussagen sollen allerdings nicht darüber hinwegtäuschen, dass immer noch wesentliche Unterschiede zwischen den beiden Standards bestehen. Diese sollen durch weitere Anpassungsmaßnahmen schrittweise reduziert bzw. abgebaut werden. Im Rahmen dieser Arbeit werden die mit der Thematik zusammenhängenden Unterschiede jeweils in den dafür vorgesehenen Abschnitten aufgeführt. Vgl. PricewaterhouseCoopers (2005), S. 70 f.; Hermann, T./Bernhard, M. (2003), S. 580; Pellens, B. et al. (2008), S. 56; Weißenberger, B. E. (2007), S. 54.

[395] Vgl. hierzu Press Release des IASB vom 15. November 2007. IASB (2007), S. 1 f.; Erchinger, H./Melcher, W. (2007), S. 2635 f.

[396] Vgl. Schuler, A. H. et al. (2003), S. 576 f.

3.3 Strukturelle Dimensionen einer Harmonisierung

3.3.1 Harmonisierung verschiedener Strukturdimensionen

3.3.1.1 Harmonisierung der Berichtsstrukturen

Durch die in einer intern und extern getrennten Unternehmensrechnung bereits existierenden Berichtsstrukturen sind die Mindestanforderungen an einen harmonisierten Rechenkreis weitgehend vordefiniert. Die bestehenden Berichte sollten allerdings im Zuge der Harmonisierung auf Notwendigkeit, Nutzenstiftung und die Kosten ihrer Erstellung überprüft werden.

Die Berichtsstruktur hat die Aufgabe, alle intern und extern gestellten Informationsanforderungen und -wünsche durch eine adäquate Darstellung der Daten, basierend auf einem einheitlichen Datenbestand, zu gewährleisten.[397] Jeder berechtigte Benutzer sollte in der Lage sein, auf die erforderlichen Informationen zuzugreifen und diese anschließend in geeigneter Form auswerten zu können. Im Zuge der Harmonisierung der Berichtsstruktur ist auch zu prüfen, ob das momentane Berichtsangebot überhaupt nachgefragt wird bzw. ob überhaupt ein objektiver Bedarf an den Berichten besteht.[398]

Die der Unternehmensrechnung zugrunde liegende Struktur sollte idealerweise mit der extern zu publizierenden Segmentstruktur kompatibel sein. Im Zuge der Harmonisierung sind die verschiedenen Bestandteile der Berichtsstruktur kritisch zu analysieren und z. B. im Hinblick auf die notwendige Granularität der Informationen zu überprüfen. Abbildung 15 gibt einen Überblick über die verschiedenen Bestandteile der Berichtsstruktur, die bei deren Harmonisierung besondere Beachtung finden sollten.

---

[397] Vgl. Weiss, H.-J. (2002), S. 385 f.
[398] Die in den Berichten enthaltenen Informationen sind bezüglich Informationsangebot, subjektivem Informationsbedarf und objektivem Informationsbedarf abzugleichen und zu optimieren. Vgl. Becker, J./Köster, C./Sandmann, D. (2006), S. 501 f.; Wall, F. (2007), S. 485.

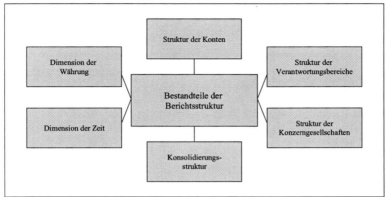

Abb. 15: Bestandteile der Berichtsstruktur[399]

Die Einheitlichkeit der Kontenpläne ist eine wesentliche Voraussetzung für die Konsistenz und Datenqualität der generierten Berichte.[400] Da im internen und externen Rechenwerk unterschiedliche Anforderungen über die Detailtiefe[401] der benötigten Konten bestehen, sollte der konzernweit gültige und einheitliche Kontenplan (auch Global Chart of Accounts (GCoA) genannt) auf Basis des größtmöglichen gemeinsamen Nenners der beiden ehemals getrennten Rechenwerke aufgebaut werden.[402] Unterschiedliche Kontenpläne haben einen hohen Abstimmungsaufwand und Überleitungsrechnungen zur Folge.[403]

Der strukturelle Aufbau des vereinheitlichten Kontenplans sollte sich an dem ihm zugrunde liegenden Gliederungsverfahren ausrichten. Während bei der Anwendung von US-GAAP die externe GuV generell nach dem Umsatzkostenverfahren aufgestellt wird, kann die GuV nach HGB oder IAS/IFRS sowohl auf Basis des Gesamtkostenverfahrens als auch auf Basis

---

[399] Quelle: Eigene Darstellung.
[400] Vgl. Sylvester, M. (2004), S. 89 f.; Brandt, W./Hütten, C. (2003), S. 711.
[401] Der Umfang und Detaillierungsgrad der externen Berichterstattung ist durch Mindestanforderungen des jeweils zugrunde liegenden Rechnungslegungsstandards festgelegt. Je nach Berichtsphilosophie und Informationsbereitschaft eines Konzerns werden diese Mindestanforderungen lediglich erfüllt oder durch eine freiwillige Zusatzberichterstattung ergänzt. Vgl. Brandt, W./Hütten, C. (2003), S. 707 f.
[402] Vgl. Accenture (2003), S. 35 f.; Kagermann, H. (2000), S. 418; Kerkhoff, G./Thun, S. (2007), S. 458; Horváth, P. (2006), S. 440.
[403] Vgl. Accenture (2003), S. 36.

eines Umsatzkostenverfahrens erstellt werden.[404] Als Grundlage für diese Aussage kann z. B. auf APB 9 (Accounting Principles Board) und SFAS 16 der US-GAAP, für IAS auf IAS 1 sowie für HGB auf § 275 Abs. 2 und 3 HGB hingewiesen werden. Die Controlling-Abteilung muss mithilfe des Kontenplans jederzeit in der Lage sein, die einzelnen Komponenten, die für eine wertorientierte Konzernsteuerung benötigt werden, bereitzustellen.

Die Verfügbarkeit der Parameter der Wertorientierung innerhalb der harmonisierten Unternehmensrechnung auf Ebene der Segmente ist zu gewährleisten und im Kontenplan entsprechend zu berücksichtigen. Hierfür sind die Kapitalkosten in der Struktur des GCoA auf gleicher Hierarchieebene wie das GuV-Ergebnis zu integrieren. Die nächste Aggregationsstufe der Konten-Hierarchie wäre dann die Summe aus GuV-Ergebnis und Kapitalkosten, also der Residualgewinn auf Segmentebene.

Die Abgrenzung der Verantwortungsbereiche kann, z. B. nach funktionalen, divisionalen oder regionalen Gesichtspunkten erfolgen.[405] Da die externe Unternehmensrechnung bisher in einem getrennten Rechenkreis vornehmlich die legale Sicht der einzelnen Konzerngesellschaften und die des Konzerns als Ganzes abgebildet hat, muss in einer harmonisierten Unternehmensrechnung die interne Sichtweise hinzukommen. Die interne Sichtweise wird in Form des Management Approach dann auch im Rahmen der externen Berichterstattung den externen Adressaten zur Verfügung gestellt.

Die Struktur der Konzerngesellschaften sowie die der Teilkonzerne müssen in einer harmonisierten Unternehmensrechnung einheitlich aufgebaut sein. Hierbei sollte sich der Konzern je nach länderspezifischen Geschäftsschwerpunkten geografisch in verschiedene regionale Hierarchien aufteilen lassen, um so ebenfalls eine regionale Sicht der Verantwortungsbereiche zu ermöglichen.[406] Es kann also durchaus möglich sein, dass neben einer funktionalen oder divisionalen Darstellung auch regionale Sachverhalte im Rahmen der internen Steuerung abgebildet werden müssen. Wird von einer segmentierten Managementstruktur auf regionaler Ebene ausgegangen, so ist es im Rahmen der Wertorientierung notwendig, dass die Kapitalkosten auch auf dieser Ebene vorhanden sind.

---

[404] Auf internationaler Ebene hat sich die Verwendung des Umsatzkostenverfahrens durchgesetzt. Vgl. Schenk, U. (2003), S. 264 f.; Benecke, B. (2000), S. 52 f.
[405] Auf die verschiedenen Abgrenzungsmöglichkeiten von Verantwortungsbereichen wird in Abschnitt 3.3.2.1 näher eingegangen.
[406] Vgl. Kagermann, H./Reinhart, J. C. (1999), S. 346 f.

Um die Kapitalkosten in der Struktur der Unternehmensrechnung abbilden zu können, können diese nach erfolgter Ermittlung, z. B. durch eine sogenannte technische Gesellschaft (Dummy-Gesellschaft), auf die Segmente und Geschäftsbereiche verteilt werden. Sie sind somit integraler Bestandteil der harmonisierten Unternehmensrechnung. Diese technische Gesellschaft ist nicht als rechtliche Einheit zu verstehen. Abbildung 16 zeigt diese Vorgehensweise anschaulich. Die regionale Struktur der Konzerngesellschaften und Teilkonzerne wird jeweils länderbezogen um eine technische Gesellschaft erweitert.

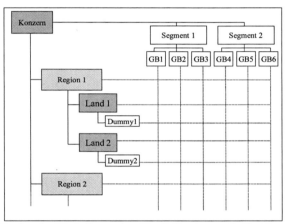

Abb. 16: Regionale Verteilung der Kapitalkosten auf die Segmente und Geschäftsbereiche[407]

Die Daten des Konzerns entstehen durch Konsolidierung der HB II-Abschlüsse der einzelnen Konzerngesellschaften und Teilkonzerne. Die Harmonisierung erfordert aber auch eine Eliminierung und Konsolidierung gemäß der dem Konzern zugrunde liegenden Konzernsteuerungs- und Führungsstruktur, denn bei umfangreichen konzerninternen Beziehungen kann die Aussagefähigkeit von nicht eliminierten und unkonsolidierten Zahlen und Kennzahlen sehr eingeschränkt sein.[408]

Abbildung 17 zeigt den Übergang einer Konsolidierung auf legaler Ebene hin zur sogenannten Matrixkonsolidierung. Hier wird sowohl nach der legalen Struktur, gemäß der Struktur der Konzerngesellschaften (KGes) und

---

[407] In Anlehnung an Werner, T. et al. (2005), S. 149.
[408] Vgl. Accenture (2003), S. 38.

Teilkonzerne (TK), als auch nach den Verantwortungsbereichen konsolidiert.[409] Die Verantwortungsbereiche beziehen sich in dieser Abbildung auf konzernweit definierte Geschäftsbereiche (GB), die sich zu Segmenten summieren lassen. Dies setzt allerdings voraus, dass die berichtenden Konzerngesellschaften und Teilkonzerne in der Lage sind, die Daten in der geforderten Granularität der Unternehmensrechnung vorzuhalten und zu liefern, d. h. die einzelnen Geschäftstransaktionen müssen den jeweiligen Geschäftsbereichen zugeordnet werden können.[410] Des Weiteren muss für Zwecke der divisionalen Konsolidierung bereits in der Datenlieferung erkennbar sein, ob es sich um geschäftsbereichsinterne oder -externe bzw. segmentinterne oder -externe Geschäftsbeziehungen oder um Transaktionen mit externen Dritten handelt.[411] Die Komplexität der Konsolidierung nimmt mit steigender Anzahl von Segmenten und Geschäftsbereichen sowie Konzerngesellschaften und Teilkonzernen zu. Da die interne Sicht des Managements durch den Management Approach an externe Adressaten kommuniziert werden muss, sind die notwendigen strukturellen Vorkehrungen beim Aufbau des harmonisierten Systems der Unternehmensrechnung entsprechend zu berücksichtigen.

Die in Abbildung 17 gepunkteten Schnittpunkte zwischen der Segmentstruktur und der legalen Struktur zeigen die aktive Geschäftstätigkeit der jeweiligen Konzerngesellschaften in diesem Bereich auf. Aus Gründen der Übersichtlichkeit wurde bei der Darstellung der Konzernsteuerungs- und Führungsstruktur auf eine Überleitungsrechnung zwischen der Summe der Segmentergebnisse und dem Konzernergebnis verzichtet. Die Komplexität kann durch eine zusätzlich zu implementierende regionale Sichtweise vervielfacht werden. Aufgrund der bereits angesprochenen Komplexität der Thematik der Konsolidierungsstruktur soll dieser Themenbereich in den nächsten Abschnitten 3.3.1.2.1 und 3.3.1.2.2 ausführlicher analysiert werden.

---

[409] Vgl. Werner, T. et al. (2005), S. 147 f.
[410] Vgl. Werner, T. et al. (2005), S. 149 f.
[411] Bei GB-externen, jedoch segmentinternen Geschäftsbeziehungen ist die Konsolidierung auf Ebene des Segments vorzunehmen, d. h. die beiden GB sind ein und demselben Segment zugeordnet. Dagegen ist bei segmentexternen Beziehungen zwischen zwei Segmenten des Konzerns die Konsolidierung auf Ebene des Konzerns vorzunehmen.

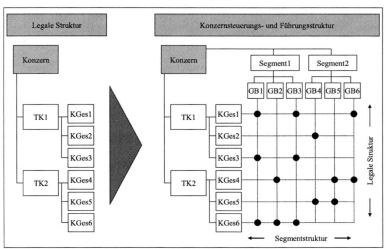

Abb. 17: Matrixkonsolidierung anhand der Konzernsteuerungs- und Führungsstruktur[412]

Wenn die Dimension der Zeit in Verbindung mit der Berichtsstruktur genannt wird, geht es primär um die Gewährleistung der Abbildbarkeit und Vergleichbarkeit verschiedener Perioden. Vor allem zur Durchführung von Zeitreihenanalysen und zur Lokalisierung von Planabweichungen ist eine strukturelle Vergleichbarkeit erforderlich.[413] Dies setzt voraus, dass die verschiedenen Perioden in einheitlicher Struktur gemäß den Verantwortungsbereichen zur Verfügung stehen und bei Änderungen der Zusammensetzung der Segmentstruktur, z. B. bei einem internen Geschäftstransfer zwischen GB1 und GB4, vergleichbar bleiben.

Diese Vergleichbarkeit wird explizit von internationalen Standardsettern gefordert. Als Referenz können hier die Standards zur Segmentberichterstattung nach IAS/IFRS und US-GAAP genannt werden. Auf die Notwendigkeit einer strukturellen Vergleichbarkeit wird in Abschnitt 3.3.3 dieser Arbeit detaillierter eingegangen. Bei Betrachtung der zeitlichen

---

[412] In Anlehnung an Werner, T. et al. (2005), S. 149.
[413] Im Rahmen der externen Berichterstattung ist z. B. die Veröffentlichung von Vergangenheitsdaten pro Segment zu Vergleichszwecken vorgeschrieben. Diese Perioden müssen zeitlich und strukturell vergleichbar sein. Vgl. IASB (2006), IFRS 8 Operating Segments, paragraphs 29-30; Schmotz, T. (2004), S. 22 f. Vgl. hierzu auch die Ausführungen zur Notwendigkeit der Vergleichbarkeit im Zuge der Segmentberichterstattung in Abschnitt 3.3.3.

Dimension der Berichte kann die bisher unterschiedliche Berichtsfrequenz genannt werden.[414]

Die Dimension der Währung ist besonders bei international tätigen Konzernen von Bedeutung, da die lokalen Einzelabschlüsse der Konzerngesellschaften und der Teilkonzerne von der Konzernwährung abweichen können und somit eine Umrechnungsfunktionalität erforderlich wird.[415] Hierbei sind bis auf das Eigenkapital (historische Kurse) die übrigen Bilanzpositionen der nicht in Konzernwährung berichtenden Konzerngesellschaften und Teilkonzerne nach IAS/IFRS gemäß der modifizierten Stichtagskursmethode und die Positionen der GuV mit den jeweiligen Transaktionskursen oder auch mit den Jahresdurchschnittskursen umzurechnen.[416]

Die Währungsumrechnung ist zur Durchführung der einzelnen Konsolidierungsschritte unabdingbar. Des Weiteren besteht die Notwendigkeit bzw. das Bedürfnis die Effekte aus Wechselkursschwankungen sichtbar zu machen. Folgende Währungsdimensionen sollten in einer Berichtsstruktur darstellbar sein: Die lokale Währung der Konzerngesellschaften, die Währung der Teilkonzerne[417], die Transaktionswährung einzelner Geschäftsvorfälle und die Konzernwährung. Durch diese differenzierte Erfassung können beispielsweise die jeweiligen Konzerngesellschaften und Teilkonzerne ihren lokalen Abschluss in Landeswährung aus dem harmonisierten Datenbestand der Unternehmensrechnung ableiten.

Sämtliche zur Abbildung und Auswertung benötigte Informationen der verschiedenen Bestandteile der Berichtsstruktur müssen in der Datenbank mit den erforderlichen Zusatzinformationen abgelegt werden. Diese Zusatzinformationen, wie z. B. Konzerngesellschaft, Periode, Region, Verantwortungsbereich, Währung usw., sind für jede individuelle Geschäftstransaktion zu erfassen und abzuspeichern. Sie sind als Teil einer

---

[414] Auf die Thematik der Berichtsfrequenz wird in Abschnitt 3.4.3 detaillierter eingegangen.
[415] Vgl. Werner, T. et al. (2005), S. 127 f.
[416] Vgl. Pock, F. (2002), S. 585 f.; Werner, T. et al. (2005), S. 127 f.; Karl, S. (2000), S. 569. Generell ist die Währungsumrechnung gemäß IAS/IFRS in IAS 21 geregelt. Bei Anwendung von US-GAAP ist SFAS 52 zu beachten. Vgl. hierzu Pellens, B. et al. (2008), S. 656 f.; Heuser, P. J./Theile, C. (2007), Rz. 550 f.; Lorenz, K. (2004), S. 437 f.
[417] Konzerngesellschaften, die zu einem Teilkonzern gehören, können beispielsweise eine andere lokale Währungseinheit aufweisen als der Teilkonzern selbst.

sogenannten Stammdatentabelle zu pflegen. Mithilfe der Zusatzdaten kann gezielt auf den Datenbestand zugegriffen werden.[418]

Aufgrund der Wichtigkeit der Segmentberichterstattung für die harmonisierte Unternehmensrechnung wird das Thema der Segmentkonsolidierung im Rahmen des folgenden Abschnitts detaillierter behandelt. Zuvor werden hierzu die Grundlagen der Konsolidierung geschaffen.

3.3.1.2 Konsolidierung entlang der Segment- und Managementstruktur

3.3.1.2.1 Darstellung verschiedener Konsolidierungsvorschriften

Gemäß dem Einheitsgrundsatz ist der Konzern in der externen Unternehmensrechnung fiktiv als ein wirtschaftlich und rechtlich selbstständiges Unternehmen zu behandeln. Der Einheitsgrundsatz hat hierbei sowohl für IAS/IFRS und US-GAAP als auch für HGB seine Gültigkeit.[419] Eine Berücksichtigung von Geschäften und Beziehungen zwischen Konzernunternehmen hat dementsprechend im Konzernabschluss nicht stattzufinden. Obwohl der Konzernabschluss aus den Einzelabschlüssen abgeleitet wird, führt eine reine Addition der Einzelabschlüsse zu einem falschen Ergebnis.[420] Der Summenabschluss (Summenabschluss über alle Handelsbilanzen II) nach konzerneinheitlichen Bilanzierungsgrundsätzen ist vielmehr durch die Komponente der Konsolidierung zu ergänzen. Geschäfte, die innerhalb des Konzerns getätigt werden, sind also durch Aufrechnung, Umbewertung und Umgliederung zu korrigieren bzw. zu eliminieren.[421] Diese Korrekturen sind mithilfe verschiedener Konsolidierungsmaßnahmen vorzunehmen. Diese Beziehungen sind aus Sicht der einzelnen in den Konzernabschluss einbezogenen Unternehmen als Beziehungen mit externen Unternehmen (jedoch konzernintern) zu deklarieren.

Als Konsolidierungsvorschriften im Rahmen der Vollkonsolidierung werden im Folgenden die Kapitalkonsolidierung, Schuldenkonsolidierung, Zwischenergebniseliminierung und die Aufwands- und Ertragskonsolidierung kurz

---

[418] Vgl. ausführlicher zu Stammdaten, Stammdatentabellen und Stammdatenverwaltung Werner, T. et al. (2005), S. 74 f. und S. 103.
[419] Vgl. Küting, K./Weber, C.-P. (2008), S. 73; Coenenberg, A. G. (2005), S. 615 f.; Pellens, B. et al. (2008), S. 141 f.
[420] Vgl. Küting, K./Weber, C.-P. (2008), S. 227 f; Schenk, U. (2003), S. 309 f.; Baetge, J./Kirsch, H.-J./Thiele, S. (2004), S. 8 f.
[421] Vgl. Schenk, U. (2003), S. 309 f.; Küting, K./Weber, C.-P. (2008), S. 227 f.

dargestellt.[422] Auf eine detaillierte Unterscheidung der Anforderungen, Pflichten und Vorschriften einer Konsolidierung nach HGB, US-GAAP und IAS/IFRS wird hier verzichtet.[423]

- Kapitalkonsolidierung:
  Die Kapitalkonsolidierung dient der Eliminierung konzerninterner Kapitalverflechtungen. Um die Doppelerfassung zu eliminieren wird der Beteiligungsbuchwert des Mutterunternehmens bei der Kapitalkonsolidierung gegen das Eigenkapital der jeweiligen Tochtergesellschaft aufgerechnet. Als Methoden der Kapitalkonsolidierung lassen sich beispielsweise die Erwerbsmethode („purchase method") und die Interessenzusammenführungsmethode („pooling-of-interests method")[424] unterscheiden.
- Schuldenkonsolidierung:
  Mithilfe der Schuldenkonsolidierung sollen innerkonzernliche Forderungen und Verbindlichkeiten eliminiert werden, da gemäß dem Einheitsgrundsatz ein einheitliches Unternehmen gegen sich selbst keine Forderungen und Verbindlichkeiten haben kann.
- Zwischenergebniseliminierung:
  Gewinne und Verluste aus konzerninternen Beziehungen sind durch die Zwischenergebniseliminierung zu eliminieren. Gewinne entstehen z. B. dann, wenn konzernintern gelieferte Vermögenswerte mit einem höheren Wertansatz als den Anschaffungs- oder Herstellkosten in den Summenabschluss eingehen. Gewinne und Verluste gelten jedoch erst dann als realisiert, wenn sie gegenüber Dritten (Konzernfremden) abgeschlossen wurden.
- Aufwands- und Ertragskonsolidierung:
  Durch die Aufwands- und Ertragskonsolidierung soll die in der GuV dargestellte Ertragslage des Konzerns von den Auswirkungen

---

[422] Vgl. detaillierter zu den einzelnen Konsolidierungsvorschriften Lanfermann, J. (1998), S. 419 f.; Baetge, J./Kirsch, H.-J./Thiele, S. (2004), S. 8 f.; Theisen, M. R. (2000), S. 506 f.; Küting, K./Weber, C.-P. (2008), S. 227 ff.; Coenenberg, A. G. (2005), S. 615 ff.; Pellens, B. et al. (2008), S. 691 ff.

[423] Vgl. hierzu Küting, K./Weber, C.-P. (2008), S. 227 ff.; Coenenberg, A. G. (2005), S. 615 ff.; Pellens, B. et al. (2008), S. 691 ff. Hier wird jeweils detailliert auf die verschiedenen Vorschriften und Pflichten zur Konsolidierung eingegangen und die Unterschiede zwischen HGB, US-GAAP und IAS/IFRS herausgearbeitet.

[424] Durch IFRS 3 „Business Combinations" ist die Möglichkeit der Anwendung der Interessenzusammenführungsmethode für Unternehmenszusammenschlüsse, die nach dem 31. März 2004 stattfinden, aufgehoben. Bei Anwendung der US-GAAP ist die Anwendung der Interessenzusammenführungsmethode durch SFAS 141 für Unternehmenszusammenschlüsse, die nach dem 30. Juni 2001 abgewickelt werden, untersagt.

konzerninterner Beziehungen bereinigt werden, z. B. Zinsen aus konzerninternen Forderungen und Verbindlichkeiten.

Diese Konsolidierungsvorschriften sind bei der Erstellung und Darstellung der Segmentberichterstattung auf die jeweiligen Segmente zu übertragen. Wichtig hierbei ist, dass Beziehungen zwischen den Segmenten im Rahmen der Erstellung der Segmentberichterstattung noch nicht zu korrigieren sind, d. h. die auszuweisenden Segmentdaten sind grundsätzlich vor Konsolidierung der intersegmentären Beziehungen (zwischen zwei Segmenten) zu zeigen.[425] Der Einheitsgrundsatz wird faktisch auf die Segmente übertragen.[426] Beziehungen innerhalb des veröffentlichenden Segments sind dagegen sehr wohl zu korrigieren. In diesem Fall wird von intrasegmentären Beziehungen gesprochen. Für Zwecke der Analyse und Berichterstattung sollte eine Abfrage der Daten jeweils vor und nach den einzelnen Konsolidierungsschritten systemseitig unterstützt bzw. ermöglicht werden.

3.3.1.2.2 Besonderheiten der Konsolidierung in der Segmentberichterstattung und deren Abbildung als inter- und intrasegmentäre Beziehungen

In einem harmonisierten System der Unternehmensrechnung sind die Konsolidierungsanforderungen gemäß dem zugrunde liegenden Rechnungslegungsstandard auch bei der Erstellung und Darstellung des Segmentberichts zu beachten. Konsolidierungssachverhalte sind mindestens auf Segmentebene abzubilden und zu berücksichtigen. Die legale Sichtweise der Konsolidierung erfährt also eine Erweiterung in Form der notwendigen Berücksichtigung einer segmentierten Betrachtungsweise. Diese orientiert sich dann an den gemäß der organisatorischen Konzernstruktur abgegrenzten Verantwortungsbereichen. Das Konsolidierungssystem muss folglich in der Lage sein, eine Konsolidierung entlang der internen Strukturierungsprinzipien vornehmen zu können.[427]

Für den weiteren Verlauf wird davon ausgegangen, dass die Verantwortungsbereiche der Konzernstruktur in Gestalt von regional abgegrenzten Geschäftsbereichen vorliegen. Für Zwecke der externen Berichterstattung wird eine Veröffentlichung der Segmentberichterstattung nach sektoraler Sicht angenommen. Angaben nach regionalen Gesichtspunkten werden nicht

---

[425] Vgl. Geiger, T. (2002), S. 157.
[426] Vgl. Schenk, U. (2003), S. 309.
[427] Vgl. Schenk, U. (2003), S. 296 f.

in der Detailtiefe der Segmentberichterstattung veröffentlicht und sind als eine Form der Zusatzinformation zu verstehen. Je nach Gliederungstiefe der Konzernstruktur sind alle konzerninternen Beziehungen zwischen den Verantwortungsbereichen und Regionen durch das Konsolidierungssystem zu konsolidieren.[428]

Um die Ziele der Segmentberichterstattung zu erreichen, müssen Informationen sowohl nach legalen Einheiten als auch nach Segmenten in konsolidierter Form vorliegen.[429] Innerhalb der Unternehmensrechnung stellt die Unterscheidung in interne und externe Geschäftsbeziehungen spezifische Anforderungen an die Erfassung dieser Beziehungen. Um ein internes Geschäft eliminieren zu können, muss es zuerst als ein zu eliminierendes Geschäft vom Konsolidierungssystem erkannt werden. Die gemeldeten Daten der Konzerngesellschaften und Teilkonzerne müssen also bereits erkennen lassen, ob es sich um ein externes Geschäft mit Dritten oder um ein internes Geschäft handelt. Es müssen demnach Zusatzinformationen in Form von Partnerinformationen bei der Meldung der Daten mitgegeben werden. Dies erfolgt z. B. durch Zusatzkontierungen, d. h. es müssen neben den eigentlichen Buchungsinformationen der Transaktion (Gesellschaft, Geschäftsbereich, Betrag, Währung usw.) die entsprechenden Informationen über den Transaktionspartner erfasst werden.[430] Durch die Zusatzkontierungen wird erkennbar, auf welcher Ebene der Hierarchie der Konzernstruktur das interne Geschäft zu konsolidieren ist. Die regionale Zuordnung kann aus den Zusatzinformationen abgeleitet werden, da die legalen Einheiten genau einem Land zugeordnet werden können. Je mehr Hierarchieebenen durch die Konsolidierung berücksichtigt werden müssen, desto stärker steigt das zu verarbeitende Datenvolumen und umso komplexer wird die Konsolidierungslogik.[431] Für Analyse- und Reportingzwecke muss das Konsolidierungssystem flexibel genug sein und verschiedene Abfragemöglichkeiten ermöglichen, d. h. es müssen gewisse Freiheitsgrade bei der Abfrage existieren. Neben den konsolidierten Segmenten, sollten auch die konsolidierten Regionen im harmonisierten System der Unternehmensrechnung abfragbar sein. Es lassen sich im Wesentlichen vier Kategorien von Innenbeziehungen zwischen Verantwortungsbereichen und

---

[428] Ein alle Hierarchieebenen umfassendes Konzept der Konsolidierung ist in der Praxis nur selten vorzufinden. Es empfiehlt sich, mindestens die Ebenen der Konzernstruktur mit einzubeziehen, die seitens des Managements aktiv gemanagt und verantwortet werden.
[429] Vgl. Werner, T. et al. (2005), S. 53 f.
[430] Vgl. Schenk, U. (2003), S. 319 f.
[431] Vgl. Werner, T. et al. (2005), S. 150 f.

legalen Einheiten unterscheiden, die bei Erstellung der Segmentberichterstattung unterschiedlich zu berücksichtigen sind:[432]

(1) Inter-Segmentbeziehungen innerhalb einer legalen Einheit:
Es handelt sich um eine konzerninterne Beziehung zwischen zwei verschiedenen Segmenten innerhalb einer legalen Einheit. Im Rahmen der konsolidierten Segmentberichterstattung sind diese Sachverhalte wie externe Geschäftsbeziehungen innerhalb der betroffenen Segmente zu behandeln, auch dann, wenn diese Beziehung innerhalb einer legalen Einheit stattfindet. Auf Ebene des Einzelabschlusses ist dieser Sachverhalt zu eliminieren.

(2) Inter-Segmentbeziehungen zwischen zwei legalen Einheiten:
Es handelt sich um eine konzerninterne Beziehung zwischen zwei Segmenten und zwei legalen Einheiten. Auf Segmentebene ist dieser Sachverhalt als externes Geschäft zu betrachten. Auf Ebene des Einzelabschlusses ist dieser Sachverhalt bei den involvierten Unternehmen ebenfalls wie ein externes Geschäft zu behandeln. Eine Eliminierung erfolgt erst auf Ebene des Konzerns.

(3) Intra-Segmentbeziehungen innerhalb einer legalen Einheit:
Es handelt sich um eine konzerninterne Beziehung zwischen zwei Geschäftsbereichen desselben Segments. Im Rahmen der konsolidierten Segmentberichterstattung sind diese Sachverhalte bereits innerhalb des Segments zu konsolidieren.

(4) Intra-Segmentbeziehungen zwischen zwei legalen Einheiten:
Es handelt sich um eine konzerninterne Beziehung zwischen zwei Geschäftsbereichen desselben Segments und zwei legalen Einheiten. Auf Ebene des Einzelabschlusses ist dieser Sachverhalt wie ein externes Geschäft zu behandeln. Auf Ebene des beteiligten Segments stellt er dagegen ein internes Geschäft dar.

Abbildung 18 visualisiert diese vier Kategorien in einer regional abgegrenzten Geschäftsbereichsstruktur. Die Nummern 1 bis 4 in den jeweiligen Schnittpunkten zwischen Konzerngesellschaften (KGes) verweisen hierbei auf die oben aufgezeigten Kategorien von Innenbeziehungen zwischen Verantwortungsbereichen und legalen Einheiten. Die Corporate Center-Funktionen (CC-Funktionen) verstehen sich inklusive der Positionen der Überleitung. Die CC-Funktionen beinhalten z. B. auch interne Service- oder Dienstleistungsbereiche wie Controlling und Personal.

---

[432] Eine ähnliche Abgrenzung möglicher Kategorien von konzerninternen Beziehungen nimmt *Schenk* vor. Vgl. Schenk, U. (2003), S. 322 f.

Die Komplexität der Betrachtung von Innenbeziehungen nimmt entsprechend zu, sobald eine weitere Ebene bei der Konsolidierung zu beachten ist, z. B. die regionale konsolidierte Sichtweise und eine weitere Untergliederung in verschiedene Länder. Die regionale Sichtweise ist ebenfalls in Abbildung 18 dargestellt. Aus Gründen der Übersichtlichkeit wird hier allerdings auf die Darstellung weiterer Kategorien von Innenbeziehungen verzichtet. Hierbei ist festzustellen, dass die regionale Sichtweise nicht unbedingt der legalen Sichtweise entsprechen muss. So kann z. B. ein Teilkonzern aus mehreren Konzerngesellschaften bestehen, die einer anderen Region als der Region der Muttergesellschaft zuzuordnen sind. Aus diesem Grund wurde bei dieser Darstellung auf die Teilkonzerne verzichtet.[433]

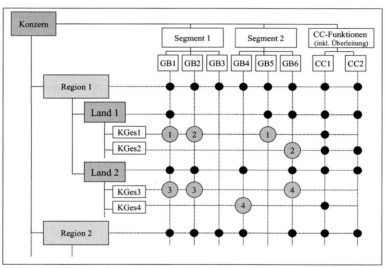

Abb. 18: Inter- und intrasegmentäre Beziehungen zwischen Verantwortungsbereichen[434]

---

[433] Die Struktur der Gesellschaften lässt sich dementsprechend in zwei Hierarchien unterteilen. In eine regionale und eine legale Sichtweise.
[434] In Anlehnung an Werner, T. et al. (2005), S. 151.

3.3.2 Abgrenzung von Verantwortungsbereichen

3.3.2.1 Darstellung verschiedener Abgrenzungsmöglichkeiten

Die in einem internationalen Konzern übliche Delegation von Entscheidungsbefugnissen auf nachgelagerte Führungsebenen setzt die Bildung von klar abgrenzbaren Verantwortungsbereichen voraus. Die organisatorische Abgrenzung eines Verantwortungsbereichs innerhalb der Unternehmensrechnung sollte hierbei ein Spiegelbild der Konzernsteuerungs- und Führungsstruktur darstellen. Ein klar abgegrenzter Verantwortungsbereich wird auch als Responsibility Center bezeichnet.[435] Der jeweilige Verantwortungsbereich stellt eine organisatorische Einheit dar, *„...deren Erfolgsbeitrag für das Gesamtsystem anhand globaler, vorzugsweise monetärer, Indikatoren beurteilt wird."*[436]

Die jeweiligen Verantwortungsbereiche bilden in Summe die Konzernsteuerungs- und Führungsstruktur als eine in sich geschlossene Hierarchie ab. Je nach zugrunde liegender Abgrenzung ist es wichtig, dass die Verantwortlichen jeweils in der Lage sind, die ihrem Verantwortungsbereich zurechenbaren Größen beeinflussen zu können.[437] Bei näherer Betrachtung der Entscheidungsbefugnisse nach Art und Umfang lässt sich ein Verantwortungsbereich in die folgenden Kategorien unterteilen:[438]

- Cost Center: Von einem Cost Center wird gesprochen, wenn lediglich der monetär bewertete Ressourcenverzehr in Form von Aufwandsgrößen einem Verantwortungsbereich zugerechnet wird.
- Revenue Center: Von einem Revenue Center wird gesprochen, wenn lediglich Ertragsgrößen dem Verantwortungsbereich zugerechnet werden.
- Profit Center: Von einem Profit Center wird gesprochen, wenn einem Verantwortungsbereich sowohl Aufwands- als auch Ertragsgrößen zugerechnet werden. Der Entscheidungsspielraum innerhalb eines Profit Center ist dementsprechend höher als in einem Cost oder Revenue Center. Die verantwortliche Person trägt eine Ergebnisverantwortung.

---

[435] Vgl. Frese, E./Lehmann, P. (2002), S. 1540 f.
[436] Frese, E./Lehmann, P. (2002), S. 1541.
[437] Vgl. Schmidt, G. (2002), S. 75.
[438] Vgl. zum Center-Konzept Anthony, R. N./Govindarajan, V. (2001), S. 147 ff.; Frese, E./Lehmann, P. (2002), S. 1541 f.; Horngren, C. T. et al. (2002), S. 488 f.; Schenk, U. (2003), S. 35 f.; Krüger, W. (1994), S. 103 f.; Jost, P.-J. (2000), S. 478 f.; Kaplan, R. S./Atkinson, A. A. (1998), S. 293 f.

- Investment Center: Von einem Investment Center wird gesprochen, wenn die Befugnisse des Verantwortlichen eines Profit Center um Investitionsentscheidungen in Form der Gewinnverwendung erweitert werden.

Bei dieser Abgrenzung gilt es zu beachten, dass vor allem die Grenzen zwischen Profit Center und Investment Center in der Praxis oft fließend sind und eine klare Zuordenbarkeit oft nicht möglich ist.[439] Hinzu kommt die Erkenntnis, dass in den meisten Fällen die Verantwortlichen eines Investment Center keine vollständig autonome Investitionsentscheidung, u. a. aufgrund von Ressourceninterdependenzen, treffen können.[440]

Als aufbauorganisatorische Grundmodelle zur Abgrenzung von Verantwortungsbereichen sind die funktionale, die divisionale sowie die Matrix- und Tensororganisation zu nennen.[441] Diese Grundmodelle stehen für die Durchführung permanenter Aufgaben oder auch Daueraufgaben zur Verfügung und sind der Primärorganisation zuzuordnen. Die Gesamtheit aller Organisationseinheiten für Spezialaufgaben wird dagegen als Sekundärorganisation bezeichnet.[442] Die hierarchischen Verbindungen können in Organigrammen dokumentiert und visualisiert werden.

Bei der funktionalen Organisation ist die zweite Hierarchieebene verrichtungsorientiert gegliedert. Es werden Funktionsbereiche der Wertschöpfungskette, wie z. B. Beschaffung, Produktion, Absatz, betrachtet. Bei der divisionalen Organisation - auch Spartenorganisation genannt - ist dagegen die zweite Hierarchieebene objektorientiert ausgerichtet und bezieht sich beispielsweise auf Produkte oder Regionen. Die Matrixorganisation stellt eine Mischform der funktionalen und divisionalen Organisation dar und bildet gleichzeitig verrichtungs- und objektorientierte Bereiche in einer Struktur ab. Wird diese zweidimensionale Sichtweise um eine weitere Dimension erweitert, so wird dies als eine Tensororganisation bezeichnet. Denkbar wäre z. B. eine dreidimensionale Gliederung der Struktur nach Funktionen, Produkten und Regionen.[443]

---

[439] Vgl. Frese, E./Lehmann, P. (2002), S. 1543; Behme, W./Roth, A. (1997), S. 24 f.
[440] Vgl. Frese, E./Lehmann, P. (2002), S. 1543. Finanz- und Investitionsentscheidungen ab einer bestimmten Größe werden in den meisten Fällen von einem zentralen Investitionskomitee getroffen.
[441] Vgl. Krüger, W. (1994), S. 95 ff.
[442] Zur detaillierten Abgrenzung von Primär- und Sekundärorganisation vgl. Brehm, C. R./Hackmann, S./Jantzen-Homp, D. (2006), S. 212 f.; Jost, P.-J. (2000), S. 496 f.; Schmidt, G. (2002), S. 64 f.
[443] Vgl. Krüger, W. (1994), S. 95 ff.; Weißenberger, B. E. (2003), S. 33 f.

Im nachfolgenden Abschnitt wird auf das Profit-Center-Konzept detaillierter eingegangen.

3.3.2.2 Profit-Center-Konzept

Das Profit-Center-Konzept gewann im Zuge der Restrukturierungen bei *DuPont* und *General Motors* in den 20er-Jahren des letzten Jahrhunderts einen hohen Bekanntheitsgrad.[444] Aufgrund der weitgehenden Entscheidungsautonomie und der hiermit verbundenen motivierenden Wirkung sowie der gleichzeitigen Chance auf Erfolgsbeteiligung wird die Profit-Center-Struktur mit der Möglichkeit, abgegrenzte Investitionsentscheidungen zu treffen, als Organisationsstruktur festgelegt. Zudem haben sich in der Vergangenheit vermehrt divisionale Organisationsstrukturen mit eigener Ergebnisverantwortung (Profit-Center-Struktur) auf den oberen Hierarchieebenen eines Konzerns durchgesetzt.[445] Die divisionale Organisationsstruktur hat im Wesentlichen das Ziel, die Konzernleitung von operativen Koordinationsproblemen zu entlasten sowie die Flexibilität und Motivation zu erhöhen.[446] Die Flexibilität hat positive Auswirkungen auf die strategische Ausrichtung der vom Konzern verfolgten Aktivitäten, da beispielsweise einzelne Divisionen bei Verfolgung einer Wachstums- oder Schrumpfungsstrategie leichter ein- bzw. ausgegliedert werden können. Die wertorientierte Ausrichtung des Konzerns verlangt eine klare Zuordnung der Steuerungsgrößen zu den operativen Verantwortungsbereichen, um so eine zielkonforme Gesamtsteuerung zu ermöglichen.[447] Die bei der divisionalen Organisationsstruktur oft vollständig abgebildete Wertkette innerhalb eines Verantwortungsbereichs lässt die Implementierung der wertorientierten Ziele objektiver erscheinen. Damit ist eine Zurechnung von GuV- und Bilanz-Größen zu den einzelnen Verantwortungsbereichen und somit auch auf die Profit Centers und Investment Centers leichter möglich als bei der funktionalen Organisation. Hierbei ist allerdings zu beachten, dass bei einer gemeinsamen Beanspruchung bestimmter Aktivitäten und Ressourcen bei einer divisional abgegrenzten Organisationsstruktur Zurechnungsprobleme

---

[444] Vgl. Frese, E. (2000), S. 206 f.; Zirkler, B. (2002), S. 45 f.; Behme, W./Roth, A. (1997), S. 24 f.
[445] Vgl. Werner, J. (1994), S. 409 f.; Frese, E. (2000), S. 205 f.; Weißenberger, B. E. (2003), S. 37 f.; Zirkler, B. (2001), S. 55 f.; Behme, W./Roth, A. (1997), S. 19 f.
[446] Vgl. Werner, J. (1994), S. 409; Jost, P.-J. (2000), S. 477; Schmidt, G. (2002), S. 67.
[447] Vgl. Kayser, R. (2002), S. 238 f.; Becker, D. (2002), S. 342 f.

auftreten können.[448] Im Folgenden wird eine kurze Darstellung eines möglichen hierarchischen Aufbaus einer Profit-Center-Struktur erfolgen.

Ein hierarchischer Aufbau setzt die Abbildbarkeit der Konzernstruktur auf verschiedenen Strukturebenen voraus.[449] Diese müssen im Bedarfsfall mehrdimensional differenzierbar sein. Je nach Gesamtunternehmensstruktur ist es beispielsweise notwendig, dass eine gleichzeitige Darstellung nach Konzerngesellschaften, Regionen und Produkten möglich ist.[450] Die einzelnen Divisionen oder auch Geschäftsbereiche einer Ebene müssen sich eindeutig entlang der Hierarchie zu einem Geschäftssegment aggregieren lassen. Diese Aggregierbarkeit der Struktur muss auf die regionale und die gesellschaftsrechtliche Sichtweise ebenfalls angewendet werden können.

Der Aufbau der Profit-Center-Struktur und die Anforderungen der Berichtsstruktur weisen Interdependenzen auf und müssen aufeinander abgestimmt sein. Die Profit-Center-Struktur sollte sich hierbei an der Konzernstrategie - gemäß dem Grundsatz „structure follows strategy" - orientieren.[451] Die implementierte Struktur zur Konzernsteuerung und Führung sollte sich im strukturellen Aufbau der Unternehmensrechnung widerspiegeln. Durch diese unmittelbare Kopplung können die internen und externen Anforderungen leichter und adäquater durch die Unternehmensrechnung erfüllt und abgebildet werden.

Interne Service- oder Dienstleistungsbereiche, wie Controlling, Personal, Recht, Revision, Steuern und zentralisierte IT-Abteilungen, können in dieser Struktur durchaus auch als Cost Center geführt werden. Diese Bereiche können im sogenannten Corporate Center (CC) organisatorisch eingegliedert sein. Bei diesen Bereichen wird im Allgemeinen von keiner Gewinnerzielungsabsicht ausgegangen. Ihre Kosten werden auf den jeweiligen Empfänger des Services oder der Dienstleistung verrechnet. Die Allokations-

---

[448] In diesem Zusammenhang ist auf die Möglichkeit des Ansatzes von Verrechnungspreisen hinzuweisen. Vgl. Wagenhofer, A. (2002), S. 2074 ff.; Küpper, H.-U. (2005), S. 396 ff.; Pfaff, D./Stefani, U. (2006), S. 517 f.
[449] Vgl. zur Mehrstufigkeit der Segmentierung Reiß, M./Höge, R. (1994), S. 213 f. Die *Deutsche Bank* beispielsweise gliedert ihre zweite Hierarchieebene in drei Konzernbereiche. Die darauf folgende Hierarchieebene differenziert wiederum nach verschiedenen Unternehmensbereichen. Vgl. Deutsche Bank AG (2007b), S. 154 f.
[450] Diese Differenzierbarkeit kann z. B. durch das Vorhalten von alternativen oder auch parallelen Hierarchien gewährleistet werden. Vgl. Werner, T. et al. (2005), S. 75.
[451] Vgl. Krüger, W. (1994), S. 13; Kuster, J. et al. (2006), S. 9 f.

kriterien sind im Vorhinein entsprechend festzulegen.[452] Je nach Aufbau der Konzernsteuerungs- und Führungsstruktur können die Corporate Center-Funktionen als eigenes Segment oder als ein Element der Überleitung dargestellt werden. Auf mögliche negative Auswirkungen einer Allokation ist zu achten. Hier geht es hauptsächlich um die Kriterien der Anreizverträglichkeit und der Entscheidungsverbundenheit.[453]

3.3.3 Notwendigkeit der strukturellen Vergleichbarkeit

Um die Anforderungen an eine harmonisierte Unternehmensrechnung erfüllen zu können, muss die Vergleichbarkeit der Daten gegeben sein.[454] Die Vergleichbarkeit kann in zwischenbetriebliche und interperiodische Vergleichbarkeit unterschieden werden. Im Rahmen dieser Arbeit wird sich auf die interperiodische Vergleichbarkeit konzentriert.[455] Sie setzt somit eine strukturelle und zeitliche Vergleichbarkeit der Daten voraus. Dies wird vor allem durch das Kriterium der Analysefähigkeit in den jeweiligen Standards von US-GAAP und IAS/IFRS durch die Forderung nach „Comparability" explizit festgehalten.[456]

Folgende Komponenten sind bei der Herstellung der Vergleichbarkeit zwischen verschiedenen Perioden zu beachten bzw. können sich bei Änderungen negativ auf die Vergleichbarkeit auswirken: Änderungen der Bilanzierungs- und Bewertungsmethoden, Änderungen in der Einschätzung von Sachverhalten, Korrektur von Fehlern in der Bilanzierung sowie Änderungen in der Zusammensetzung der Berichtseinheit (Konsolidierungskreis) und der Segmentstruktur.[457] Im Rahmen dieser Arbeit wird sich auf die Vergleichbarkeit der Segmentstruktur konzentriert. Hier ist jedoch darauf hinzuweisen, dass nur wenige Ausführungen in der betriebswirtschaftlichen Literatur zu dieser Thematik zu finden sind. Die Standards zur

---

[452] Als Allokationskriterien können z. B. das Verursachungsprinzip, das Nutzenprinzip, das Fairnessprinzip sowie das Tragfähigkeitsprinzip genannt werden. Vgl. Himmel, H. (2004), S. 169 f.
[453] Vgl. Himmel, H. (2004), S. 181 f.
[454] Die Notwendigkeit einer strukturellen Vergleichbarkeit wurde bereits bei der Diskussion der Dimension Zeit als Bestandteil der Berichtsstruktur in Abschnitt 3.3.1.1 angesprochen.
[455] Vgl. zur Abgrenzung von zwischenbetrieblicher und interperiodischer Vergleichbarkeit Schmotz, T. (2004), S. 14 f.
[456] Die Forderung nach „Comparability" wurde bereits im Rahmen der Analyse der generellen Anforderungen einer harmonisierten Unternehmensrechnung in Abschnitt 2.2.3 herausgearbeitet.
[457] Vgl. Schmotz, T. (2004), S. 22 f.

Segmentberichterstattung gehen lediglich auf die Notwendigkeit der strukturellen und zeitlichen Vergleichbarkeit ein. Die Art und Weise der Vorgehensweise wird in den Standards zur Segmentberichterstattung jedoch nicht beschrieben. Im Rahmen dieser Arbeit wird aus diesem Grund eine mögliche Vorgehensweise vorgestellt.

Wie bereits angedeutet wird im Rahmen der Segmentberichterstattung die strukturelle und zeitliche Vergleichbarkeit von den internationalen Standardsettern explizit gefordert. Im Regelwerk der IAS/IFRS ist dies durch IFRS 8 und nach US-GAAP durch SFAS 131, jeweils durch den Abschnitt „Restatement of previously reported information", geregelt. Dieser besagt, dass im Falle einer Änderung der Organisationsstruktur der zu veröffentlichenden Segmente die Vergleichsperioden der aktuellen Struktur entsprechend angepasst werden müssen.[458] Auch aus Perspektive einer effizienten und effektiven Steuerung sind die Vorperioden entsprechend anzupassen.[459] Die strukturelle und zeitliche Vergleichbarkeit muss nicht nur für die Vorperioden gegeben sein, sondern auch im Rahmen der Planung für zukünftige Perioden berücksichtigt werden. Anderenfalls sind z. B. Plan-Ist- und Plan-Wird-Abweichungsanalysen für Kontroll- und Steuerungszwecke schwer durchführbar. Die Problematik von strukturellen Änderungen fasst das Zitat von *Axson* prägnant zusammen: *„Organization structure tends to change frequently; in many large organizations, weekly changes are not unusual. This creates a problem keeping the management reporting consistent with the most recent organization chart. The restatement of management information to reflect organizational change consumes significant resources."*[460]

In der Praxis wird bei Änderungen der Organisationsstruktur ein entsprechender Hinweis über die erfolgte Anpassung der Vor- bzw.

---

[458] Ausnahmen hiervon sind: Das Unternehmen verfügt nicht über die notwendigen Informationen, um die Anpassung durchzuführen und die Kosten sind im Vergleich zum Nutzen zu hoch. Der Wortlaut des IFRS 8 sieht hier folgendes vor: *„If an entity changes the structure of its internal organisation in a manner that causes the composition of its reportable segments to change, the corresponding information for earlier periods, including interim periods, shall be restated unless the information is not available and the cost to develop it would be excessive."* IASB (2006), IFRS 8 Operating Segments, paragraphs 29-30.

[459] Vgl. Himmel, H. (2004), S. 79.

[460] Axson, D. A. J. (2003), S. 163. Die *SAP AG* spricht von einer halbjährlichen oder quartärlichen Änderung der Organisationsstruktur. Diese Aussage wird aus Erfahrungswerten bei Kunden abgeleitet. Vgl. Schmitt, W. (2002), S. 540 f.

Vergleichsperioden im Geschäftsbericht veröffentlicht.[461] Abbildung 19 zeigt zwei mögliche Beispiele für strukturelle Veränderungen der Organisationsstruktur. Bei diesen Beispielen wird davon ausgegangen, dass die interne Reportingstruktur mit der extern veröffentlichten Struktur der Segmentberichterstattung grundsätzlich übereinstimmt (Management Approach).

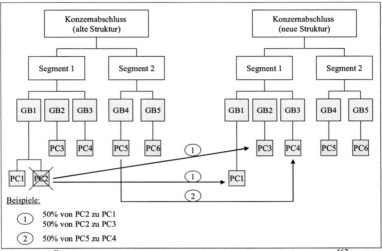

Abb. 19: Änderungen in der Struktur der Verantwortungsbereiche[462]

Abbildung 19 besteht aus zwei Organigrammen. Im linken Organigramm wird der Konzern nach alter Struktur dargestellt. Im rechten Organigramm wird die neue Struktur des Konzerns, d. h. nach erfolgten Anpassungsmaßnahmen, betrachtet. Im Beispiel (1) soll das Profit Center 2 (PC2) geschlossen bzw. seine Geschäftsaktivitäten eingestellt werden und die bisherigen Aktivitäten jeweils zu 50 % auf PC1 und PC3 übertragen werden. Für zukünftige Perioden wird davon ausgegangen, dass die Geschäftstätigkeit des ehemaligen PC2 von PC1 und PC3 wahrgenommen wird. Es wird angenommen, dass es sich hierbei um alle Positionen der GuV, der Bilanz

---

[461] So ist z. B. im Geschäftsbericht der *ThyssenKrupp AG* zu lesen: *„...wurde...die Segmentzuordnung einiger Konzerngesellschaften geändert. Die Werte der Vorperioden sind entsprechend angepasst."* ThyssenKrupp AG (2005), S. 160. Siehe auch Finanzbericht der *Deutschen Bank AG*, vgl. Deutsche Bank AG (2007b), S. 154.
[462] Quelle: Eigene Darstellung.

und der sonstigen Informationen dieses PC handelt. Es gibt selbstverständlich auch Sachverhalte, in denen beispielsweise nur bestimmte Positionen, wie z. B. nur die Kostenpositionen eines PC auf einen anderen PC verteilt werden. Diese strukturellen Veränderungen gewinnen weiter an Komplexität, wenn z. B. nur bestimmte Regionen oder Konzerngesellschaften einer Region gemäß einer bestimmten Verteilungsregel im Rahmen der neuen Organisationsstruktur verteilt werden sollen. Die externe Darstellung der Segmentberichterstattung ist durch dass Beispiel (1) nicht betroffen.

Im Beispiel (2) sollen 50 % des PC5 zu PC4 übertragen werden. PC5 bleibt nach dieser Verteilung weiter als eigenständiges PC bestehen. Im Gegensatz zu Beispiel (1) hat sich hier auch die Segmentzuordnung verschoben, denn PC5 war gemäß der alten Struktur noch im Segment 1 und in der neuen Struktur gehen 50 % von PC5 zu PC4 und somit zu Segment 2. Beispiel (2) hat also eine Auswirkung auf die extern zu publizierende Segmentberichterstattung.

Eine Anpassung der Vorperioden kann auch mit absoluten Beträgen anstatt mit einer prozentualen Verteilungsregel durchgeführt werden.[463] Hier ist allerdings zu beachten, dass die Komplexität deutlich höher ist als bei Anwendung einer prozentualen Verteilungsregel. Bei absoluten Beträgen besteht die Notwendigkeit, für alle Positionen der GuV und Bilanz einen Betrag vorzugeben. Bei der prozentualen Verteilung dagegen wird die Verteilungsregel für alle betroffenen Positionen angewendet. Da bei Beispiel (2) die Segmentgrenzen überschritten werden, sind die einzelnen Schritte und Vorschriften der Segmentkonsolidierung zu berücksichtigen. Eine vollständige Kapitalkonsolidierung wird aufgrund der rechtlichen Unselbstständigkeit der Segmente nicht durchzuführen sein.[464] Wichtigste Regel für alle Anpassungen der Vorperiode ist, dass das Ergebnis des Konzerns sich keinesfalls ändern darf. Strukturelle Änderungen ändern schließlich nur die Art und Weise der Zusammensetzung des Konzernergebnisses. Führt man sich jetzt nochmals das bereits angesprochene Zitat von *Axson* vor Augen, so wird deutlich, dass seine Aussagen in Bezug auf die Ressourcenbeanspruchung gerechtfertigt sind.

---

[463] Es können allerdings auch beide Verfahren zur Anwendung kommen. So kann z. B. nach erfolgter prozentualer Anpassung der Vor- und/oder Planperioden als zweiter Schritt die Buchung von bestimmten Beträgen erfolgen.

[464] Zur Thematik der Konsolidierung im Rahmen einer Segmentberichterstattung siehe die detaillierten Ausführungen in Abschnitt 3.3.1.2.2 dieser Arbeit.

Da die Veränderungen vornehmlich Änderungen innerhalb der Struktur der Verantwortungsbereiche betreffen, ist das Regelset von den entsprechenden Controlling-Abteilungen der Segmente oder Geschäftsbereiche aufzugeben und mit dem Konzern-Controlling abzustimmen.

3.4 Prozessuale Dimensionen einer Harmonisierung

3.4.1 Grundlagen der Prozessharmonisierung

Aus prozessualer Sicht ist es das vornehmliche Ziel einer harmonisierten Unternehmensrechnung, die ehemals oftmals getrennten Prozesse der internen und externen Unternehmensrechnung zu vereinheitlichen und zu synchronisieren. Hierdurch sollen u. a. Redundanzen in der Datenhaltung und Medienbrüche[465] vermieden, die Konsistenz und Aktualität der Daten und Informationen gefördert sowie Doppelarbeit minimiert und Effizienzvorteile realisiert werden.[466]

Im Rahmen der Koordinationsorientierung des Konzern-Controllings ist vorab eine detaillierte Prozessanalyse der bisher getrennt ablaufenden Prozesse der Unternehmensrechnung durchzuführen. Die hierbei auftretenden Abhängigkeiten und Schnittstellen zwischen den am Prozess beteiligten Abteilungen, wie z. B. Risiko-Controlling, Personal-Controlling und den Controlling-Abteilungen der berichtenden Konzerngesellschaften, sind zu lokalisieren und aufeinander abzustimmen. Für das Personal-Controlling gilt es beispielsweise sicherzustellen, dass die Informationen über die Mitarbeiterkapazitäten pro Konzerngesellschaft, Teilkonzern und Geschäftsbereich zu vorher festgelegten Terminen im System der Unternehmensrechnung zur Verfügung stehen. Das Konzern-Controlling übernimmt bei der Festlegung des harmonisierten Prozesses eine Art Koordinations- und Schnittstellenfunktion zur Abstimmung möglicher Abhängigkeiten. Die Koordination erfolgt im ersten Schritt systemkoppelnd, indem die Abhängigkeiten zwischen den verschiedenen bestehenden Systemen der am Prozess der Unternehmensrechnung beteiligten Abteilungen analysiert wird. In einem zweiten Schritt wird verstärkt die systembildende Koordination zu erkennen sein, da es gilt das neue System aufzubauen und den harmonisierten Prozess der Unternehmensrechnung zu definieren. Die Art und Weise der

---

[465] Da in einem Zweikreissystem der internen und externen Unternehmensrechnung mit unterschiedlichen Basissystemen und Datenhaushalten gearbeitet wird, kann es bei der Abstimmung und Überleitung beider Systeme zu Medienbrüchen kommen.
[466] Vgl. Scheer, A.-W. (2000), S. 322 f.

Datenerfassung, -verarbeitung und -aufbereitung[467] ist weitestgehend zu standardisieren und zu automatisieren.[468] Die Standardisierung ist hierbei als eine wichtige Voraussetzung für die Automatisierung anzusehen.[469] Am Ende dieser eingehenden Prozessanalyse steht die Definition eines harmonisierten Prozessablaufs der Unternehmensrechnung von der Datenerfassung, -aufbereitung und -analyse bis hin zur internen und externen Berichterstattung. Die eingehende und detaillierte Prozessanalyse stellt die Grundlage einer schnelleren und effizienteren Abschlusserstellung dar. Aktualität und Relevanz der Zahlen der harmonisierten Unternehmensrechnung haben zudem positive Auswirkungen auf die Qualität des Entscheidungsprozesses der Konzernsteuerung.[470]

Abbildung 20 soll einen groben Überblick über den Prozess der Unternehmensrechnung geben, ohne auf eventuelle Abhängigkeiten zu weiteren am Gesamtprozess beteiligten Abteilungen einzugehen. Die Abbildung verdeutlicht, dass im ursprünglichen Zweikreissystem zwei weitgehend voneinander unabhängige Prozesse ablaufen, die durch ein hohes Maß an Doppelarbeit geprägt sind. Die angesprochene Doppelarbeit und Parallelität der Prozesse wirkt sich in diesem Kontext direkt negativ auf die Wirtschaftlichkeit aus. Das zu internen Steuerungszwecken verwendete modifizierte Ergebnis wird durch zeitaufwändige Abstimmungsmaßnahmen und Überleitungsrechnungen auf das gemäß externen Standards zu ermittelnde Ergebnis übergeleitet.

---

[467] Unter Datenerfassung sollen hier alle Maßnahmen und Aufgaben verstanden werden, die mit der Abgabe oder Lieferung von Zahlen und Informationen von den meldenden Einheiten (i. d. R. Konzerngesellschaften und Teilkonzerne) an die Unternehmensrechnung in Verbindung stehen. Datenverarbeitung setzt an der Datenerfassung an und befasst sich mit allen Maßnahmen und Aufgaben, die hauptsächlich der Datenerfassung nachgelagert sind und innerhalb der Unternehmensrechnung ablaufen müssen, z. B. Aggregation, Allokation und Konsolidierung des Zahlenwerks. Die Datenaufbereitung konzentriert sich auf die Verwendungsmöglichkeiten der Daten, z. B. durch interne und externe Berichterstattung, Verwendung von Analyse- und Simulationsmöglichkeiten.
[468] Datenerfassung und -verarbeitung weisen ein größeres Automatisierungs- und Standardisierungspotenzial auf als die kreativ-analytischen Tätigkeiten der Datenaufbereitung.
[469] Vgl. Michel, U. (2006), S. 442.
[470] Vgl. Sylvester, M. (2004), S. 88.

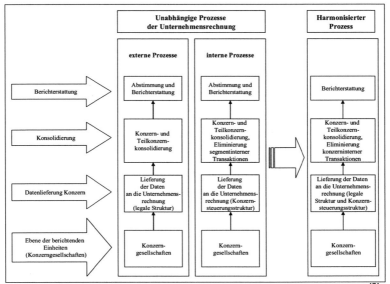

Abb. 20: Überblick über den Prozessablauf der Unternehmensrechnung[471]

3.4.2 Harmonisierung der Termine und Prozessschritte eines Konzernabschlusses

Im Rahmen der prozessualen Harmonisierung ist auch auf die Vereinheitlichung der verschiedenen Abgabe- oder Liefertermine bei Erstellung eines Konzernabschlusses zu achten. Diese Termine sind im Rahmen des in der folgenden Abbildung 21 gezeigten harmonisierten Prozesses der Unternehmensrechnung zu definieren und aufeinander abzustimmen. Die berichtenden Konzerngesellschaften und Teilkonzerne haben sich entsprechend an diesen prozessualen Ablauf zu halten. Die während eines Konzernabschlusses anfallenden, prozessbegleitenden Tätigkeiten wie Datenanalyse, Konsolidierung und Berichterstattung sind entsprechend bei der Aufstellung dieses Zeitplans zu berücksichtigen. Des Weiteren sind Abhängigkeiten zu anderen Abteilungen wie Personal-Controlling (z. B. Informationen über Mitarbeiterzahl pro Geschäftsbereich oder Profit Center) oder Risiko-Controlling (z. B. Angaben über Markt- und Länderrisiken) bei der Festlegung des Prozesses zu berücksichtigen.

---

[471] Quelle: Eigene Darstellung.

Abbildung 21 gibt einen vereinfachten Überblick über eine mögliche zeitliche Abfolge einzelner Prozessschritte im Rahmen eines monatlichen Konzernabschlusses. In der Realität sind hier deutlich mehr Termine und Zwischenschritte im Prozessablauf eines Monatsabschlusses zu erwarten. Überlappungsmöglichkeiten sind bei dieser Abbildung nicht enthalten, jedoch grundsätzlich möglich.[472]

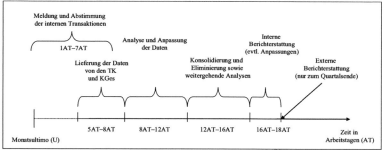

Abb. 21: Zeitliche Abfolge eines Monatsabschlusses[473]

Die Teilkonzerne (TK) und Konzerngesellschaften (KGes) melden zu Beginn eines Abschlussprozesses jeweils bis zu einem bestimmten Zeitpunkt die Daten gemäß der Struktur der Verantwortungsbereiche in das System der harmonisierten Unternehmensrechnung. Am Anfang des Prozesses sollte die Meldung und Abstimmung der konzerninternen Transaktionen stehen. Diese sind hierfür mit dem jeweiligen Transaktionspartner abzustimmen.[474] Anschließend sind auch die externen Daten im System der Unternehmensrechnung zu melden. Hierauf aufbauend laufen nachgelagerte Prozesse wie die Analyse von gemeldeten und konsolidierten Daten ab. Nachträgliche Anpassungen von Meldedaten und konsolidierten Daten müssen grundsätzlich möglich sein. Am Ende des Gesamtprozesses des Monatsabschlusses steht der konsolidierte Konzernabschluss für die interne und externe Verwendung zur Verfügung. Dieser Monatsabschluss bezieht sich auf den jeweils vergangenen Berichtsmonat, d. h. die Daten vom März werden beispielsweise am 18. Arbeitstag (AT) im April (Monatsultimo (U) + 18 AT) für die externe Berichterstattung zur Verfügung stehen. Die

---

[472] Vgl. Melching, H.-G. (1997), S. 248; Beißel, J./Steinke, K.-H. (2004), S. 64 f.; Werner, T. et al. (2005), S. 34 f.
[473] Quelle: Eigene Darstellung.
[474] Vgl. hierzu das Praxisbeispiel des *Bertelsmann*-Konzerns zur Abstimmung konzerninterner Transaktionen. Erdmann, M.-K./Bourhis, J.-M./Pascaud, V. (2005), S. 735 f.; Erdmann, M.-K./Meyer, U./Iserte, V. (2006), S. 535.

interne Datenverfügbarkeit wird hierbei deutlich vor der externen Verfügbarkeit liegen.[475]

3.4.3 Harmonisierung der Berichtsfrequenzen

Um einen harmonisierten Prozess der Unternehmensrechnung durchführen zu können, sind die Berichtszyklen der internen und externen Unternehmensrechnung ebenfalls zu harmonisieren. Durch diesen Schritt kann sichergestellt werden, dass keine Inkonsistenzen aufgrund ungleicher Berichtstermine und Periodenabgrenzungen auftreten. Hier ist von einer dominierenden Stellung der internen Unternehmensrechnung auszugehen, da die internen Termine in der Häufigkeit ihrer Erstellung über der extern geforderten Berichtsfrequenz liegen. Die Mindestfrequenz des harmonisierten Prozesses wird jedoch von den Publizitätsanforderungen und somit von den jeweils zur Anwendung kommenden Rechnungslegungsstandards, von gesetzlichen Regelungen und von Anforderungen der Börsenzulassung bestimmt.[476] Die Mindestfrequenz wird also von der externen Unternehmensrechnung vorgegeben. Als generell mögliche Zyklen kommen die tägliche, wöchentliche, monatliche, quartärliche, halbjährliche oder jährliche Durchführung in Frage. Bei Festlegung der Berichtsfrequenz ist darauf zu achten, dass zwischen hoher Frequenz einerseits und dem sich daraus resultierendem Kosten-/Nutzen-Verhältnis andererseits abzuwägen ist. Als Standardfrequenz sollte die monatliche Berichtsfrequenz gewählt werden, wobei das Ergebnis keineswegs auf monatlicher Basis an die externen Adressaten berichtet werden muss.[477] Dies macht deutlich, dass bezüglich der Detailtiefe der Abschlusserstellung durchaus gewisse Freiheitsgrade existieren, denn nicht alle extern zu veröffentlichenden

---

[475] Vgl. zur Datenverfügbarkeit von Unternehmensdaten die empirische Untersuchung von *Accenture*. Accenture (2003), S. 39 f.

[476] Vgl. Accenture (2003), S. 37. Die Zwischenberichterstattung ist in Deutschland ausschließlich kapitalmarktrechtlich reguliert. Bei Anwendung der IAS/IFRS ist im Fall einer Quartalsberichterstattung durch IAS 34 geregelt, wie diese ausgestaltet sein sollte. Generell wird aber die Berichtsfrequenz nach IAS/IFRS nicht explizit festgelegt, sondern den nationalen Gesetzgebern bzw. Börsen überlassen. In den USA besteht die Pflicht zur Quartalsberichterstattung bereits seit 1970 nach Accounting Principles Board (APB) 28. Bei kapitalmarktorientierten Unternehmen ergeben sich darüber hinaus Verpflichtungen aus der Börsenordnung. So fordert derzeit § 63 Abs. 1 Börsenordnung für die Frankfurter Wertpapierbörse Quartalsabschlüsse nach internationalen Rechnungslegungsgrundsätzen. Vgl. Müller, S./Stute, A. (2006), S. 2803 f.

[477] Die empirische Studie von *Accenture*, die Ende 2002/Anfang 2003 durchgeführt wurde, zeigt, dass die Unternehmen der Studie bereits mit einem monatlichen Zyklus arbeiten. Vgl. Accenture (2003), S. 36 f.

Informationen sind für die monatliche Konzernsteuerung relevant. Da die Frequenz für die externe Berichterstattung hauptsächlich das Quartal[478] ist, wäre es denkbar, in einem Nicht-Quartalsmonat (z. B. Januar oder Februar) nur diejenigen Informationen von den am Prozess der Unternehmensrechnung Beteiligten zu erheben, die tatsächlich auch intern für Zwecke der Konzernsteuerung benötigt werden. Der Aufbau der Berichts- und Datenstrukturen ist bei dieser Vorgehensweise bei Bedarf entsprechend zu modifizieren.

Als Voraussetzung der monatlichen Prozessfrequenz ist eine exakte monatliche Abgrenzung der Aufwendungen und Erträge zu nennen. Die auf Basis des monatlichen Prozesses der Unternehmensrechnung gewonnenen Informationen müssen aussagefähig und verlässlich sein, um ein kurzfristiges und reaktionsschnelles Handeln z. B. bei Eintreten ungewollter und nicht geplanter Entwicklungen gewährleisten zu können.[479]

Bei weiterer Analyse auf der prozessualen Ebene stellt sich die Frage, ob sich die dargestellte prozessuale Harmonisierung und die damit verbundenen Änderungen im Aufgabenbereich, der Tätigkeitsschwerpunkte und der Kompetenzverteilung auf die organisatorische Ausgestaltung des Konzern-Controllings auswirken wird und ob die Harmonisierung weitere Anpassungen im Konzern-Controlling zur Folge hat. Aus diesem Grund wird sich in den nächsten Abschnitten mit diesen Fragestellungen detaillierter auseinandergesetzt.

---

[478] Vgl. zur externen Berichtsfrequenz Müller, S./Stute, A. (2006), S. 2803 f.
[479] Vgl. Männel, W. (1999b), S. 15 f.

3.4.4 Auswirkungen einer prozessualen Harmonisierung auf das Konzern-Controlling

3.4.4.1 Organisatorische Auswirkungen auf das Konzern-Controlling

Im Rahmen der Harmonisierung von interner und externer Unternehmensrechnung wird empfohlen, die aufbauorganisatorisch bedingte funktionale Trennung der Abteilungen der internen und externen Unternehmensrechnung auf Ebene des Konzerns aufzugeben und entsprechend anzupassen bzw. ebenfalls zu harmonisieren.[480] Der ablauforganisatorische Aufbau des Konzern-Controllings sollte sich am Prozess der Unternehmensrechnung orientieren und somit prozessorientiert aufgebaut sein.[481] Bisher wurden beispielsweise die Aufgaben der Datenerfassung, Datenverarbeitung und Datenaufbereitung der Ergebnisse der getrennten Rechenkreise jeweils in beiden Abteilungen der internen und externen Unternehmensrechnung durchgeführt. Bei der prozessorientiert-organisatorischen Harmonisierung könnte sich das Konzern-Controlling auf der nächsten Ebene nach den Aufgabengebieten der Datenerfassung und Datenverarbeitung sowie der Datenaufbereitung und Datenanalyse unterteilen lassen. Die Struktur der Aufbauorganisation orientiert sich folglich am abzubildenden Prozess.[482]

Bei *Siemens* wurde die funktionale Unterscheidung durch Aufhebung der strikten Trennung der Abteilungen „Buchhaltung" und „Controlling" hin zur harmonisierten Abteilung „Rechnungswesen/Accounting and Controlling" vollzogen.[483] Die von *Daimler-Benz* geprägten Begriffe des „Biltrolling" bzw. des „Biltroller" weisen ebenfalls in diese Richtung.[484]

Durch die aufbau- und ablauforganisatorische Harmonisierung können vor allem Verbesserungen in puncto Prozesseffizienz und Geschwindigkeit der Datenbereitstellung bzw. Abschlusserstellung erzielt werden. Bisher vorhandene Schnittstellen zwischen den ehemals organisatorisch getrennten Abteilungen würden hierdurch wegfallen. Die organisatorische Harmonisierung wiederum würde Auswirkungen auf die Tätigkeits-

---

[480] Vgl. Werner, T. et al. (2005), S. 50; Melcher, W. (2002), S. 42; Weiss, H.-J. (2000), S. 213; Klein, G. A. (1999a), S. 76; Jonen, A./Lingnau, V. (2005), S. 13; Weißenberger, B. E. (2007), S. 218; Fleischer, W. (2005), S. 193 f.
[481] Vgl. Werner, T. et al. (2005), S. 50.
[482] Vgl. zur prozessorientierten Organisation Kugeler, M./Vieting, M. (2005), S. 236 f.
[483] Vgl. Jonen, A./Lingnau, V. (2005), S. 21.
[484] Vgl. Horváth, P. (1997), S. 147; Bruns, H.-G. (1999), S. 601; Klein, G. A. (1999a), S. 76; Küting, K./Lorson, P. (1999b), S. 218 f.; Schenk, U. (2003), S. 137.

schwerpunkte und generell auf die Kompetenzverteilung innerhalb des Konzern-Controllings haben.

Die organisatorische Harmonisierung der beiden Abteilungen wird von Teilen der betriebswirtschaftlichen Praxis jedoch wegen verschiedenartiger Probleme nicht unmittelbar vollzogen. In diesen Fällen wurde der Prozess der Unternehmensrechnung zwar harmonisiert und die Datenbasis vereinheitlicht, die Trennung der beiden Abteilungen in eine interne und eine externe Unternehmensrechnung wurde allerdings beibehalten.[485] Dies wird durch die empirische Erhebung von *Hoke* bestätigt. Im Rahmen dieser Studie begründeten die Befragten die Beibehaltung der organisatorischen Trennung der Abteilungen im Wesentlichen mit den zu aufwändigen, jedoch notwendigen Ausbildungs- und Schulungsmaßnahmen.[486] Harmonisiert wurde in diesen Fällen lediglich der Prozess der Unternehmensrechnung, basierend auf einer einheitlichen Datenbasis. Als weitere Problemfelder einer Harmonisierung können z. B. die organisatorische Komplexität sowie personelle Widerstände und Beharrungsvermögen bei Mitarbeitern beider Abteilungen genannt werden.[487] Diese Problemfelder können durch Ergreifen bestimmter Maßnahmen (z. B. Change-Mind-Programme, Mitarbeiterschulungen, Förderung der Veränderungsbereitschaft und geeignete Kommunikationspolitik) während des Prozesses der Harmonisierung in den verschiedenen Phasen des gesamten Harmonisierungsprojekts vermieden, abgeschwächt bzw. überwunden werden.[488]

Da die Harmonisierung der Unternehmensrechnung auch Auswirkungen auf die Aufgaben und Tätigkeitsschwerpunkte sowie die Kompetenzverteilung innerhalb des Konzern-Controllings haben wird, sollen die möglichen Auswirkungen im nächsten Abschnitt näher betrachtet werden.

---

[485] Bei Beibehaltung der Trennung in eine interne und eine externe Abteilung der Unternehmensrechnung lassen sich z. B. Verbesserungen in puncto Prozesseffizienz und Geschwindigkeit nur durch intensive Kommunikation und erhöhten Abstimmungsaufwand realisieren.
[486] Vgl. Hoke, M. (2001), S. 189.
[487] Vgl. hierzu die empirische Studie von *Accenture*, die Ende 2002/Anfang 2003 durchgeführt wurde. Hier wird gezeigt, dass die organisatorische Trennung von interner und externer Unternehmensrechnung, trotz vollzogener Harmonisierung des Rechenwerks und der Datenbasis, weiterhin dominiert. Accenture (2003), S. 32 f.
[488] Auf die Darstellung geeigneter Maßnahmen zum Abschwächen bzw. Überwinden der Problemfelder wird im Rahmen der Umsetzung des Harmonisierungsprozesses in Abschnitt 4.3.2 und den Abschnitten von 4.3.3 näher eingegangen.

3.4.4.2 Auswirkungen auf Aufgaben, Tätigkeitsschwerpunkte und Kompetenzverteilung im Konzern-Controlling

Durch die prozessual und systemtechnisch bedingte Automatisierung und Standardisierung verschiedener Prozessschritte und die daraus resultierende Effizienzsteigerung des Gesamtprozesses der Unternehmensrechnung sind Verschiebungen von Aufgaben, Tätigkeitsschwerpunkten und der Kompetenzverteilung für das Konzern-Controlling zu erwarten. Die hiermit verbundene Chance zur Aufwertung der Controller-Tätigkeiten kann durch geeignete Maßnahmen realisiert werden.[489]

Der Controller wird sich durch die Harmonisierung der Unternehmensrechnung zukünftig vermehrt Fachwissen im Accounting-Bereich aneignen müssen.[490] Die Koordinations- und hauptsächlich die Systemgestaltungsfunktion werden auch weiterhin Aufgabe des Konzern-Controllings bleiben. Die systembildende und systemkoppelnde Koordination von Planung und Kontrolle sowie der Informationsversorgung bleibt auch im neuen Umfeld bestehen. Die Koordination des Gesamtprozesses der Unternehmensrechnung sowie die Ausgestaltung der systemtechnischen IT-Unterstützung bleiben erhalten. Ein kritischer Erfolgsfaktor bei der Verschiebung von Aufgaben, Tätigkeitsschwerpunkten und Kompetenzverteilungen ist in einem erfolgreichen Wissens- und Kompetenztransfer zwischen den Prozessbeteiligten zu sehen. Vor allem sind entsprechende Fachkompetenzen zum grundlegenden Verständnis der zur Anwendung kommenden Rechnungslegungsstandards aufzubauen.[491] Der Aufbau von Fachkompetenzen kann beispielsweise durch entsprechende Schulungsmaßnahmen erfolgen. Diese Schulungsmaßnahmen sind im Rahmen der Harmonisierung frühzeitig zu starten.

---

[489] Vgl. Schmidt, W. (2006b), S. 13 f.; Köster, H. (2005), S. 124.
[490] Vgl. Fleischer, W. (2005), S. 197 f.
[491] Vgl. Weißenberger, B. E. (2007), S. 234 f.; Fleischer, W. (2005), S. 194.

3.4.4.3 Standardisierung und Automatisierung als Ausgangspunkt weiterer Anpassungen im Konzern-Controlling - Outsourcing, Shared Services, Offshoring

Die im Rahmen des Harmonisierungsprozesses erreichte Standardisierung und Automatisierung von Prozessen der Unternehmensrechnung kann als Ausgangspunkt weiterer strategischer Maßnahmen im Controlling-Bereich angesehen werden. Durch die in den vergangenen Jahren verbesserten Möglichkeiten der Informations- und Kommunikationstechnologien können die standardisierten und automatisierten Prozesse zunehmend unabhängig von Zeit und Ort bearbeitet werden.[492] Sind diese Prozesse zudem nicht zu den eigentlichen Kernprozessen und somit nicht zu den eigentlichen Kernkompetenzen[493] des Unternehmens zu zählen, so können diese Prozesse oder auch Teilprozesse ausgelagert, ausgegliedert oder neu strukturiert werden.[494]

Durch diese Anpassungen werden hauptsächlich weitere positive Auswirkungen auf die Effizienz und die Kostensituation des Controlling-Bereichs erwartet. Diese Effekte können u. a. durch Aufgabenbündelung, Tätigkeitsverschiebungen, Vermeidung von Mehrfacharbeit, Prozess- und Ressourcenoptimierung, Konzentration auf die Kernprozesse sowie eine optimale Standortwahl erreicht werden.[495] Das Konzern-Controlling kann hierdurch einen weiteren Beitrag zur wertorientierten Ausrichtung des Unternehmens leisten.[496] Das CFO-Panel von *Horváth & Partners* hat gezeigt, dass die Kosten des Finanzbereichs bei deutschen Unternehmen im Durchschnitt bei 1 % des Umsatzes liegen. Die Spanne reicht von 0,6 % bei den effizienteren und mehr als 3 % bei den teuersten Finanz- und Controlling-Einheiten.[497] Es gibt somit auch im Controlling-Bereich durchaus weitere Optimierungsmöglichkeiten.

Vor allem die im Abschnitt 3.4.4.2 diskutierten zeitraubenden Tätigkeiten im Bereich Datenerfassung, -verarbeitung und -aufbereitung können durch

---

[492] Vgl. Klingebiel, N./Andreas, J. (2006), S. 36 f.; Michel, U. (2006), S. 439 f.
[493] Unter dem Begriff Kernkompetenz wird „*...die dauerhafte und transferierbare Ursache für den Wettbewerbsvorteil einer Unternehmung, die auf Ressourcen und Fähigkeiten basiert...*", verstanden. Krüger, W./Homp, C. (1997), S. 27.
[494] Vgl. Klingebiel, N./Andreas, J. (2006), S. 36; Michel, U. (2006), S. 442.
[495] Vgl. Krüger, W./Danner, M. (2004), S. 115.
[496] Zu den erwarteten Zielen und möglichen Risiken dieser strategischen Maßnahmen im Controlling-Bereich vgl. v. a. Klingebiel, N./Andreas, J. (2006), S. 36 f.; Schmelzer, H. J./Sesselmann, W. (2004), S. 19 f.; Hollekamp, M. (2005), S. 40 f.
[497] Vgl. Gaiser, B. (2006), S. 48.

strategische Maßnahmen weiter optimiert werden.[498] Diese Tätigkeiten sowie die damit verbundenen Prozesse zeichnen sich durch weitgehende Standardisierung, Automatisierung und Ortsunabhängigkeit sowie durch ein hohes Datenvolumen und geringe externe Kundenorientierung aus. Zudem sind sie nicht zwangsläufig zu den eigentlichen Kernprozessen eines Unternehmens bzw. zu den eigentlichen Aufgaben eines Controllers zu zählen. Des Weiteren sind im Rahmen der harmonisierten Unternehmensrechnung bestimmte Tätigkeiten der wertorientierten Standardberichterstattung als auslagerungs- bzw. ausgliederungsfähig anzusehen. Das Konzern-Controlling kann z. B. nach erfolgter Festlegung von Berechnungsmethodiken und komplexer Bestimmung der ausgewählten Kennzahlen, jeweils in Abstimmung und Zusammenarbeit mit dem oberen Management, die je nach Berichtsfrequenz stattfindenden Prozesse der Pflege und Aktualisierung des Dateninputs der wertorientierten Berichterstattung auslagern oder ausgliedern. Hierzu können auch die aufwändigen Prozesse der Abstimmung von konzerninternen Transaktionen gezählt werden. Somit wird wiederum Freiraum für analytische und beratende Tätigkeiten im Konzern-Controlling geschaffen.[499]

Bei dieser Thematik gilt es immer zu beachten, dass sich die Datenerfassung, -verarbeitung und -aufbereitung (im Rahmen standardisierter Berichtsformate) grundsätzlich auslagern oder ausgliedern lassen. Sobald es jedoch um die Aufbereitung der Daten für entscheidungsrelevante Situationen geht, wird von einer Standardisierung und Automatisierung abgeraten. Das gleiche gilt für die Tätigkeiten der Analyse und Simulation.[500]

In der betriebswirtschaftlichen Literatur wird hier auch von der Möglichkeit des Outsourcings oder der Errichtung von Shared Service Centers sowie von Offshoring diverser Aktivitäten des Controlling-Bereichs gesprochen.[501] Diese strategischen Maßnahmen sind oft so umfänglich, dass es sich auch hier empfiehlt, ein Projekt mit verschiedenen Projektphasen und Arbeits-

---

[498] Bei diesen strategischen Maßnahmen sind selbstverständlich auch andere standardisierte und automatisierte Prozesse, die nicht zu den eigentlichen Kernprozessen des Unternehmens zählen, betroffen. Hierzu zählen beispielsweise die administrativen Prozesse im Bereich des Personalwesens, Treasury, Steuern usw. Vgl. Furck, K. (2005), S. 64; Hollekamp, M. (2005), S. 4 f.
[499] Vgl. Dressler, S./Hensen, S. (2005), S. 73; Gaiser, B. (2006), S. 49 f.
[500] Vgl. Schmidt, W. (2006b), S. 13 f.
[501] Vgl. Dressler, S./Hensen, S. (2005), S. 72 f.; Furck, K. (2005), S. 64 f.; Hollekamp, M. (2005), S. 26 f.; Klingebiel, N./Andreas, J. (2006), S. 36 f.; Michel, U. (2006), S. 439 f.

schritten aufzusetzen.[502] Da die begriffliche Abgrenzung dieser Maßnahmen in der Literatur recht vielfältig ist, sollen sie für die weitere Diskussion näher eingegrenzt werden.

- Outsourcing:
  Der Begriff Outsourcing kann generell in Auslagerung (externes Outsourcing) oder Ausgliederung (internes Outsourcing) unterteilt werden.[503] Je nach betrachtetem Schwerpunkt lassen sich unterschiedliche Formen des Outsourcings finden.[504] Als wesentliches gemeinsames Merkmal des Outsourcings sind die Organisation der Arbeitsteilung und Spezialisierung zu nennen. Mithilfe des Outsourcings soll das Unternehmen in die Lage versetzt werden sich stärker auf die eigentlichen Kernkompetenzen zu fokussieren und somit auch die Realisierung der optimalen Wertschöpfungstiefe zu ermöglichen.[505]
- Shared Service Center:
  Ein Shared Service Center ist eine Einheit, die sich durch eine organisatorische Bündelung von nicht ortsgebundenen oder geschäftsspezifischen Unterstützungsfunktionen auszeichnet.[506] Das Shared Service Center wiederum betrachtet die wahrgenommenen Tätigkeiten als eigene Kernkompetenz.[507] Besonderer Wert wird hierbei der tatsächlichen und erkennbaren Service-Ausrichtung beigemessen. Die Einrichtung eines Shared Service Center soll auch positive Auswirkungen auf die Qualität, die Bearbeitungsgeschwindigkeit und die Kundenzufriedenheit haben.[508]

---

[502] So hat z. B. das entsprechende Projekt „*CAPITAL*" zum Aufbau von drei Shared Service Centers und der damit verbundenen Prozessverlagerung der *Lufthansa AG* zwei Jahre angedauert. Vgl. Furck, K. (2005), S. 65 f.
[503] Vgl. Schmelzer, H. J./Sesselmann, W. (2004), S. 19 f.
[504] Wird in diesem Kontext der Schwerpunkt auf die Organisationsstruktur gelegt, so kann zwischen Outsourcing von Funktionen und Outsourcing von Geschäftsprozessen unterschieden werden. Die begriffliche Vielfalt wird u. a. in der Abbildung 3 bei *Hollekamp* deutlich. Diese Abbildung zeigt die Vielfalt des Outsourcing-Begriffs, strukturiert nach den Faktoren, die den begrifflichen Schwerpunkt bestimmen. Vgl. Hollekamp, M. (2005), S. 24.
[505] Vgl. Hollekamp, M. (2005), S. 29.
[506] Vgl. Krüger, W./Danner, M. (2004), S. 113; Gaiser, B. (2006), S. 53 f.; Zehnder, H./Pampel, J. R./Friesen, M.-D. (2007), S. 47 f. Als Beispiel für die Errichtung eines Shared Service Center kann die *UBS* genannt werden. Verschiedene Prozesse des Reportings wurden in einem sogenannten Controlling Information Center gebündelt. Vgl. hierzu Keller, M./Krugmann, B. (2006), S. 226 f.
[507] Vgl. Gerybadze, A./Martín-Pérez, N.-J. (2007), S. 474.
[508] Vgl. Michel, U. (2006), S. 442 f.

Skalen- und Synergieeffekte, Prozessharmonisierung und verbesserter Service sind Gründe, die für die Errichtung eines Shared Service Center sprechen.[509] Die Errichtung eines Shared Service Center kann auch als eine Variante des Outsourcings angesehen werden. Je nach wirtschaftlicher und rechtlicher Konzipierung kann es sich um internes oder externes Outsourcing handeln.[510]

- Offshoring:
  Der Begriff Offshoring kristallisiert sich wegen der Ortsungebundenheit der Leistungserstellung heraus und fokussiert dementsprechend auf eine zielgerichtete Standortwahl.[511] Offshoring zeichnet sich durch eine Verlagerung bestimmter Aktivitäten in das Ausland aus, es werden also Landesgrenzen überschritten.[512] Als Standorte werden vermehrt die sogenannten Niedriglohnländer bevorzugt. Hierbei spielen hauptsächlich die bekannten Offshore-Zentren wie Indien, die Philippinen, China oder die Karibik eine wesentliche Rolle.[513] Als Orientierungshilfe zur geeigneten Standortwahl kann z. B. auf den von *A. T. Kearney* entwickelten „Offshore Location Attractiveness Index" zurückgegriffen werden.[514] Erfolgreiche Offshore-Standorte kristallisieren sich durch Faktoren wie hohes Bildungsniveau, gute Sprachfähigkeiten und niedriges Lohnniveau heraus.[515] Offshoring ist wie die Errichtung eines Shared Service Center als Variante des Outsourcings anzusehen.[516] Von Nearshoring wird gesprochen, wenn die Verlagerung z. B. von Deutschland nach Tschechien oder Ungarn stattfinden soll: *„Nearshoring is one type of offshoring and refers to the outsourcing of business or IT processes to providers in nearby countries".*[517]

---

[509] Vgl. Dressler, S./Hensen, S. (2005), S. 74. Zur vertiefenden Analyse von Zielen, Risiken usw. im Zusammenhang mit der Errichtung eines Shared Service Center vgl. die empirische Erhebung von A. T. Kearney (2004a), S. 1 ff.
[510] Vgl. Klingebiel, N./Andreas, J. (2006), S. 37; Furck, K. (2005), S. 66.
[511] Vgl. Ebert, C. (2006), S. 13; Brandau, M./Hoffjan, A. (2007), S. 24 f.
[512] Vgl. Wenning, P. (2006), S. 17.
[513] Vgl. Dressler, S./Hensen, S. (2005), S. 72.
[514] Vgl. A. T. Kearney (2004b), S. 1 ff. Der entwickelte Index berücksichtigt u. a. den Ausbildungsstand, die politischen Rahmenbedingungen und die vorhandene Infrastruktur der betrachteten Länder.
[515] Vgl. Deutsche Bank Research (2008), S. 3 f.
[516] Vgl. Hollekamp, M. (2005), S. 26 f.; Michel, U. (2006), S. 443 f.; Dressler, S./Hensen, S. (2005), S. 72 f.
[517] Deutsche Bank Research (2006), S. 2.

In der empirischen Erhebung von *BearingPoint* werden die allgemeinen Ziele des Outsourcings detailliert dargestellt. In dieser Erhebung wird deutlich, dass neben der Kostensenkung grundsätzlich das Ziel einer Entlastung der Mitarbeiter von Routinetätigkeiten genannt wird.[518] Als zusammenfassendes Beispiel sind die Optimierungspotenziale durch Errichtung eines Shared Service Center in Abbildung 22 dargestellt.

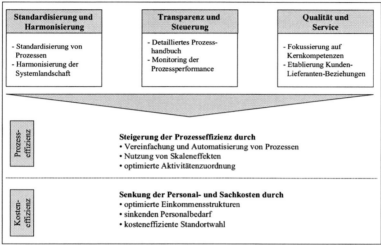

Abb. 22: Optimierungspotenziale durch Shared Service Centers[519]

Als eine Voraussetzung für die erfolgreiche Umsetzung dieser Anpassungen im Controlling-Bereich kann eine auf der einheitlichen und harmonisierten Datenbasis aufsetzende Controlling-Konzeption genannt werden. Ein Beispiel für ein erfolgreiches Offshoring im Controlling-Bereich, basierend auf SAP SEM, wird bei *Dressler/Hensen* gezeigt.[520] Zudem kommen diese zu der Aussage, dass bei einer Errichtung eines Shared Service Center in Deutschland im Controlling-Bereich basierend auf SAP SEM, *„…Einsparpotenziale von über 20 % bei gleichzeitig verbesserter Qualität…"*[521] erwirtschaftet werden könnten.

---

[518] Vgl. BearingPoint (2004), S. 5 f.
[519] In Anlehnung an Zehnder, H./Pampel, J. R./Friesen, M.-D. (2007), S. 47.
[520] Vgl. Dressler, S./Hensen, S. (2005), S. 72 f.
[521] Dressler, S./Hensen, S. (2005), S. 76 f.

Eine weitere Voraussetzung für eine erfolgreiche Umsetzung ist in der Definition von sogenannten Service Level Agreements (SLA) bzw. der genauen Abgrenzung von Aufgaben und Verantwortungsbereichen zu sehen. In diesem schriftlichen und gemeinsam ausgearbeiteten Dokument zwischen Leistungserbringer und -empfänger sind alle Leistungsparameter zu bestimmen.[522] Als Risiken dieser strategischen Maßnahmen lassen sich z. B. die Abhängigkeit vom Dienstleistungspartner, Know-how-Verlust in bestimmten Bereichen sowie Umstellungskosten, mögliche Sprachbarrieren und kulturelle Unterschiede nennen.[523]

Die Prozesse innerhalb der Controlling-Bereiche sind also kritisch auf wertschöpfende und weniger wertschöpfende Arbeiten zu prüfen. Letztere können im Rahmen der Unternehmensrechnung zum einen komplett ausgelagert oder in Shared Service Centers gebündelt oder zum anderen durch Offshoring ins kostengünstige Ausland verlagert werden. Jede Funktion und Tätigkeit in den verschiedenen Controlling-Bereichen rechtfertigt sich unter Wahrung und Erfüllung der regulatorischen Anforderungen nur dadurch, dass sie die Wettbewerbsfähigkeit und den Wert des Unternehmens erkennbar und nachhaltig steigert.[524]

Für die skizzierten strategischen Maßnahmen des Outsourcing, des Shared Services oder des Offshoring gibt es allerdings kein Patentrezept. Vielmehr ist jeder Einzelfall durch entsprechende Machbarkeitsstudien, Risikoanalysen und Wirtschaftlichkeitsrechnungen konkret zu prüfen. Die Ergebnisse dieser Analysen können je nach betrachtetem Unternehmen u. a. aufgrund der Branchenzugehörigkeit und dem konkreten Geschäftsmodell variieren. So kann z. B. die reine Abwicklung von Eingangs- und Ausgangsrechnungen für die meisten Unternehmen nicht als ein Kernprozess bezeichnet werden, der zur Erzielung von Wettbewerbsvorteilen dient. Wird dagegen ein führender Outsourcing-Anbieter für die Bearbeitung von Eingangs- und Ausgangsrechnungen betrachtet, so kann hier sehr wohl von Kernprozessen gesprochen

---

[522] Als Leistungsparameter kommen z. B. Aussagen zum zu erbringenden Leistungsniveau, Systemverfügbarkeit, Festlegung von Standards, Regelungen zu den Rechten und Pflichten sowie zur Preisgestaltung in Betracht. Vgl. Krüger, W./Danner, M. (2004), S. 116 f.; Klingebiel, N./Andreas, J. (2006), S. 41; Ebert, C. (2006), S. 78 f.; Fischer, T. M./Sterzenbach, S. (2007), S. 464.
[523] Vgl. Schmelzer, H. J./Sesselmann, W. (2004), S. 19 f.; Klingebiel, N./Andreas, J. (2006), S. 36 f.; Wenning, P. (2006), S. 17 f.; Deutsche Bank Research (2006), S. 5; Ebert, C. (2006), S. 98 f.; A. T. Kearney (2004b), S. 1 ff.; Brandau, M./Hoffjan, A. (2007), S. 26 f.
[524] Vgl. Gaiser, B./Michel, U. (2006), S. 109.

werden.[525] In jedem Fall ist zu beachten, dass die mit der Verlagerung von bestimmten Tätigkeiten unmittelbar verbundene Thematik des Abbaus von Arbeitsplätzen in diesem Fall immer sensibel betrachtet und berücksichtigt werden muss.[526]

Um die bisher diskutierten Dimensionen auf der inhaltlichen, strukturellen und prozessualen Ebene im Rahmen einer harmonisierten IT-Architektur abbilden zu können, sind von dieser gewisse Voraussetzungen zu erfüllen. Diese gilt es im nächsten Abschnitt herauszuarbeiten.

3.5 Technische Dimensionen einer Harmonisierung

3.5.1 Voraussetzungen der IT-Infrastruktur

Die veränderte Architektur der Unternehmensrechnung und die hiermit einhergehenden Voraussetzungen auf inhaltlicher, struktureller und prozessualer Ebene müssen in einer harmonisierten Unternehmensrechnung durch die im Konzern eingesetzte IT-Infrastruktur systemtechnisch unterstützt und abgebildet werden können. Die IT-Infrastruktur wird maßgeblich von der strategischen Ausrichtung und vom realisierten Konzept der wertorientierten Konzernsteuerung bestimmt und ist gleichzeitig als kritischer Erfolgsfaktor einer harmonisierten Unternehmensrechnung zu sehen.[527]

Die technische Dimension muss sich an den inhaltlichen, strukturellen und prozessualen Dimensionen ausrichten und darf diese nicht durch Restriktionen im Vorhinein in ihrer Ausgestaltung beeinflussen.[528] So muss die IT-Architektur beispielsweise in der Lage sein, mehrere Rechnungslegungsstandards[529] in einem System abzubilden und abzuspeichern (inhaltliche Voraussetzung), flexibel genug sein, um auf Veränderungen bei der Ausgestaltung der verschiedenen Komponenten der Berichtsstruktur reagieren zu können (strukturelle Voraussetzung) sowie den gesamten Prozess der Unternehmensrechnung mit einem einheitlichen System effizient durchführen zu können (prozessuale Voraussetzung).

---

[525] Vgl. Schimank, C./Wehrli, H. P. (2006), S. 15.
[526] Vgl. Furck, K. (2005), S. 68 f. Vgl. hierzu auch die Analyse von Deutsche Bank Research. In dieser wird die folgende These vertreten: *„Offshoring ist kein Jobkiller"*, sondern ein *„Motor für Veränderungen"*. Deutsche Bank Research (2007), S. 1.
[527] Vgl. Eickhoff, W. (2000), S. 582 f.
[528] Vgl. Küpper, H.-U. (1999), S. 8.
[529] So kann es notwendig sein, dass für den Konzern ein Abschluss nach IAS/IFRS und für die Muttergesellschaft zudem noch einen Abschluss nach HGB durchgeführt werden muss.

Die allgemein zu erfüllenden Voraussetzungen und Anforderungen der IT-Infrastruktur sind in der nachfolgenden Abbildung 23 in vier Kategorien aufgeteilt. Hierbei handelt es sich um die Datenverarbeitung und -speicherung, die Datenqualität, die Anwendbarkeit und Benutzerorientierung sowie um die Berichterstattung. Die in der Abbildung genannten Unterkriterien sind als Beispiele der vier zugehörigen Hauptkategorien anzusehen.

Voraussetzungen und Anforderungen der IT-Infrastruktur			
① Datenverarbeitung und -speicherung	② Datenqualität	③ Anwendbarkeit und Benutzerorientierung	④ Berichterstattung
• Datenbasis in Form eines Data Warehouse • Alternativen bei der Datenerfassung • Integrationsfähigkeit zu vor- und nachgelagerten Systemen • Hohe Verarbeitungsperformance, akzeptable Antwortzeiten und Systemstabilität • Sonstige	• Plausibilisierung und Validierung • Datenwahrheit und -integrität • Sonstige	• Bediener- und Benutzerfreundlichkeit • Zugänglichkeit und Mehrbenutzerunterstützung • Sonstige	• Strukturelle und zeitliche Vergleichbarkeit • Eliminierung konzerninterner Beziehungen • Unterstützung von interner und externer Berichterstattung • Sonstige

Abb. 23: Voraussetzungen und Anforderungen der IT-Infrastruktur[530]

(1) Datenverarbeitung und -speicherung:
- Datenbasis in Form eines Data Warehouse:
  Das Data Warehouse ermöglicht es, Daten aus internen und externen Informationsquellen und Vorsystemen zu erfassen und in einer integrierten Datenbank zu speichern. Somit kann die Entscheidungsfindung und Informationsversorgung auf einer einheitlichen Datenbasis erfolgen.[531]
- Alternativen bei der Datenerfassung:
  Die technische Datenerfassung durch die Konzerngesellschaften, Teilkonzerne und die zentralen Bereiche sollte durch mehrere Alternativen möglich sein. Als Möglichkeiten sollten dem Anwender die direkte manuelle Erfassung, maschinelle Erfassung (via Upload) und z. B. die Erfassung über MS-Access zur Verfügung stehen.[532]

---

[530] Quelle: Eigene Darstellung.
[531] Zu weiteren Ausführungen zum Data Warehouse vgl. Hopfmann, L. (2001), S. 205 f.; Broda, B./Frey, J. (2005), S. 119 f.; Tegel, T. (2005), S. 94 f.; Wall, F. (2007), S. 485.
[532] Ist das vom Anwender (KGes, TK) verwendete System kompatibel zum Konzern-System, entfällt der Schritt der Datenerfassung für Konzernzwecke, da die Daten automatisch zur Verfügung stehen. Des Weiteren gibt es noch die Möglichkeit von automatischen Schnittstellen, bei denen die Daten automatisch aus Vorsystemen an das Konzernsystem übertragen werden.

- Integrationsfähigkeit zu vor- und nachgelagerten Systemen:
  Die Integration von Anwendungen unterschiedlicher Systemhersteller und von zukünftigen Entwicklungen muss gewährleistet sein.[533]
- Hohe Verarbeitungsperformance, akzeptable Antwortzeiten und Systemstabilität:
  Hierdurch können Vorteile bei der Datenbereitstellung und der Aktualität der Daten zur Entscheidungsfindung realisiert werden. Des Weiteren wird hiermit die systemtechnische Unterstützung in Bezug auf eine schnellere Abschlusserstellung gewährleistet („fast close"). Die System- und Verarbeitungsperformance muss auch bei hoher Systemlast garantiert sein.[534]

(2) Datenqualität:
- Plausibilisierung und Validierung:
  Zur Sicherung und Steigerung der Datenqualität müssen die gemeldeten Daten der Konzerngesellschaften und Teilkonzerne in sich schlüssig und abgestimmt sein. So kann z. B. eine Abstimmung von Bewegungen innerhalb und zwischen Bilanz und GuV sowie eine Validierung von Partnermeldungen (interne/externe Transaktionen) erfolgen. Diese Validierungen sind dazu geeignet, die formale Richtigkeit und die inhaltliche Plausibilität der Daten sicherzustellen.[535] Plausibilisierungen und Validierungen müssen sowohl für den aktuellen Prozess der Unternehmensrechnung als auch für strukturelle Anpassungen der Vorperioden sowie im Rahmen des Planungsprozesses möglich sein.
- Datenwahrheit und -integrität:
  Die verarbeiteten Daten müssen auf jeder Aggregationsstufe konsistent und durch verschiedene Evaluierungen mit den Datenquellen prüfbar sein, um als Entscheidungsgrundlage verwendet werden zu können.[536]

---

[533] So muss z. B. im Fall einer Akquisition die Datenbasis des gekauften Unternehmens ohne großen Aufwand in das Data Warehouse des Konzerns integrierbar sein. Vgl. Kagermann, H./Reinhart, J. C. (1999), S. 342 f.; Erdmann, M.-K./Bourhis, J.-M./Pascaud, V. (2005), S. 735 f.

[534] Schlechte Verarbeitungsperformance, inakzeptable Antwortzeiten und fehlende Systemstabilität sind die meistgenannten Defizite einer IT-Architektur. Vgl. Schön, D. (2004), S. 576 f.; Erdmann, M.-K./Bourhis, J.-M./Pascaud, V. (2005), S. 735 f.

[535] Vgl. Pock, F. (2002), S. 595 f.

[536] Vgl. Arnold, F./Röseler, J./Staade, M. (2005), S. 128.

(3) Anwendbarkeit und Benutzerorientierung:
- Bediener- und Benutzerfreundlichkeit:
  Aus Sicht des Anwenders muss der Umgang mit den Systemfunktionalitäten leicht erlernbar und einfach sein und sich durch eine geeignete und leicht verständliche Benutzeroberfläche auszeichnen.[537]
- Zugänglichkeit und Mehrbenutzerunterstützung:
  Eine ununterbrochene „Realtime"-Zugänglichkeit sowie „Online"-Verfügbarkeit der Daten muss gewährleistet sein und mehreren Benutzern ortsunabhängig zur Verfügung stehen.[538]

(4) Berichterstattung:
- Strukturelle und zeitliche Vergleichbarkeit:
  Eine zielgerichtete Analyse und Simulation setzt die strukturelle und zeitliche Vergleichbarkeit der Daten und deren Speicherung in einem System voraus. Ist die strukturelle und zeitliche Vergleichbarkeit der Perioden nicht gegeben, sind z. B. Abweichungs- und Zeitreihenanalysen nicht aussagefähig.[539] Das System muss also in der Lage sein, mehrere Organisationsstrukturen vorzuhalten und abbilden zu können. Die strukturelle und zeitliche Vergleichbarkeit verlangt eine Datenübernahme aus dem Altsystem.
- Eliminierung konzerninterner Beziehungen:
  Zur Analyse der Daten auf Ebene der Segmente oder Geschäftsbereiche sind konzerninterne Transaktionen durch das System entsprechend zu eliminieren. Die internen Transaktionen sollten im System abstimmbar sein.[540] Die Kapitalverflechtungen sind im Rahmen der Kapitalkonsolidierung zu konsolidieren. Eliminierung und Konsolidierung müssen auf verschiedenen Geschäftsdimensionen (rechtliche Struktur, Struktur der Geschäftsbereiche, regionale Struktur) durchzuführen sein.[541]

---

[537] Vgl. Karl, S. (2000), S. 555.
[538] Vgl. Kagermann, H./Reinhart, J. C. (1999), S. 342 f.; Erdmann, M.-K./Bourhis, J.-M./Pascaud, V. (2005), S. 735 f.
[539] Aus Effizienzgründen kann die strukturelle Detailtiefe von Perioden jedoch unterschiedlich sein. So kann es beispielsweise vorkommen, dass Plandaten im Vergleich zu Istdaten nicht auf unterster Geschäftsbereichsebene vorhanden sind. Vgl. Accenture (2003), S. 53 f.
[540] Vgl. Erdmann, M.-K./Bourhis, J.-M./Pascaud, V. (2005), S. 736 f.; Erdmann, M.-K./Meyer, U./Iserte, V. (2006), S. 535 f. In beiden Quellen ist der Abstimmungsprozess von konzerninternen Beziehungen sowie der Reportingprozess im *Bertelsmann*-Konzern detailliert beschrieben.
[541] Vgl. Schmitt, W. (2002), S. 517 f. Zur Eliminierung konzerninterner Transaktionen und zur Kapitalkonsolidierung siehe die detaillierten Ausführungen in Abschnitt 3.3.1.2.1 und Abschnitt 3.3.1.2.2 dieser Arbeit.

- Unterstützung von interner und externer Berichterstattung:
Aufgrund der Multidimensionalität des Datenbestands ist ein flexibles Berichtswesen gefordert, das Methoden wie etwa „Slice" und „Dice"[542] oder „Drill-down" und „Roll-up"[543] bereitstellt und eine Berichterstattung über das Web ermöglicht („Online"-Verfügbarkeit).[544] Zur Unterstützung kommen hier vermehrt OLAP (Online Analytical Processing) -Anwendungen zum Einsatz, mit deren Hilfe die mehrdimensionalen Daten visualisiert und analysiert werden können.[545]

Abbildung 24 stellt die IT-Bausteine einer harmonisierten Unternehmensrechnung in Form eines Data Warehouse vereinfacht dar. Hierbei werden die Daten aus den operativen Datenquellen im Zuge der Datenerfassung in das Data Warehouse geladen und dort verarbeitet und gespeichert. Mit Hilfe des OLAP-Würfels wird die Berichterstattung durch die Möglichkeit der mehrdimensionalen Auswertung des Datenbestandes unterstützt. Der OLAP-Würfel greift hierzu auf die Daten des Data Warehouse zurück.[546]

---

[542] Beim „Slice" und „Dice" besteht die Möglichkeit, aus multidimensionalen Datenwürfeln bestimmte einzelne Scheiben herauszugreifen. "Slice" und „Dice" ermöglicht also dem Anwender, den jeweils für ihn relevanten Datenausschnitt aus dem Datenbestand herauszufiltern. Vgl. Werner, T. et al. (2005), S. 80.

[543] Beim „Drill-down" besteht die Möglichkeit, die ausgewählten Daten über eine oder mehrere Detaillierungsstufen entlang der Hierarchie zu verfeinern, d. h. man geht vom Groben zum Detail. Beim „Roll-up" ist dass Verhältnis genau umgekehrt. Es erfolgt also eine Navigation von detaillierten Daten hin zu aggregierten und verdichteten Daten. Vgl. Werner, T. et al. (2005), S. 80.

[544] Vgl. Werner, T. et al. (2005), S. 137 f.; Broda, B./Frey, J. (2005), S. 120.
[545] Vgl. Tegel, T. (2005), S. 105 f.; Wall, F. (2007), S. 486.
[546] Vgl. Friedl, G./Hilz, C./Pedell, B. (2005), S. 213 f.

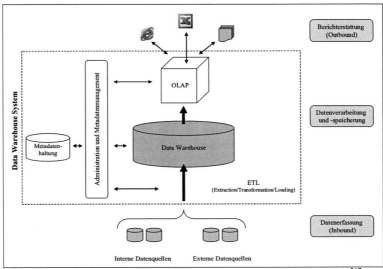

Abb. 24: IT-Bausteine einer harmonisierten Unternehmensrechnung[547]

Um die in Abschnitt 2.2.2 formulierten Ziele einer Harmonisierung der Unternehmensrechnung realisieren zu können, sind die beschriebenen technischen Voraussetzungen durch die IT-Architektur zu erfüllen. Anderenfalls besteht die Gefahr, dass die Anforderungen auf inhaltlicher, struktureller und prozessualer Ebene durch technische Restriktionen beschränkt werden und somit die zu erbringenden Leistungen und Aufgaben der Unternehmensrechnung in den meisten Fällen mit deutlich höherem Ressourceneinsatz in Form eines deutlich höheren Zeitaufwands erbracht werden müssen.[548]

Als mögliche IT-Lösungen für Unternehmen sind vor allem Produkte von *SAP* und *Oracle* zu nennen. Die empirische Studie von *Accenture* Ende 2002/Anfang 2003 hat gezeigt, dass die betriebswirtschaftliche Praxis im Zusammenhang mit der Harmonisierung der Unternehmensrechnung hauptsächlich auf Produkte von *SAP* vertraut.[549] Für die weitere Betrachtung wird der Schwerpunkt auf IT-Lösungen von *SAP* gelegt. Die Fokussierung auf *SAP* ist durch die weite Verbreitung in der Unternehmenspraxis, die

---

[547] In Anlehnung an Friedl, G./Hilz, C./Pedell, B. (2005), S. 214.
[548] Vgl. Accenture (2002), S. 4 f.
[549] Vgl. Accenture (2003), S. 50 f.

Möglichkeit der softwaremäßigen Unterstützung im Rahmen der Unternehmensführung[550] sowie der besonderen Eignung der Komponente SAP BCS (Business Consolidation) für die Harmonisierung zu rechtfertigen. Aus diesem Grund wird das Produkt SAP SEM und seine Komponenten im nächsten Abschnitt etwas detaillierter vorgestellt und abschließend in Verbindung mit einer harmonisierten Unternehmensrechnung beurteilt. Als korrespondierendes und vergleichbares Produkt, wäre hier Oracle Financials von *Oracle* - als eine Komponente von Oracle E-Business Suite - zu erwähnen.[551] Auf eine detaillierte Betrachtung von Oracle Financials wird hier jedoch verzichtet.[552]

3.5.2 Darstellung eines geeigneten Softwareprodukts - SAP SEM

3.5.2.1 Komponenten von SAP SEM

SAP SEM[553] - als ein Bestandteil von mySAP ERP - wird interessierten Unternehmen seit 1999 von der *SAP AG* zur softwaretechnischen Unterstützung ihrer Unternehmensführung sowie -steuerung zur Verfügung gestellt. Das hier behandelte Softwareprodukt SAP SEM ermöglicht in seiner Gesamtheit die Realisierung eines kompletten Ansatzes zur Steuerung eines Unternehmens.[554] Es besteht aus fünf einzelnen Komponenten, die über eine gemeinsame Plattform miteinander verknüpft und integriert sind.[555] Die Komponenten greifen jeweils auf die Daten des SAP Business Information Warehouse (BW) zu. Das SAP BW ist die Data-Warehouse-Lösung von *SAP*. SAP SEM baut auf SAP BW auf und kann von Unternehmen ohne SAP BW bislang nicht angewendet werden.[556]

---

[550] Das Produkt SAP SEM eignet sich zur softwaremäßigen Unterstützung der Unternehmensführung. Vgl. Karl, S. (2000), S. 556 f. Vgl. hierzu die Ausführungen in Abschnitt 3.5.2 dieser Arbeit.

[551] *„Oracle Financials, part of Oracle E-Business Suite, helps financial officers create an information-driven enterprise that synchronize data centrally from all systems - including third-party systems - so financial information is consistently collected, calculated, analyzed and stored, ensuring data integrity while reducing costs."* Oracle (2005), S. 1. Vgl. ausführlicher zu Oracle Financials, Oracle (2005), S. 1 f.

[552] Siehe hierzu vertiefend Oracle (2005), S. 1 f.

[553] SAP SEM und SAP BW sind Marken oder eingetragene Marken der *SAP AG*. SAP SEM ist als Applikation Bestandteil von mySAP Financials. Vgl. hierzu Arnold, F./Röseler, J./Staade, M. (2005), S. 121 f.

[554] Vgl. Arnold, F./Röseler, J./Staade, M. (2005), S. 136 f.

[555] Siehe hierzu auch die Ausführungen des SAP Help Portal auf der Website: http://help.sap.com/saphelp_sem60/helpdata/de/3a/c670373bbf0303e10000009b38f842/frameset.htm (Entnahmedatum: 25.08.2009).

[556] Vgl. Raps, A. (2000), S. 609 f.

Mit SAP SEM können analytische Anwendungen durchgeführt werden, die nicht an vorgegebene Datenstrukturen gebunden sind und somit die Möglichkeit bietet, je nach strategischer Ausrichtung branchen- und unternehmensneutral individuelle Datenmodelle unkompliziert und schnell abzubilden.[557] Mithilfe von SAP SEM kann der komplette strategische Managementprozess „...*von der Sammlung externer Informationen zu den Stakeholdererwartungen, über die strategische Planung, die operative Unternehmensplanung bzw. rollierende Planung, die Finanzkonsolidierung, die Beschaffung von Werttreiberinformationen und die Performance-überwachung bis zum Stakeholder Relationship Management*"[558] unter Rückgriff auf eine einheitliche Datenbasis unterstützt und dargestellt werden. Hierbei unterliegt die Auswahl einer bestimmten Management-Methode keinerlei Beschränkungen. SAP SEM ist nicht als Controlling-Instrumentarium zu verstehen, sondern vielmehr als ein Produkt zur softwaremäßigen Umsetzung von Controlling-Instrumenten zu betrachten.[559]

Abbildung 25 zeigt die fünf Komponenten von SAP SEM sowie deren einheitlichen Zugriff auf den Datenbestand des SAP BW. Im Anschluss hieran werden die einzelnen Komponenten von SAP SEM dargestellt.[560]

---

[557] Vgl. Friedl, G./Hilz, C./Pedell, B. (2005), S. 217 f.; Raps, A. (2000), S. 608 f.; Karl, S. (2000), S. 556 f.; Schmitt, W. (2002), S. 516 f.; Kagermann, H. (2000), S. 424 f.; Arnold, F./Röseler, J./Staade, M. (2005), S. 138 f.

[558] Kagermann, H. (2000), S. 426.

[559] Vgl. Raps, A. (2000), S. 609 f.

[560] Vgl. zu den einzelnen Komponenten von SAP SEM ausführlicher Schmitt, W. (2002), S. 516 f.; Kagermann, H. (2000), S. 424 f.; Hauke, U. (2000), S. 527 f.; Raps, A. (2000), S. 608 f.; Raps, A./Schmitz, U. (2004), S. 414 f.; Friedl, G./Hilz, C./Pedell, B. (2005), S. 217 f.; Werner, T. et al. (2005), S. 71 f.; Daum, J. H. (2000), S. 492 f. Die hier angegebene Literatur und das SAP Help Portal (siehe Fn. 555) spricht noch von fünf Komponenten. Auf der Homepage der *SAP AG* werden dagegen nur noch drei Komponenten aufgeführt (CPM, BCS, BPS). Siehe Website: http://www.sap.com/germany/solutions/businesssuite/erp/financials/featuresfunctions/sem.epx. Entnahmedatum: 25.08.2009.

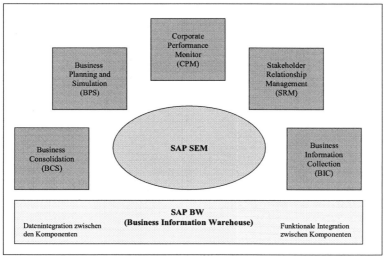

Abb. 25: Komponenten von SAP SEM[561]

(1) Business Consolidation System (BCS):
Die Hauptfunktion der Komponente BCS besteht in der internen und externen Konsolidierung des Zahlenwerks der Unternehmensrechnung nach verschiedenen Kriterien. Eine legale Konsolidierung nach verschiedenen Rechnungslegungsvorschriften (z. B. HGB, IAS/IFRS, US-GAAP), die Konsolidierung gemäß der Konzernsteuerungs- und Führungsstruktur (Management-Konsolidierung) sowie die Funktion der Eliminierung konzerninterner Transaktionen werden durch BCS ermöglicht. Durch die visuelle Statusanzeige im sogenannten Konsolidierungsmonitor können die einzelnen Schritte des Abschlussprozesses verfolgt werden. Des Weiteren bietet SAP BCS die Möglichkeit einer zentralen Allokationsfunktion. Diese kann z. B. bei Anwendung einer wertorientierten und segmentbezogenen Ausrichtung, das Kapital, nach Festlegung der Allokations- und Berechnungsmethodik, auf die Segmente verteilen und somit bei der Ermittlung von segmentbezogenen Kapitalkosten unterstützen. Zudem wird ein integriertes Berichtswesen inklusive der Möglichkeit der strukturellen und zeitlichen Vergleichbarkeit systemseitig unterstützt. SAP BCS besitzt im Rahmen einer Harmonisierung der

---

[561] In Anlehnung an Werner, T. et al. (2005), S. 72.

Unternehmensrechnung die größte Relevanz der fünf Komponenten von SAP SEM.

(2) Business Planning and Simulation (BPS):
Mithilfe von BPS können umfangreiche Planungen, Simulationen und Szenarioanalysen auf operativer und strategischer Ebene durchgeführt werden. BPS unterstützt die automatische Bottom-up-Planung und die Top-down-Allokation. Es ist stark mit anderen Komponenten von SAP SEM verbunden, z. B. können wichtige Daten der Unternehmensrechnung (aus SAP BCS) für die Planung geliefert werden. Die Pläne können durch die Möglichkeit der Abbildung unterschiedlicher Annahmen (Worst Case, Best Case usw.) in verschiedenen Szenarien dargestellt werden.

(3) Corporate Performance Monitor (CPM):
Die Komponente CPM dient zur Analyse, Visualisierung und Interpretation von leistungskritischen Kennzahlen, sogenannten KPIs (Key Performance Indicators). Die KPIs können sich aus finanziellen und nicht-finanziellen Messgrößen zusammensetzen. CPM stellt moderne Analyse- und Interpretationsmodelle wie z. B. Balanced Scorecard, Management-Cockpit und Werttreiberbäume bereit.

(4) Stakeholder Relationship Management (SRM):
Durch SRM soll die Kommunikation mit den Anteilseignern und anderen Interessengruppen unterstützt werden. Die Kommunikation kann über das Internet (webgestützt), aber auch über klassische Medien erfolgen. SRM ermöglicht somit u. a. eine Vereinfachung der traditionellen Investor-Relations-Aktivitäten.

(5) Business Information Collection (BIC):
Hauptziel ist die Beschaffung von unstrukturierten Informationen durch eine automatisierte Suchfunktion über das Internet. Die unstrukturierten Daten werden dann gemäß internen Vorgaben durch Definition von Informationsprofilen strukturiert und in die Planungs- und Berichterstattungssysteme überführt. Durch BIC besteht die Möglichkeit einer früheren Informationsbereitstellung. Es ist somit in der Lage, bestimmte Funktionen eines Frühaufklärungssystems zu übernehmen.

Abschließend sei darauf hingewiesen, dass es durchaus möglich ist, nur bestimmte Komponenten von SAP SEM zu verwenden, d. h. es müssen nicht zwingend alle fünf Komponenten zusammen implementiert und angewendet werden. Im Zuge der Harmonisierung der Unternehmensrechnung wäre eine Implementierung von SAP BW sowie der Komponente SAP BCS als ausreichend anzusehen.

3.5.2.2 Funktionen und Eigenschaften von SAP SEM

In diesem Abschnitt sollen im Wesentlichen die Funktionen und Eigenschaften von SAP SEM erläutert und vorgestellt werden, die in Verbindung mit einer harmonisierten Unternehmensrechnung zu sehen sind. Es wird auf die Realisierbarkeit und technische Umsetzbarkeit der in den vorherigen Abschnitten formulierten Voraussetzungen der Harmonisierung geachtet. Hierbei soll auf einzelne Voraussetzungen näher eingegangen sowie die technischen Lösungsmöglichkeiten seitens SAP SEM vorgestellt werden. Die Komponente SAP BCS wird bei dieser Betrachtung im Mittelpunkt stehen, da bei ihr die Berührungspunkte zur harmonisierten Unternehmensrechnung am größten sind. Trotz dieser Fokussierung ist zu erwähnen, dass die verbleibenden vier Komponenten ebenfalls Schnittpunkte mit der harmonisierten Unternehmensrechnung aufweisen.

Durch Bereitstellung und Verwendung einer Data-Warehouse-Architektur ist die Basis für eine harmonisierte Unternehmensrechnung durch SAP BW systemtechnisch gewährleistet.[562] Die Möglichkeit zum Validieren und Plausibilisieren ist durch ein umfangreiches Validierungskonzept gegeben. Die interne und externe Berichterstattung wird hauptsächlich durch das Reporting-Tool von SAP BCS, den Business Explorer (Bex)[563] und die Möglichkeit eines Web-Reportings[564] sichergestellt. Bei Anwendung des Web-Reportings könnte auf die für den Bex Analyzer notwendige Microsoft-Excel-Lizenz verzichtet und der Benutzerkreis problemlos und flexibel ausgeweitet werden. Des Weiteren wird die mehrdimensionale Auswertung und Analyse des Datenbestands durch die OLAP-Technologie unterstützt.[565]

Durch SAP BCS ist es beispielsweise möglich, mehrere Rechnungslegungsstandards in einem System abzubilden. Der Datenbestand ist grundsätzlich durch das zur Anwendung kommende Versionskonzept frei definierbar und unterteilbar. Versionen bestehen aus mehreren Merkmalen. Als Merkmal

---

[562] Vgl. Fleischer, W. (2005), S. 194 f.
[563] Der Business Explorer besteht aus dem Business Explorer Analyzer und dem Business Explorer Browser. Die Berichterstattung erfolgt mittels des auf Microsoft Excel basierenden Business Explorer Analyzer. Vgl. Friedl, G./Hilz, C./Pedell, B. (2005), S. 216 f.; Werner, T. et al. (2005), S. 138 f.; Arnold, F./Röseler, J./Staade, M. (2005), S. 135 f.
[564] Durch das Web-Reporting kann jederzeit und von fast überall auf die Daten der Unternehmensrechnung zugegriffen werden. Die aus dem Web-Reporting generierten Daten können wiederum zur Weiterverarbeitung direkt nach Excel transportiert werden. Vgl. Werner, T. et al. (2005), S. 138 f.; Arnold, F./Röseler, J./Staade, M. (2005), S. 132 f.
[565] Vgl. Friedl, G./Hilz, C./Pedell, B. (2005), S. 213 f.

kommt z. B. die Rechnungslegung in Frage. In Bezug auf einen bestimmten Rechnungslegungsstandard kann das Merkmal als Positionsplan (HGB, IAS/IFRS, US-GAAP) festgelegt werden. Durch die unterschiedliche Kennzeichnung der Positionspläne ist die Eindeutigkeit gegeben.[566]

Den strukturellen Voraussetzungen in Bezug auf die Komponenten der Berichts- und Datenstruktur wird in angemessener Weise entsprochen. So ist z. B. eine Konsolidierung nach verschiedenen Geschäftsdimensionen möglich. Interne Konzernbeziehungen werden im Rahmen der Konzernaufrechnung und Zwischenergebniseliminierung bereinigt. Hierbei wird die vorherige Abstimmung dieser konzerninternen Beziehungen durch das System unterstützt.[567] Die abschließende Kapitalkonsolidierung kann ebenfalls mit SAP BCS durchgeführt werden. Bestimmte Konsolidierungsprozesse, die in SAP BCS mittels Konzernaufrechnung abgebildet werden, sind die Schuldenkonsolidierung, die Aufwands- und Ertragskonsolidierung sowie die Beteiligungsertragseliminierung. Die Zwischenergebniseliminierung und die Kapitalkonsolidierung sind dagegen in einem separaten Prozessschritt integriert.[568] Der Konsolidierungsmonitor gibt eine grafische und aktuelle Statusmeldung im Zuge des gesamten Konsolidierungsprozesses ab. Das Zahlenwerk der einzelnen Konzerngesellschaften und Teilkonzerne kann sowohl konsolidiert als auch nichtkonsolidiert analysiert werden. Diese Möglichkeit besteht natürlich mindestens auch auf Ebene der zu berichtenden Segmente. Die Darstellung verschiedener Perioden aus einem einheitlichen System ist gewährleistet. Hierbei ist die strukturelle Vergleichbarkeit der Daten durch die Abbildbarkeit mehrerer Strukturen und der generellen Möglichkeit einer Anpassung von Vorperioden (Restatement-Funktionalität) gewährleistet.[569] Des Weiteren können mit SAP BCS verschiedene Währungen dargestellt und systemseitig zur einheitlichen Konzernwährung umgerechnet werden.[570]

Durch die zentrale Allokationsfunktion wird beispielsweise eine systemseitige Allokation des Kapitals auf die Segmente oder Geschäftsbereiche ermöglicht. Hierzu sind die Allokationskriterien im Vorfeld zentral zu definieren. Die Allokationsfunktion unterstützt somit

---

[566] Es ist darauf hinzuweisen, dass Versionen durchaus aus mehreren Merkmalen bestehen können. Vgl. Werner, T. et al. (2005), S. 96; Schmitt, W. (2002), S. 524.
[567] Vgl. Schmitt, W. (2002), S. 535 f.
[568] Vgl. Werner, T. et al. (2005), S. 131 f.
[569] Vgl. Schmitt, W. (2002), S. 540 f.
[570] Vgl. Schmitt, W. (2002), S. 524 f.; Werner, T. et al. (2005), S. 64 f.; Karl, S. (2000), S. 559 f.

indirekt die wertorientierte Ausrichtung.[571] Die wertorientierte Ausrichtung wird durch die Abbildbarkeit von einheitlich definierten und technisch generierten Kennzahlen und der Möglichkeit von ihrer visuellen Darstellung mithilfe von Werttreiberbäumen unterstützt. Die im Rahmen der Wertorientierung verwendeten kalkulatorischen Eigenkapitalkosten sind als ein Teil der harmonisierten Datenbasis anzusehen.[572] Die Darstellung des Gesamtprozesses einer harmonisierten Unternehmensrechnung lässt sich durch die Funktionalitäten und Eigenschaften des SAP BCS und die Möglichkeit der Parallelisierung einzelner Prozessschritte durch einen Mehrbenutzerbetrieb abdecken.[573]

3.5.2.3 Beurteilung von SAP SEM

SAP SEM eignet sich als technische Basis für eine harmonisierte Unternehmensrechnung auf Ebene des Konzerns. Aufgrund der Komplexität und des zu verarbeitenden Datenvolumens eines Konzerns eignet sich die Data-Warehouse-Architektur (SAP BW) als transparentes Datenbanksystem einer harmonisierten Unternehmensrechnung in besonderem Maß.[574] SAP BW zeichnet sich hierbei durch die Integration von Daten aus unterschiedlichen internen und externen Datenquellen aus.[575] Außerdem sind eine flexible Datenübernahme aus vorgelagerten Systemen und eine Datenübertragung an nachgelagerte Systeme möglich.[576] Durch die fünf Komponenten und den ihnen zugrunde liegenden integrierten Ansatz von SAP SEM ist das Controlling in der Lage, das Management mit relevanten

---

[571] Da in der Praxis die Segmente und Geschäftsbereiche durch ihre oftmals rechtliche Unselbstständigkeit keine Kapitalgrößen vorzuweisen haben, kann mit Hilfe der zentralen Allokationsfunktion das Kapital den Segmenten und Geschäftsbereichen zugeordnet werden. Die notwendige Berechnungsmethodik ist hierfür im Vorfeld zu definieren. Siehe hierzu auch die Ausführungen zur Berichtsstruktur in Abschnitt 3.3.1.1. Vgl. Werner, T. et al. (2005), S. 123 f.; Friedl, G./Hilz, C./Pedell, B. (2005), S. 220 f. Kapitalmarktbezogene Unternehmen gehen im Rahmen der Finanzberichterstattung auf die Methodik der Kapitalallokation explizit ein. Vgl. z. B. Deutsche Bank AG (2007b), S. 156 f.

[572] Vgl. Friedl, G./Hilz, C./Pedell, B. (2005), S. 217 f.; Kagermann, H. (2000), S. 424 f.; Kagermann, H./Reinhart, J. C. (1999), S. 351 f.

[573] Vgl. Karl, S. (2000), S. 566.

[574] Der Bezug zu SAP BW wird bei der Einführung von SAP SEM auch als Nachteil betrachtet, denn im Fall einer SAP SEM-Einführung (auch bei nur einer Komponente) ist auch das SAP BW zu installieren. Vgl. Raps, A. (2000), S. 609 f.

[575] Vgl. Friedl, G./Hilz, C./Pedell, B. (2005), S. 213.

[576] Diese Integrationsfähigkeit zu vor- und nachgelagerten Systemen und Datenquellen besteht auch, wenn diese keine SAP-Systeme oder SAP-Datenquellen sind. Vgl. Karl, S. (2000), S. 561 f.; Friedl, G./Hilz, C./Pedell, B. (2005), S. 213 f.

Informationen zu versorgen und bei der Entscheidungsfindung ganzheitlich zu unterstützen.[577]

Des Weiteren kann der harmonisierte Gesamtprozess der Unternehmensrechnung von Datenerfassung, -verarbeitung und -aufbereitung primär durch Verwendung der Komponente SAP BCS und die Möglichkeit der Überlappung und Parallelisierung einzelner Prozessschritte abgebildet werden.[578] Hierdurch können beispielsweise Optimierungspotenziale in den Bereichen der Abschlusserstellung und Prozesseffizienz realisiert werden. SAP BCS unterstützt die strukturelle Vergleichbarkeit und kann somit recht flexibel auf Änderungen in der Organisationsstruktur reagieren. Als nachteilig werden die relativ hohen Lizenzgebühren und die aufwändigen Customizing-Aktivitäten genannt.[579] Die Harmonisierung von interner und externer Unternehmensrechnung kann bereits durch die alleinige Anwendung der SAP BCS-Komponente weitestgehend realisiert werden.

Im nächsten Abschnitt sollen die in Kapitel 3 herausgearbeiteten Grundlagen, Voraussetzungen und Auswirkungen der Harmonisierung und die sich daraus ergebenden wichtigsten Erkenntnisse zusammenfassend dargestellt werden.

---

[577] Schön, D. (2004), S. 570 f.; Raps, A. (2000), S. 609 f.; Kagermann, H. (2000), S. 426 f.; Friedl, G./Hilz, C./Pedell, B. (2005), S. 213 f.
[578] Vgl. Karl, S. (2000), S. 566.
[579] Vgl. Raps, A./Schmitz, U. (2004), S. 417.

3.6 Zusammenfassung der Erkenntnisse auf inhaltlicher, struktureller, prozessualer und technischer Ebene

Die vorangegangenen Ausführungen in den Abschnitten des dritten Kapitels haben verschiedene Dimensionen und somit auch Handlungsfelder der Harmonisierung aufgezeigt. Zur Strukturierung der Dimensionen einer Harmonisierung wurde eine Untergliederung in die inhaltliche, strukturelle, prozessuale und technische Ebene vorgenommen. Auf diesen Ebenen wurden die Grundlagen, Voraussetzungen und möglichen Auswirkungen der Harmonisierung dargestellt.

Die inhaltliche Ebene hat gezeigt, dass im Rahmen einer harmonisierten Unternehmensrechnung durchaus Modifizierungen am externen Datenbestand für Zwecke der internen Steuerung vorgenommen werden können. Es wurde auch deutlich, dass aufgrund möglicher negativer Rückwirkungen auf die Ziele der Harmonisierung, z. B. Transparenz, Reduktion der Komplexität, Vergleichbarkeit und Kommunikationsfähigkeit, jede Anpassung kritisch und unternehmensindividuell einer Kosten-/Nutzen-Abwägung zu unterziehen ist. Hierbei wurde auf die im EVA-Grundkonzept empfohlenen „Conversions" eingegangen. Bei der Beurteilung des WACC-Verfahrens und des EVA-Verfahrens wurde sich im Wesentlichen auf die Problematik von Kongruenzdurchbrechungen im Rahmen der externen Unternehmensrechnung konzentriert und der Unterschied zwischen temporären Kongruenzdurchbrechungen, d. h. die Kongruenz wird bei Betrachtung der Totalperiode wieder eingehalten, und permanenten Kongruenzdurchbrechungen herausgearbeitet. Nach Abwägung der aufgeführten Vor- und Nachteile wurde das EVA-Verfahren als wertorientierter Ansatz den weiteren Betrachtungen zugrunde gelegt. Der Management Approach und somit die Segmentberichterstattung nimmt eine wichtige Funktion bei der Harmonisierung ein. Um eine wertorientierte Steuerung auf Ebene der Segmente zu ermöglichen, sind verschiedene Möglichkeiten der Ermittlung von Kapitalkosten auf Ebene der Segmente vorgestellt worden. Aufgrund der eher betriebswirtschaftlich ausgerichteten internationalen Rechnungslegungsstandards wurde deutlich, dass diese sich als Basis einer harmonisierten Unternehmensrechnung eignen. Die Anzahl an Modifizierungen des externen Datenbestands für interne Steuerungszwecke ist bei den internationalen Rechnungslegungsstandards, im Vergleich zu den HGB-Vorschriften, geringer.

Die Betrachtung der strukturellen Dimension hat gezeigt, dass zur Gewährleistung der intern und extern gestellten Informationsanforderungen und -wünsche verschiedene Voraussetzungen von einer harmonisierten

Berichts- und Konsolidierungsstruktur erfüllt werden müssen. Um dies deutlich zu machen, ist die Berichtsstruktur in sechs verschiedene Komponenten, z. B. Struktur der Konten und der Verantwortungsbereiche, aufgeteilt worden. Aufgrund der besonderen Bedeutung der Segmentberichterstattung für die Harmonisierung, wurden die Anforderungen an eine Segmentkonsolidierung herausgearbeitet. Anschließend wurden strukturelle Möglichkeiten der Abgrenzung von Verantwortungsbereichen im Zusammenhang mit der Harmonisierung vorgestellt und gewürdigt. Das Profi-Center-Konzept wurde hierbei als die zu empfehlende Organisationsstruktur detaillierter betrachtet. Als abschließende Thematik der strukturellen Ebene wurde die Notwendigkeit der strukturellen Vergleichbarkeit auf Segmentebene betrachtet und mithilfe eines Beispiels visualisiert.

Die Analyse auf prozessualer Ebene hat gezeigt, dass bei einer getrennten Unternehmensrechnung oft Doppelarbeiten und Redundanzen in der Datenhaltung auftreten können. Durch eine Prozessharmonisierung können diese minimiert und Effizienzvorteile realisiert werden. Die Voraussetzungen hierfür können durch Harmonisierung der einzelnen Prozessschritte sowie der Harmonisierung der Berichtsfrequenzen geschaffen werden. Hieran anschließend sind die möglichen Auswirkungen der prozessualen Harmonisierung, z. B. auf Organisationsstruktur, Tätigkeitsschwerpunkte und Kompetenzverteilung innerhalb des Konzern-Controllings aufgezeigt sowie weitere, auf der Harmonisierung aufbauende, strategische Maßnahmen betrachtet worden. Hierbei wurden die Möglichkeiten des Outsourcings, der Errichtung von Shared Service Centers sowie das Offshoring vorgestellt.

Bei Betrachtung der technischen Ebene wurden die Voraussetzungen, die von der IT-Infrastruktur erfüllt werden müssen, erläutert. In diesem Zusammenhang wurde beispielhaft das Softwareprodukt SAP SEM vorgestellt und dessen Anwendungsmöglichkeit im Rahmen einer Harmonisierung beurteilt.

Fasst man die getroffenen Ergebnisse zusammen ist ausdrücklich darauf hinzuweisen, dass - obwohl eine vollständige Harmonisierung nicht empfehlenswert und durchführbar ist - ein unterschiedlicher Realisierungsgrad der Harmonisierung auf den betrachteten Ebenen zu erkennen ist. Vor allem die Harmonisierung auf inhaltlicher Ebene wird nicht vollständig umzusetzen sein. Als Gründe lassen sich die Kongruenzdurchbrechungen und die notwendigen Modifizierungen für interne Steuerungszwecke anführen. Für die verbleibenden drei Ebenen (Struktur, Prozess, Technik) sollte eine weitestgehende Harmonisierung angestrebt werden. Dies wird sich positiv auf die mit der Harmonisierung verbundenen Ziele auswirken.

Im folgenden Kapitel 4 wird der Harmonisierungsprozess durch ein organisatorisch in der Struktur des Konzerns verankertes Projekt dargestellt. Nach Herleitung theoretischer Grundlagen der Projektorganisation, des Projektmanagements und der Klärung von Fragen des strukturellen Aufbaus des Projekts sowie dessen personeller Zusammensetzung werden die verschiedenen Phasen des Harmonisierungsprozesses und deren parallel ablaufenden Teilprojekte vorgestellt. Wichtig ist, dass die in Kapitel 3 diskutierten Voraussetzungen und Auswirkungen einer Harmonisierung beachtet und bei der Erarbeitung von Lösungsvorschlägen in den einzelnen Projektgruppen umgesetzt werden.

4. Projekt der Harmonisierung von interner und externer Unternehmensrechnung

4.1 Projekte und Projektmanagement

4.1.1 Begriffliche Abgrenzungen von Projekten und Projektmanagement

Projekte werden als zeitlich befristete und komplexe Vorhaben mit festgelegtem Anfang und Abschluss verstanden. Sie erfordern funktionsübergreifendes Wissen, sind oftmals einzigartig und zeichnen sich durch klar definierte Zielvorgaben aus.[580] Die Aufgaben des Projekts sind in der Erreichung der vordefinierten Zielgrößen zu sehen. Projekte werden auf allen Ebenen des Unternehmens durchgeführt und können eine oder mehrere Personen als Beteiligte involvieren. Sie können wenige Tage, Wochen, Monate oder mehrere Jahre andauern und auch unternehmensübergreifend ausgerichtet sein.[581] In der Praxis werden Projekte häufig über die Eigenschaft der mit Projekten zu lösenden Aufgabenstellungen und Problemen definiert. Projekte bringen Veränderungen mit sich, die sehr unterschiedlich sein können und bei den Projektbeteiligten oder Betroffenen unterschiedliche Reaktionen auslösen. Die Bandbreite möglicher Reaktionen reicht von Euphorie bis Widerstand, von Skepsis und Angst bis Freude und Motivation.[582]

Projekte können in interne und externe Projekte unterschieden werden. Bei internen Projekten ist der Auftraggeber das eigene Unternehmen. Bei externen Projekten dagegen handelt es sich i. d. R. um Kundenprojekte, d. h. das Projekt ist mit einer Leistung oder einem Produkt verbunden.[583]

Das Projektmanagement dient dazu, die spezifischen Aufgaben und Elemente eines Projekts zu koordinieren, um so die geplanten Ziele des Projekts in

---

[580] Vgl. Project Management Institute (2004), S. 5 f.; Fachverband Projektmanagement (2005), S. 56 f.; Kraus, G./Westermann, R. (2006), S. 11 f.; Brehm, C. R./Hackmann, S./Jantzen-Homp, D. (2006), S. 214 f.; Krüger, W. (1994), S. 373 ff.; Schreyögg, G. (2003), S. 192 f.; Schulte-Zurhausen, M. (2005), S. 403 f.; Drexl, A. (2007), S. 1491 f.; Diethelm, G. (2000), S. 1 f.; Maddaus, B. (2000), S. 9; Picot, A./Dietl, H./Franck, E. (2008), S. 311 f.; Marr, R./Steiner, K. (2004), S. 1196 f.; Reiß, M. (1996), S. 1656 f.
[581] Vgl. Project Management Institute (2004), S. 7.
[582] Vgl. Kuster, J. et al. (2006), S. 4 f.
[583] Vgl. Cronenbroeck, W. (2004), S. 100 f.; Kuster, J. et al. (2006), S. 79 f.

entsprechender Qualität und termingerecht zu erreichen."[584] Der Begriff des Managements ist dabei in zwei Bedeutungsvarianten zu verwenden: Im funktionalen Sinne versteht man unter Management die Prozesse und Funktionen, die zur Steuerung und Kontrolle notwendig sind. Im institutionalen Sinne wird mit Management die Personengruppe beschrieben, die Managementaufgaben wahrnehmen.[585] Projektmanagement umfasst demgemäß sowohl leitungsorganisatorische Bestandteile für die Institution der Projektleitung als auch prozessorganisatorische Bestandteile für die eigentliche Projektabwicklung. Diese Abgrenzung soll für den weiteren Verlauf angewendet werden. Wesentliches Element beim Managen von Projekten ist eine Zerlegung des Gesamtprojekts in Unterfunktionen und Phasen der Projektarbeit.[586]

Die definitorischen Abgrenzungen von Projektmanagement sind in der betriebswirtschaftlichen Literatur recht vielfältig. Wird beispielsweise die Definition des *Project Management Institute (PMI)* zugrunde gelegt, so wird Projektmanagement als *„Anwendung von Wissen, Fertigkeiten, Werkzeugen und Methoden auf Projektvorgänge, um die Projektanforderungen zu erfüllen",*[587] verstanden. Die *International Project Management Association (IPMA)* versteht in ihrer begrifflichen Abgrenzung unter Projektmanagement die *„Gesamtheit von Führungsaufgaben, -organisation, -techniken und -mittel für die Abwicklung eines Projektes."*[588] Projektmanagement kann nach *Krüger* auch als Führungskonzept für komplexe Vorhaben verstanden werden und *„...umfasst die Organisation, Planung, Steuerung und Kontrolle der Aufgaben, Personen und Ressourcen, die zur Erreichung der Projektziele erforderlich sind."*[589]

Der Grundgedanke des modernen Projektmanagements geht auf die großen Vorhaben der USA während des 2. Weltkriegs zurück. Als einer der Anfänge des Projektmanagements gilt das Manhatten Engineering District Project von 1941, dessen Zielsetzung die Entwicklung der ersten Atombombe war, und das Apollo Project der NASA zu Beginn der 60er Jahre. Hier mussten erstmals unter enormen Zeitdruck eine Vielzahl von Aktivitäten koordiniert

---

[584] Vgl. Kuster, J. et al. (2006), S. 7 f.; Brehm, C. R./Hackmann, S./Jantzen-Homp, D. (2006), S. 214 f.
[585] Vgl. Diethelm, G. (2000), S. 1 f.; Schulte-Zurhausen, M. (2005), S. 403 f.; Corsten, H. (2000), S. 6 f.
[586] Auf verschiedene Phasenmodelle zur Strukturierung des Projektablaufs wird in Abschnitt 4.1.4 detaillierter eingegangen.
[587] Project Management Institute (2004), S. 8.
[588] Fachverband Projektmanagement (2005), S. 56.
[589] Krüger, W. (1994), S. 374.

werden, die mit bisherigen Organisationsmethoden als undurchführbar galten.[590] Der Erfolg dieser Projekte trug dazu bei, dass Projektmanagement mehr und mehr in der Wirtschaft Anwendung fand.

Bei einer gleichzeitigen parallelen Abwicklung mehrerer Projekte wird auch vom sogenannten Multiprojektmanagement gesprochen. Hier kann es zu erheblichen Konflikten innerhalb und zwischen den Projekten untereinander sowie zwischen Stamm- und Projektorganisation kommen.[591]

Werden im Zuge der Abwicklung von Projekten nationale Grenzen überschritten, so wird auch von internationalen Projekten gesprochen. Internationales Projektmanagement zeichnet sich demgemäß durch eine grenzüberschreitende Orientierung aus, wobei hier Besonderheiten in der Abwicklung zu beachten sind. Zu erwähnen sind z. B. kulturelle Unterschiede der Projektbeteiligten, die Beachtung unterschiedlicher Zeitzonen sowie die Problematik von sprachlichen Barrieren.[592]

Aufgabe des Projektmanagements ist es, die mit dem Projekt erwünschten Zielausprägungen unter Beachtung der drei Kriterien Qualität, Erfolg und Zeit zu erreichen. Hierbei ist im Zuge der Projektdurchführung insbesondere auf die wechselseitige Abhängigkeit der drei genannten Kriterien hinzuweisen, d. h. verändert sich eine Größe, hat dies automatisch Auswirkungen auf die anderen Größen.[593] Aufgabe des Projektmanagements ist es auch, das Projekt als Ganzes sowie die am Projekt beteiligten Mitarbeiter immer wieder neu auf die Projektziele hin auszurichten, flexibel auf unvorhergesehene Situationen unter Beachtung der Projektziele zu reagieren sowie die möglichst vollständige und zeitgerechte Kommunikation innerhalb des Projekts zu gewährleisten bzw. zu unterstützen.[594]

Das Projektmanagement hat hierbei die Aufgabe, dass im Unternehmen vorhandene bereichs- und funktionsübergreifende Wissen zielorientiert für das Projekt zu Nutzen und entsprechend zu koordinieren. Nur so können die verschiedenen Ziele, die mit der Harmonisierung in Verbindung stehen, unter Beachtung von vordefinierten Größen in Bezug auf die bereits genannten Kriterien Qualität, Erfolg und Zeit realisiert werden. Projekte werden nur erfolgreich sein, wenn eine Orientierung an den Projektzielen gewährleistet ist und auf unerwartete Situationen flexibel reagiert werden kann.

---

[590] Vgl. Maddaus, B. (2000), S. 12 f.; Litke, H.-D. (2007), S. 23 f.
[591] Vgl. Litke, H.-D. (2007), S. 23 f.
[592] Vgl. Cronenbroeck, W. (2004), S. 96 f.
[593] Vgl. Kraus, G./Westermann, R. (2006), S. 20 f.; Litke, H-D. (2007), S. 25 f.
[594] Vgl. Grasl, O./Rohr, J./Grasl, T. (2004), S. 3; Pfetzing, K./Rohde, A. (2006), S. 46 f.

Als Gründe zur Einführung eines Projektmanagements lassen sich eine Reihe von Vorteilen nennen, die sich u. a. ökonomisch durch einen höheren Wirkungsgrad oder niedrigere Kosten und somit häufig auch durch einen schnelleren Realisierungsgrad auszeichnen.[595] Dies wirkt sich positiv auf die Gesamteffizienz des Projekts aus. Untersuchungen haben gezeigt, dass Projektmanagement zwar anfängliche Mehrkosten von etwa 5 % verursacht, diesen jedoch eine Kosten- und Zeitersparnis von ca. 20 % gegenüber einer Durchführung ohne Projektmanagement gegenübersteht.[596]

Darüber hinaus gibt es eine Reihe weiterer Vorteile bzw. Gründe zur Einführung eines professionellen Projektmanagements. Dazu gehört beispielsweise die systematische Projektüberwachung, die Risiken und Fehlentwicklungen frühzeitig sichtbar macht, so dass rechtzeitig präventiv gegengesteuert werden kann. Des Weiteren sind die Verringerung der Gefahr des Scheiterns des Projekts durch Reduktion möglicher Projektrisiken, die Nutzung bestehender Projektexpertise, eine ganzheitliche Betrachtungsweise des Projekts anstelle von Geschäftsbereichsegoismen und somit eine höhere Qualität der Problemlösung durch bereichs- und funktionsübergreifende Problemsichten sowie eine bessere Transparenz und Nachvollziehbarkeit durch eine geeignete Projektdokumentation[597] zu nennen.[598]

Um die an das Projektmanagement zu stellenden Aufgaben und Anforderungen besser einordnen zu können, werden im nächsten Abschnitt Projektmanagementstandards und ihre Kompetenzmodelle vorgestellt.

---

[595] Vgl. Diethelm, G. (2000), S. 28 f.
[596] Vgl. Kraus, G./Westermann, R. (2006), S. 22 f.
[597] Unter Projektdokumentation ist die „*Zusammenstellung ausgewählter wesentlicher Daten über Konfiguration, Organisation, Mitteleinsatz, Lösungswege, Ablauf und erreichte Ziele des Projektes*" zu verstehen. Fachverband Projektmanagement (2005), S. 58.
[598] Vgl. Diethelm, G. (2000), S. 3 f.; Kraus, G./Westermann, R. (2006), S. 22 f.; Jossé, G. (2001), S. 16 f.; Fachverband Projektmanagement (2005), S. 78 f.

4.1.2 Darstellung verschiedener Projektmanagementstandards

Bei der Darstellung der Projektmanagementstandards sind im Wesentlichen zwei internationale Standards des Projektmanagements und die dazugehörigen Verbände zu nennen: Das *Project Management Institute (PMI)* und die *International Project Management Association (IPMA)*.[599] Das amerikanische *PMI* ist ein im Jahr 1969 gegründeter und international aktiver Dachverband, der mit seinem *Guide to the Project Management Body of Knowledge (PMBOK Guide)* 1983 die erste Ausgabe seines Standardwerks zum Projektmanagement herausgegeben hat. Der *PMBOK* umfasst die Gesamtheit des Wissens innerhalb der Disziplin Projektmanagement und wird kontinuierlich weiterentwickelt.[600]

Das *PMI* sammelt das praktische Erfahrungswissen von Projektmanagern aus aller Welt, um daraus eine möglichst breite Systematik an Methoden und Prozessen für die Arbeit in Projekten zu erstellen. Das Projektmanagement hat nach *PMI* im Wesentlichen neun Wissensgebiete abzudecken. Die verschiedenen Projektmanagementprozesse und die dazugehörigen fünf Projektmanagementgruppen (Initiierungs-, Planungs-, Ausführungs-, Überwachungs-/Steuerungs- und Abschlussprozessgruppe) werden diesen neun Wissensgebieten zugeordnet.[601] Der *PMBOK Guide* wählt somit eine prozessorientierte Beschreibung der Funktionen des Projektmanagements. Die Funktionen und Wissensgebiete beziehen sich auf alle Phasen des Projekts.[602] Die neun Wissensgebiete sind:

- Integrationsmanagement
- Inhalts- und Umfangmanagement
- Terminmanagement
- Kostenmanagement
- Qualitätsmanagement
- Personalmanagement
- Kommunikationsmanagement
- Risikomanagement
- Beschaffungsmanagement

---

[599] Das *PMI* und das *IPMA* bieten verschiedene Zertifizierungen im Projektmanagement an. Neben diesen Standards gibt es weitere Standards im Projektmanagement, z. B. *PRINCE2* oder *Goal Directed Project Management (GDPM)*.
[600] Vgl. Project Management Institute (2004), S. 3.
[601] Vgl. zu den Wissensgebieten, den Projektmanagementprozessen und Projektmanagementgruppen, Project Management Institute (2004), S. 37 ff.; Waschek, G. (2005), S. 10; Pfetzing, K./Rohde, A. (2006), S. 42 f.; Cronenbroeck, W. (2004), S. 224 f.
[602] Vgl. Pfetzing, K./Rohde, A. (2006), S. 42 f.

Das Projektmanagement hat im Rahmen der neun Wissensgebiete verschiedene Aufgaben wahrzunehmen. So beschäftigt sich das Integrationsmanagement in Projekten beispielsweise mit der Entwicklung des Projektauftrags, der vorläufigen Beschreibung des Projektinhalts sowie mit der zielgerichteten Projektausführung. Das Inhalts- und Umfangmanagement befasst sich vor allem mit der Abgrenzung dessen, was im Projekt einbezogen ist und was explizit nicht als Teil des Projekts angesehen werden soll. Terminmanagement beschreibt die Prozesse, die für einen fristgerechten Abschluss des Projekts notwendig sind. Die Definition und Festlegung von Vorgängen und Vorgangsfolgen sowie die Abschätzung der jeweiligen Vorgangsdauer gehören ebenfalls zum Wissensgebiet des Terminmanagements. Im Rahmen des Kostenmanagements steht die Planung und Steuerung von Kosten im Mittelpunkt. Es geht also im Wesentlichen um die Sicherstellung eines erfolgreichen Abschluss des Projekts unter Beachtung des genehmigten Budgets. Das Qualitätsmanagement in Projekten beschäftigt sich mit der Qualitätsplanung, -sicherung und -steuerung. Die Personalbedarfsplanung, die Zusammenstellung und die Leitung der Projektteams gehören zum Wissensgebiet des Personalmanagements. Kommunikationsmanagement befasst sich mit der angemessenen Informationsweitergabe. Hierzu gehören die Kommunikationsplanung, die Informationsverteilung, das Berichtswesen sowie das Stakeholdermanagement. Das Risikomanagement in Projekten umfasst die Tätigkeiten der Risikomanagementplanung, -identifikation, -bewertung und -analyse und der Entwicklung von Handlungsoptionen und Maßnahmen sowie die Überwachung und Steuerung von Risiken. Dem Beschaffungsmanagement obliegt beispielsweise die Aufgabe der Planung und Beschaffung.[603]

Die *IPMA* ist ebenfalls ein international aktiver Dachverband mit verschiedenen nationalen Vereinigungen, der 1965 gegründet wurde. In Deutschland ist als nationale Vereinigung die im Jahr 1979 gegründete *Deutsche Gesellschaft für Projektmanagement (GPM)* mit Sitz in Nürnberg zu erwähnen. Die jeweiligen nationalen Vereinigungen verfolgen das Ziel das Projektmanagement, unter Berücksichtigung landesspezifischer Anforderungen, zu professionalisieren. Um dennoch einen gemeinsamen Standard zu wahren und die geforderte hohe Qualität des Projektmanagements zu erfüllen, hat das *IPMA* im Jahr 2006 die neue *IPMA Competence Baseline (ICB)* herausgegeben. Die *IPMA* gibt mit der *ICB* die derzeit wichtigste europäische Richtlinie für eine einheitliche Begriffsbildung

---

[603] Vgl. zu diesem Abschnitt die Ausführungen in Project Management Institute (2004), S. 77 f.

im Projektmanagement heraus. Die Elemente der *ICB* sind nach den drei folgenden Kompetenzbereichen gegliedert:

- Technische Kompetenz („technical competence")
- Verhaltenskompetenz („behavioural competence")
- Kontextabhängige Kompetenz („contextual competence")

Diesen Kompetenzbereichen werden 46 Projektmanagement-Elemente zugeteilt. Die Projektmanagement-Elemente sind wiederum als Aufgaben der Projektleitung zu verstehen, die in einzelnen Phasen des Projekts benötigt werden. Die Elemente Projektstart und -abschluss lassen sich dem Kompetenzbereich „technical competence" zuweisen. Die Aufgaben der Führung und Motivation sind beispielsweise dem Kompetenzbereich „behavioural competence" zugeordnet. Als „contextual competence" sind Kompetenzen gefordert, die z. B. mit Personalmanagement oder rechtlichen Aspekten zusammenhängen.[604]

Die neun Wissensgebiete des *PMI* sowie die drei Kompetenzbereiche des *IPMA* sind als Kriterien in Bezug auf Qualifizierung und Fähigkeit bei Auswahl der Verantwortlichen eines Projekts zu berücksichtigen. Werden die verschiedenen Kompetenzbereiche adäquat erfüllt und sinnvoll integriert, kann das Risiko des Scheiterns des Gesamtprojekts minimiert werden. Generell unterscheiden sich die Kompetenzanforderungen der beiden Standards in Summe nicht wesentlich, da nur Unterschiede bei der Strukturierung des Kompetenzmodells zu erkennen sind. Aus diesem Grund soll auch keine eindeutige Bevorzugung im Zusammenhang des Harmonisierungsprojekts vorgenommen werden. Es soll allerdings deutlich werden, dass bei Beachtung der Kompetenzanforderungen und die den Kompetenzen zugeordneten Elementen und Aufgaben viele nützliche Informationen für die Durchführung eines Projekts gegeben werden.

---

[604] Vgl. zu diesem Abschnitt Caupin, G. et al. (2006), S. 89; Pfetzing, K./Rohde, A. (2006), S. 44 f.; Waschek, G. (2005), S. 10; Reiß, M. (1996), S. 1664 f.; Cronenbroeck, W. (2004), S. 224 f.

4.1.3 Grundlagen der Projektorganisation

Die Projektorganisation ist als zeitlich befristete Organisationsform zu bezeichnen, die die bereits beschriebenen projektspezifischen Merkmale um Regelungen der aufbau- und ablauforganisatorischen Struktur des Projekts ergänzt.[605] Zur Sicherstellung des Zusammenspiels zwischen Primär- und Sekundärorganisation[606] müssen die Zuständigkeiten, Verantwortungen und Kompetenzen klar festgelegt werden. Hiermit wird der Ordnungsrahmen geschaffen, der das zielgerichtete Zusammenwirken der am Projekt Beteiligten und den reibungslosen Ablauf des Projekts sicherstellen soll. Die Projektaufbauorganisation regelt z. B. die Art und Weise der Zusammenarbeit der Projektmitglieder, während die Projektablauforganisation sich um die zu durchlaufenden Phasen und den prozessualen Ablauf des Projekts kümmert.[607] Es geht um die Festlegung von Kompetenzen und Verantwortungsbereichen sowie um die Definition der Kommunikations- und Berichtswege innerhalb der Projektorganisation.[608] Die reine Anwendung der hierarchischen Strukturen der bestehenden Linienorganisation würde den Projektfortschritt hemmen, da diese nicht für die Abwicklung von abteilungsübergreifenden Aufgaben konzipiert sind.

Die Projektarbeit zeichnet sich hauptsächlich durch intensive Teamarbeit aus und ist aufgrund von dessen zeitlicher Befristung sowie der weitestgehenden Abkopplung vom Tagesgeschäft der Sekundärorganisation zuzuordnen.[609] Die Teamarbeit innerhalb der verschiedenen Projektgruppen setzt ein hohes Maß an persönlicher Flexibilität voraus, da je nach Aufbau des Projekts die hierarchischen Verhältnisse der Primärorganisation wegfallen können und das ursprüngliche Vorgesetztenverhältnis für die Zeit der Projektarbeit außer Kraft gesetzt ist.[610]

Bei der Auswahl einer geeigneten Organisationsform für das Projekt werden in der betriebswirtschaftlichen Literatur vor allem drei Varianten der

---

[605] Vgl. Schmidt, G. (2002), S. 72 f.; Schulte-Zurhausen, (2005), S. 413; Jossé, G. (2001), S. 82 f.
[606] Als Primärorganisation kann die Gesamtheit der Organisationseinheiten zur Erfüllung von Daueraufgaben bezeichnet werden. Die Sekundärorganisation umfasst alle Einheiten, die der Bewältigung von Spezialaufgaben dienen. Projekte zählen somit zur Sekundärorganisation. Vgl. Krüger W. (1994), S. 41 f.
[607] Vgl. Kraus, G./Westermann, R. (2006), S. 30 f.; Kuster, J. et al. (2006), S. 9 f.; Marr, R./Steiner, K. (2004), S. 1204 f.
[608] Vgl. Mende, W. (1997), S. 82; Litke, H.-D. (2007), S. 63 f.
[609] Vgl. Brehm, C. R./Hackmann, S./Jantzen-Homp, D. (2006), S. 212 f.; Jost, P.-J. (2000), S. 496 f.; Schmidt, G. (2002), S. 64 f.
[610] Vgl. Krüger, W. (1994), S. 373 f.

Projektorganisation unterschieden. Im Einzelnen geht es um die Stabs-, die Matrix- und die Reine-Projektorganisation.[611] Diese werden im Folgenden kurz beschrieben.

- Stabs-Projektorganisation:
 Aufgaben der Projektkoordination und -betreuung werden von Stäben[612] wahrgenommen. Die Projektverantwortung wird einem oder mehreren Linienvorgesetzten übertragen. Es handelt sich um eine einfach einzurichtende Projektform, die sich hauptsächlich zur Durchführung kleinerer Projekte eignet.
- Matrix-Projektorganisation:
 Die Projektmitarbeiter erhalten sowohl von ihren Fachvorgesetzten als auch von der Projektleitung Weisungen. Es kommt somit zu Kompetenzüberschneidungen. Die Gefahr von Konflikten ist dementsprechend hoch. Der Projektleiter und die Projektmitarbeiter sind auch Linienmitarbeiter. Diese Form eignet sich besonders für komplexe Vorhaben und häufigere Projektarbeit.
- Reine-Projektorganisation:
 Die Projektmitarbeiter sind der Projektleitung vollständig unterstellt und einem selbstständigen Projektteilbereich zugeordnet. Der Projektleiter hat volle Weisungsbefugnis gegenüber den Projektmitarbeitern. Nach Beendigung des Projekts gehen die Mitarbeiter i. d. R. in ihre Fachabteilungen zurück. Die Ausrichtung der Struktur auf das Projekt ist hier am stärksten. Wegen des hohen organisatorischen Umstellungsaufwands und der damit verbundenen Kosten eignet sich diese Form der Projektorganisation primär für Großprojekte.

In der Praxis können sich die drei vorgestellten Formen der Projektorganisation natürlich je nach den spezifischen Eigenschaften des Projekts anders darstellen und jederzeit modifiziert werden. Generell ist festzuhalten, dass zur Projektbewältigung je nach Projekttyp

---

[611] Vgl. zu den Varianten der Projektorganisation Krüger, W. (1994), S. 395 f.; Frese, E. (2000), S. 504 f.; Schulte-Zurhausen, M. (2005), S. 427 f.; Bühner, R. (2004), S. 217 f.; Birker, K. (2003), S. 14 f.; Kraus, G./Westermann, R. (2006), S. 39 f.; Corsten, H. (2000), S. 53 f.; Litke, H.-D. (2007), S. 69 f.; Picot, A./Dietl, H./Franck, E. (2008), S. 311 f.; Marr, R./Steiner, K. (2004), S. 1204 f.

[612] Stäbe dienen der Entlastung von Instanzen. Sie haben i. d. R. keine Entscheidungs- und Weisungsbefugnis und können informierend und beratend an verschiedenen Entscheidungen oder bei der Koordination verschiedener Prozesse mitwirken. Vgl. Krüger, W. (1994), S. 50; Pfetzing, K./Rohde, A. (2006), S. 62 f.

Organisationsformen gefunden werden müssen, die zu einer hohen Effizienz und Effektivität im Zuge der Projektrealisierung führen und zugleich die individuellen Ziele der Mitarbeiter berücksichtigen und deren Kreativität nicht einschränken.

4.1.4 Phasenmodelle zur Strukturierung des Projektablaufs

Phasenmodelle sind in den meisten Fällen sehr spezifisch und orientieren sich am zu erstellenden Projektprodukt, der Branche, der Projektkomplexität und Projektgröße. Eine Projektphase ist ein zeitlicher Abschnitt im Projektablauf, der von anderen Abschnitten des Projekts trennbar ist und vordefinierte Aktivitäten und Leistungen beinhaltet. Ziel des Phasenmodells ist es, das Gesamtprojekt in einzelne, transparente und kontrollierbare Phasen zu zerlegen.[613] Phasenkonzepte unterstützen einen transparenten und überschaubaren Projektablauf durch systematisches Vorgehen. Die einzelnen Phasen werden in weitere Arbeitspakete oder Teilprojekte untergliedert. Wichtig in diesem Zusammenhang ist zu erwähnen, dass die Projektplanung im Rahmen der Phaseneinteilung kein einmaliger Vorgang zu Beginn des Projekts ist, sondern als rollierende und mehrfach zu wiederholende Aufgabe anzusehen ist. Das Phasenkonzept gibt den Projektbeteiligten die Möglichkeit einer klaren Orientierung und übermittelt somit eine gewisse Vorgehenssicherheit.[614]

Jede Phase sollte mit einem Meilenstein enden. Unter Meilenstein ist ein *„überprüfbares Zwischenergebnis, das inhaltlich und terminlich definiert ist und eine Gesamtbeurteilung des Projekts erlaubt"*,[615] zu verstehen. Die vordefinierten Meilensteine sind auch als eine Art Kontrollinstrument anzusehen, bei dem die vorgelegten und dokumentierten Aktivitäten und Leistungen aus verschiedenen Arbeitspaketen der jeweiligen Phase beurteilt werden.[616] Aus einem Phasenmodell kann also schrittweise ein Meilensteinplan entwickelt werden. Hierzu wird an jedes Phasenende ein Meilenstein gesetzt und grob terminiert. Um eine Beurteilung der Ergebnisse der einzelnen Phasen zu ermöglichen, sind die wesentlichen Aktivitäten und die erwarteten Ergebnisse der einzelnen Phasen festzuhalten und

---

[613] Vgl. Birker, K. (2003), S. 31 f.; Kraus, G./Westermann, R. (2006), S. 95 f.; Fachverband Projektmanagement (2005), S. 57; Grasl, O./Rohr, J./Grasl, T. (2004), S. 245 f.
[614] Vgl. Krüger, W. (1994), S. 384 f.; Marr, R./Steiner, K. (2004), S. 1198 f.
[615] Kraus, G./Westermann, R. (2006), S. 54.
[616] Vgl. Birker, K. (2003), S. 83 f.; Kraus, G./Westermann, R. (2006), S. 95 f.; Kuster, J. et al. (2006); S. 106 f.; Grasl, O./Rohr, J./Grasl, T. (2004), S. 245 f.

entsprechend zu dokumentieren.[617] Meilensteine dienen der Orientierung über den Projektablauf. Sie gestatten dem Projektleiter und Projekt-Lenkungsausschuss zudem, in den wichtigen Punkten, falls erforderlich, Weichen zu stellen. Meilensteine sollten somit zur Standortbestimmung und evtl. für Kurskorrekturen genutzt werden.[618] Für jede zu durchlaufende Phase ist ein Phasenplan zu konzipieren. Dieser sollte eine detaillierte Planung der anstehenden Phase mit einer für die Durchführung ausreichenden Genauigkeit beinhalten.[619]

Die Ergebnisse der einzelnen Phasen sind für Zwecke der Projektdokumentation in geeigneter Form, z. B. in einer Projektdatenbank, festzuhalten. Diese Projektdokumentation erleichtert auch nach Abschluss des Projekts das Erstellen des Projektabschlussberichts. Des Weiteren kann die Dokumentation und öffentliche Zugänglichkeit die Kommunikation und den Wissenstransfer fördern.[620] Hierbei ist zu erwähnen, dass die öffentliche Zugänglichkeit je nach Verantwortungsbereich durch Erstellen eines entsprechenden Zugriffskonzepts geregelt sein muss. Je nach Beurteilung der Ergebnisse der jeweiligen Phase oder auch von spezifisch zu erfüllenden Einzelaufgaben wird eine Entscheidung über Freigabe, Wiederholung in Form von Nachbesserungen oder Abbruch der jeweiligen Phase bzw. des Projekts zu treffen sein.

4.2 Aufbau und personelle Zusammensetzung des Harmonisierungsprojekts

4.2.1 Organisatorischer Aufbau und Verankerung

Wird das Ziel der Harmonisierung von interner und externer Unternehmensrechnung betrachtet, so wird deutlich, dass es sich hierbei um ein Projekt im Sinne der genannten Definition handelt und aufgrund der Komplexität des Vorhabens eines etablierten Projektmanagements mit internationaler Ausrichtung bedarf. Das Projekt der Harmonisierung ist somit als ein zeitlich befristetes Vorhaben mit festgelegtem Anfang und Abschluss zu verstehen. Die nachfolgenden Ausführungen zeigen, wie das Projekt der Harmonisierung organisatorisch strukturiert werden kann. Der organisatorische Aufbau ist jedoch immer auf die individuelle Anwendbarkeit, Durchführbarkeit und Zweckmäßigkeit hin zu überprüfen.

---

[617] Vgl. Krüger, W. (1994), S. 384 f.; Cronenbroeck, W. (2004), S. 16 f.
[618] Vgl. Birker, K. (2003), S. 36 f.
[619] Vgl. Kuster, J. et al. (2006); S. 106 f.; Litke, H.-D. (2007), S. 84 f.; Marr, R./Steiner, K. (2004), S. 1203.
[620] Vgl. Grasl, O./Rohr, J./Grasl, T. (2004), S. 175; Litke, H.-D. (2007), S. 26 f.

Der organisatorische Projektaufbau zur Harmonisierung der Unternehmensrechnung wird sich im Folgenden an der in Abbildung 26 dargestellten Struktur orientieren. Diese weist im Vergleich zu den in der Organisationslehre bekannten und in Abschnitt 4.1.3 vorgestellten Formen der Projektorganisation einige Unterschiede auf.

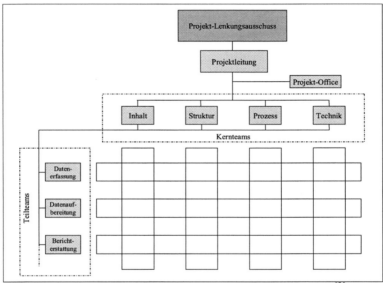

Abb. 26: Organisatorischer Aufbau des Harmonisierungsprojekts[621]

Abbildung 26 stellt eine Möglichkeit des strukturellen Aufbaus des Projekts der Harmonisierung dar. Die Grundform kommt der Reinen-Projektorganisation sehr nahe, weicht allerdings in einigen Punkten von ihr ab. Die Unterschiede zur Reinen-Projektorganisation werden im Folgenden aufgezeigt. So ist das hier betrachtete Harmonisierungsprojekt[622] dadurch gekennzeichnet, dass nicht gleich zu Beginn des Projekts alle involvierten Mitarbeiter des Projekts in hauptamtlicher Tätigkeit ihre Aufgaben wahrnehmen, vielmehr wird hier je nach Projektstatus[623] und Bedarf die

---

[621] Quelle: Eigene Darstellung.
[622] Für den weiteren Verlauf der Arbeit ist unter „Projekt" das Projekt der Harmonisierung von interner und externer Unternehmensrechnung zu verstehen.
[623] Der Projektstatus gibt den Stand eines Projekts an. Hierbei ist es möglich sich auf die jeweiligen Phasen des Gesamtprojekts zu beziehen oder detaillierte Informationen über verschiedene Teilprojekte zu erhalten. Als mögliche Zustände eines Projekts

Anzahl der hauptamtlichen Projektmitglieder variiert und sukzessive erhöht. Die Mehrzahl der Projektmitarbeiter geht auch nicht nach Beendigung des Projekts in ihre Fachabteilungen zurück, da diese am Ende des Projekts nicht mehr in der ursprünglichen Form vorhanden sein werden.[624]

Als Hauptverantwortliche des Projekts sind die Mitglieder des Projekt-Lenkungsausschusses (Steering Committee) zu sehen. Der Projekt-Lenkungsausschuss übernimmt das Projektmanagement und die hiermit verbundenen Aufgaben der zielorientierten Planung, Steuerung und Koordination sowie der Kontrolle des Gesamtprojekts. Die Projektplanung liefert die Basis für die Projektdurchführung, die Projektüberwachung und ermöglicht durch Plan-Ist-Vergleiche und Plan-Wird-Vergleiche eine adäquate und zielorientierte Projektsteuerung.[625] Zudem wirkt der Projekt-Lenkungsausschuss als Hauptinitiator des Projekts und gibt den Anstoß zur Projektdurchführung.[626] Des Weiteren benennt er die Person[627] für die Projektleitung und die Mitglieder der einzelnen Kern- und Teilteams. Generell trifft der Projekt-Lenkungsausschuss die richtungsweisenden Projektentscheidungen.[628] Die Projektleitung wiederum ist dafür verantwortlich, dass diese entsprechend umgesetzt werden. Kommt es im Rahmen der Projektdurchführung zu Konflikten und Problemen zwischen den am Projekt beteiligten Stellen, so hat der Projekt-Lenkungsausschuss die Funktion des Schlichters wahrzunehmen. Um die beschriebenen Aufgaben wahrnehmen zu können, sollte sich der Projekt-Lenkungsausschuss monatlich zusammenfinden.[629]

---

kann zwischen geplant, in Bearbeitung, unterbrochen und abgeschlossen unterschieden werden. Vgl. Schulte-Zurhausen, M. (2005), S. 468 f.

[624] Hierzu gehören hauptsächlich die Mitarbeiter des Group Accounting. Die ehemals getrennten Abteilungen von interner und externer Unternehmensrechnung werden in dieser Form nicht mehr anzutreffen sein. Die Mitarbeiter der Konzerngesellschaften, Teilkonzerne und Geschäftsbereiche dagegen gehen durchaus in ihre bisherige Fachabteilung zurück, allerdings werden sich aufgrund der harmonisierten Unternehmensrechnung auch dort der Arbeitsplatz und die an ihn gekoppelten Aufgaben und Tätigkeitsschwerpunkte ebenfalls verändern.

[625] Vgl. Drexl, A. (2007), S. 1492 f.; Marr, R./Steiner, K. (2004), S. 1200 f.

[626] Vgl. Schulte-Zurhausen, M. (2005), S. 410.

[627] Es besteht natürlich generell die Möglichkeit, je nach Größe und Komplexität des Projekts die Position der Projektleitung durch mehrere Personen zu besetzen.

[628] Vgl. Schulte-Zurhausen, M. (2005), S. 414 f.

[629] Vgl. Litke, H.-D. (2007), S. 64 f.

Zwischen Projektleitung und Kernteam ist ein Projekt-Office installiert, welches hauptsächlich administrative, organisatorische und koordinative Tätigkeiten des Projekts wahrnehmen soll. Das Kernteam tritt als Gruppe in Erscheinung und befasst sich mit den Hauptthemenkomplexen, die die vier Dimensionen des Inhalts, der Struktur, der Prozesse und der Technik betreffen. Es soll deutlich werden, dass die einzelnen Teilteams bei Bearbeitung ihrer Teilprojekte immer die Schnittpunkte zu den vier Dimensionen beachten müssen. Die formulierten Voraussetzungen der Harmonisierung innerhalb der jeweiligen Dimension müssen in angemessener Form umgesetzt werden. Das Kernteam überwacht diesen Sachverhalt und stellt sicher, dass die Ergebnisse der Teilteams auf den vier Dimensionen in adäquater Weise abgebildet werden können.

Es ist somit eine themenbezogene Matrixprojektorganisation erkennbar. Die Matrix bezieht sich auf die Aufgaben der Teilteams und die inhaltlichen Schnittpunkte zu den vier Dimensionen. Die Weisungslinien und die Kompetenzen folgen allerdings nicht dieser Matrix. Vielmehr wird im Rahmen des Harmonisierungsprozesses von einer klar definierten Hierarchie ausgegangen. Die Teilteams berichten an das Kernteam und dieses wiederum an die Projektleitung. Das Kernteam muss hierbei sicherstellen, dass die in den Teilteams erarbeiteten Umsetzungs- und Lösungsvorschläge, die in Kapitel drei herausgearbeiteten Anforderungen, Voraussetzungen und Auswirkungen einer harmonisierten Unternehmensrechnung, berücksichtigen. Das Kernteam hat auch eine koordinierende Funktion auszuüben, indem die teilteamübergreifenden Themen aufeinander abzustimmen sind. So muss z. B. für Zwecke der Segmentberichterstattung der Management Approach sowohl bei der Datenerfassung und Datenaufbereitung als auch bei der Berichterstattung im harmonisierten Datenbestand berücksichtigt werden. Die Projektleitung untersteht direkt dem Projekt-Lenkungsausschuss. Als Hauptthemenkomplexe für die Teilteams kommt z. B. eine Unterteilung in die Datenerfassung, Datenaufbereitung und Berichterstattung in Frage. Aufgrund der Komplexität des Harmonisierungsprojekts lassen sich weitere Teilteams bilden, so kann beispielsweise, zur adäquaten Berücksichtigung der berichtspflichtigen Anforderungen, das Teilteam für die Berichterstattung in weitere Teilteams (zur Abdeckung von Spezialthemen) untergliedert werden, z. B. in das Teilteam Segmentberichterstattung und Kapitalflussrechnung. Des Weiteren könnten sich Teilteams mit der Thematik der Abstimmung konzerninterner Transaktionen beschäftigen oder sich der Konsolidierungsproblematik widmen.

Bei näherer Betrachtung der themenbedingten Schnittpunkte der Teilteams zu den vier Dimensionen wird deutlich, welche Themen jeweils zu klären sind bzw. auf welche Sachverhalte besonders geachtet werden muss. Jedes einzelne Teilteam sollte ein klar definiertes Arbeitspaket zur Bearbeitung aufgetragen bekommen.[630]

Als Beispiel soll das Teilteam vorgestellt werden, welches sich mit der Thematik der Datenerfassung beschäftigt. Der erste Schnittpunkt ist die Dimension des Inhalts. Hier ist beispielsweise zu klären, welche Validierungen und Plausibilitätsprüfungen zur Sicherung und Steigerung der Qualität der Daten formuliert werden können. Des Weiteren geht es hier um die Festlegung von Richtlinien zur Einschränkung von Ansatz- und Bewertungswahlrechten. Bei Betrachtung des Schnittpunkts der Dimension Struktur kann es um den Aufbau und die Gliederungstiefe des globalen Kontenplans (GCoA) und die Vorgabe der Profit-Center-Struktur für die Datenerfassung gehen. Hierbei sind die extern (z. B. Gliederungstiefe der GuV) und intern (z. B. Profit-Center-Struktur im Sinne der Segment- und Geschäftsbereichsstruktur) vorgegebenen Anforderungen zu beachten. Der dritte Schnittpunkt befasst sich u. a. mit der Definition der prozessualen Abfolge bei der Datenerfassung. So sind beispielsweise bestimmte Daten am 7. Arbeitstag (AT), z. B. GuV-relevante Zahlen gemäß der Profit-Center-Struktur, andere Daten dagegen erst am 9. AT fällig, z. B. Zusatzmeldedaten, die nicht in der Granularität der Profit-Center-Struktur vorhanden sein müssen und auch nicht in dieser benötigt werden. Bei Betrachtung der letzten Schnittstelle sind technische Sachverhalte bei der Datenerfassung zu klären. Es geht u. a. um die Frage der Art und Weise der Datenanlieferung oder -abgabe der berichtenden Konzerngesellschaften, Teilkonzerne und zentralen Bereiche, z. B. über eine manuelle oder maschinelle Erfassung (Upload).

---

[630] Vgl. Schulte-Zurhausen, M. (2005), S. 435; Spiess, W./Felding, F. (2008), S. 153 f.

4.2.2 Personelle Anforderungen und Zusammensetzung

Eine wichtige Voraussetzung für den Erfolg und die Qualität eines Projekts ist die richtige Auswahl und Zusammensetzung der Projektmitglieder. Als weiteres Kriterium für den Erfolg eines Projekts ist die wirkungsvolle und zielgerichtete Zusammenarbeit dieser Projektmitglieder zu nennen.[631] Um die Realisierung der Ziele des Projekts zu gewährleisten, ist also ein funktionsfähiges Projektmanagement zu etablieren. Diese Aufgabe wird von dem bereits erwähnten Projekt-Lenkungsausschuss wahrgenommen.[632] Hierzu müssen geeignete Führungskräfte für das Projektmanagement gefunden werden. Als personelle Auswahlkriterien sind die in Abschnitt 4.1.2 dargestellten Kompetenzen und die dort formulierten Aufgaben und Anforderungen zu beachten.

Um die Wichtigkeit des Projekts herauszustellen, sollte sich der Projekt-Lenkungsausschuss aus Führungskräften der oberen Managementebene der Controlling-Organisation zusammensetzen.[633] In Frage kommen beispielsweise die dem Chief Financial Officer (CFO) unmittelbar untergeordneten Führungskräfte der Controlling-Organisation. Um die Tragweite des Projekts für das Unternehmen noch deutlicher zu machen, sollte der CFO als treibende Kraft und Unterstützer des Projekts in Erscheinung treten.[634] Der Projekt-Lenkungsausschuss betreibt seine Arbeit hauptsächlich im Nebenamt und ist in regelmäßig stattfindenden oder ad hoc einberufenen Konferenzen und Meetings über Projektstatus und auftretende Probleme zeitnah zu unterrichten. Der Projekt-Lenkungsausschuss sollte das Projekt positiv nach außen vertreten und eine Schutzfunktion für das Projekt ausüben. Er hat u. a. die Aufgabe, die finanziellen Mittel für das Projekt bereitzustellen, über Ergebnisse der Meilensteine und mögliche Lösungswege zu entscheiden und das Gesamtprojekt offiziell zu beenden.[635] Der Projekt-Lenkungsausschuss ernennt auch die verantwortliche Person für die

---

[631] Vgl. Krüger, W. (1994), S. 403.; Marr, R./Steiner, K. (2004), S. 1204 f.; Reiß, M (1996), S. 1665 f.

[632] Vgl. Schulte-Zurhausen, M. (2005), S. 414 f.; Spies, W./Felding, F. (2008), S. 160 f.

[633] Die personelle Zusammensetzung des Projekt-Lenkungsausschusses kann für mehrere Projekte identisch sein, so dass in der Praxis häufig mehrere Projekte von einem Projekt-Lenkungsausschuss gesteuert werden. Vgl. Pfetzing, K./Rohde, A. (2006), S. 53 f.

[634] Ein Mitglied des Vorstands kann durch seine Anwesenheit die Wichtigkeit und Bedeutung des Projekts unterstreichen. Er tritt als Förderer des Projekts in Erscheinung und verleiht dem Projekt bei Schwierigkeiten Rückendeckung. Dies trifft generell auf alle wichtigen Projekte zu. Vgl. Birker, K. (2003), S. 177 f.; Hebeler, C. (2007), S. 5; Pfetzing, K./Rohde, A. (2006), S. 56 f.

[635] Vgl. Pfetzing, K./Rohde, A. (2006), S. 53 f.

Projektleitung. Erfolg oder Misserfolg eines Projekts ist sehr stark von der Person des Projektleiters abhängig und sollte aus diesem Grund besondere Beachtung finden. Wichtig in diesem Zusammenhang ist, dass die entsprechende Person bereits über Erfahrungen in der Projektarbeit verfügt und auch bereits Kenntnisse und Fähigkeiten im Changemanagement[636] gesammelt hat und die in Abschnitt 4.1.2 aufgezeigten Kompetenzen bestmöglich erfüllt. Zudem sollte die Person eine gewisse Stressresistenz mit sich bringen. Da das Projekt der Harmonisierung bei einem internationalen Konzern nationale Grenzen überschreiten wird, sind besondere Aspekte bei der Auswahl des Projektleiters zu beachten. Der Projektleiter sollte in diesem Zusammenhang u. a. Offenheit für fremde Kulturen haben sowie fremdes und anderes Verhalten akzeptieren.[637] Grenzüberschreitung wird im Rahmen des Harmonisierungsprojekts vor allem bei der Einbeziehung der Konzerngesellschaften, Teilkonzerne und Geschäftsbereiche, die außerhalb Deutschland ansässig sind, auftreten.

Der Aufgabenbereich des Projektleiters ist vielschichtig und lässt sich in systembildende und systemkoppelnde Tätigkeiten unterteilen. Der Schwerpunkt wird im Projekt bei den systembildenden Aufgaben zu finden sein, da es hier um den strukturellen Neuaufbau eines harmonisierten Systems der Unternehmensrechnung geht. Die Projektleitung ist verantwortlich für die fristgerechte Bereitstellung und für die geforderte Qualität der vordefinierten Leistungen. Zudem hat der Projektleiter Plan-Ist-Vergleiche und Plan-Wird-Vergleiche durchzuführen und die Risiken des Projekts zu überwachen sowie den Projekt-Lenkungsausschuss bei gravierenden Ereignissen oder Plan-Abweichungen zu informieren. Plan-Wird-Vergleiche sollen in diesem Zusammenhang vor allem ein Vergleich zwischen dem erwarten Resultat, gemäß jetzigem Kenntnisstand, und dem Ursprungsplan ermöglichen. Um das Projekt aktiv steuern zu können sind u. a. wiederkehrend stattfindende Planfortschrittskontrollen von der Projektleitung zu koordinieren bzw. durchzuführen.[638] Die Aufgaben der Projektleitung sind in hauptamtlicher Tätigkeit wahrzunehmen.[639] Der

---

[636] Unter dem Begriff Changemanagement soll hier zum einen das Management von Änderungen innerhalb eines bestehenden Projekts sowie zum anderen generell das Management von gewollten Veränderungen in den Bereichen Strategie, Geschäftsprozesse, Aufbauorganisation, Denkweisen und Verhalten usw. verstanden werden. Vgl. Cronenbroeck, W. (2004), S. 80 f.; Litke, H.-D. (2007), S. 259 f.
[637] Vgl. Cronenbroeck, W. (2004), S. 154 f.
[638] Vgl. Kraus, G./Westermann, R. (2006), S. 127 f.; Litke, H.-D. (2007), S. 161.
[639] Zur detaillierten Darstellung der Aufgaben und des Zuständigkeitsbereichs der Projektleitung und deren Abgrenzung gegenüber denen des Projekt-

Projektleiter muss zur Erledigung der genannten Aufgaben die volle Unterstützung des Projekt-Lenkungsausschuss und des übergeordneten Managements erhalten. Diese Unterstützung muss auch allen Projektbeteiligten deutlich werden.

Des Weiteren ist vom Projekt-Lenkungsausschuss das Kernteam zu benennen. Die Mitarbeiter dieses Kernteams sollten ihre Arbeit als hauptamtliche Tätigkeit durchführen können.[640] Das Kernteam sollte aus mehreren Mitgliedern bestehen, die unterschiedliches und sich ergänzendes Spezialistenwissen in Bezug auf die vier Dimensionen besitzen.

Im betrachteten Fall wird das Kernteam kontextbezogen in die Themenbereiche der vier Dimensionen der inhaltlichen, strukturellen, prozessualen und technischen Perspektive unterteilt. Da das Tagesgeschäft nicht vernachlässigt werden darf, sind die Mitglieder der Teilteams zu Beginn des Projekts eher nebenamtlich mit ihren Projektaufgaben beschäftigt. Jedoch ist es bei Erreichen eines bestimmten Projektstatus sinnvoll, nicht nur die Mitglieder des Kernteams, sondern auch Mitarbeiter verschiedener Teilteams hauptamtlich und vollständig in die Projektarbeit zu integrieren. Es besteht die Möglichkeit, sich zur Unterstützung, aber auch zur eigenständigen Durchführung diverser Arbeiten der Hilfe von externen Beratern und Zeitarbeitskräften zu bedienen. Der Umfang des Einsatzes ist abhängig von vorhandenen Personalressourcen und den veranschlagten Kosten des Projekts.

Die Mehrzahl der Projektmitarbeiter befasst sich im Tagesgeschäft hauptsächlich mit speziellen Themen. Sie sind organisatorisch den Teilteams zuzuordnen, in denen ihr Spezialistenwissen den größten Nutzen bringt. Bei der Zusammensetzung von Kern- und Teilteams durch den Projekt-Lenkungsausschuss kann es durchaus zu Mehrfachmitgliedschaften einzelner Mitarbeiter kommen, d. h. dass sowohl Mitarbeiter eines Teilteams in anderen Teilteams als auch die Mitglieder des Kernteams in bestimmten Teilteams mitwirken können.[641] Aufgrund der Komplexität der Harmonisierung der Unternehmensrechnung ist es angebracht, sowohl Kern- als auch Teilteams mit spezialisierten Mitarbeitern mit heterogenen

---

Lenkungsausschusses vgl. Schulte-Zurhausen, M. (2005), S. 421 f.; Bühner, R. (2004), S. 222 f.; Pfetzing, K./Rohde, A. (2006), S. 44 f.

[640] In der von *Horváth/Arnaout* 1997 veröffentlichten Untersuchung wurden für das Projekt der Harmonisierung von interner und externer Unternehmensrechnung im Wesentlichen interne Mitarbeiter eingesetzt. Vgl. Horváth, P./Arnaout A. (1997), S. 265.

[641] Vgl. Krüger, W. (1994), S. 392.

Kompetenzschwerpunkten möglichst aller betroffenen Bereiche zu besetzen.[642] Die sich ergänzenden Kompetenzen setzen sich in diesem Fall aus den Komponenten Wissenspotenzial, Erfahrung und Engagement der Mitarbeiter zusammen. Daneben sollte sich das Team auch aus unterschiedlichen Charakteren mit unterschiedlichen Denk- und Verhaltensmuster zusammensetzen, z. B. analytisch, planerisch, distanziert, personenorientiert, kommunikativ und innovativ.[643]

Die von der Harmonisierung betroffenen Mitarbeiter sind zu Beteiligten des Projekts zu machen.[644] Den Mitarbeitern der involvierten Bereiche soll somit die Möglichkeit gegeben werden, ihr zukünftiges Arbeitsumfeld durch aktive Mitarbeit im Projekt zum Teil selbst mitgestalten zu können. Als betroffene Bereiche kommen die Controlling-Einheiten der Konzernzentrale, Konzerngesellschaften, Teilkonzerne und Geschäftsbereiche in Frage.

Bei Betrachtung der personellen Zusammensetzung des vierten Kernteams, das sich mit der Dimension der Technik auseinandersetzt, sind fundierte Kenntnisse und Einführungserfahrungen mit der jeweils zugrunde liegenden Software für einen erfolgreichen Projektabschluss zwingende Voraussetzung. Dieses Know-how besitzen im Allgemeinen Mitarbeiter entsprechender Beratungs- oder Softwareunternehmen.[645] Diese Know-how-Träger sind ebenfalls in die einzelnen Teilteams zu integrieren.

Bei der personellen Besetzung der Projektleitung und der Kernteams sollte darauf geachtet werden, dass die ausgewählten Mitarbeiter in verantwortlichen Positionen des Projekts als Promotoren[646] des Gesamtprojekts anzusehen sind und dessen Zielrealisierung aktiv unterstützen. Die einzelnen Teilteams sollten jeweils einen Sprecher aus ihrer Mitte wählen können, um der existierenden hierarchischen Denkweise aus der Primärstruktur zu entgehen und die Kreativität und Effektivität des Gesamtprojekts zu fördern. Die Verantwortlichkeit für die Aufgaben der

---

[642] Vgl. Schön, D./Kröninger, L. (2005), S. 90 f.; Brehm, C. R./Hackmann, S./Jantzen-Homp, D. (2006), S. 215 f.; Bühner, R. (2004), S. 230 f.
[643] Vgl. Litke, H.-D. (2007), S. 181 f.
[644] Vgl. Schulte-Zurhausen, M. (2005), S. 406.
[645] Vgl. Eickhoff, W. (2000), S. 599 f.
[646] Als Promotoren sind im Rahmen dieses Harmonisierungsprozesses diejenigen Mitarbeiter zu subsumieren, die als treibende, befürwortende Kräfte voll hinter dem Projekt stehen und von seinem Erfolg und der Notwendigkeit überzeugt sind. Gegenkräfte der Promotoren sind die Opponenten. Neben diesen zwei Gruppen existiert auch noch die Gruppe der Unentschiedenen. Vgl. hierzu Krüger, W. (2006b), S. 129 f.

einzelnen Teilteams liegt somit bei der Gruppe, sie kann aber durchaus auch an eine Person übertragen werden. In diesem Fall hat der Projekt-Lenkungsausschuss die Verantwortlichen der Teilteams zu ernennen.[647] Es wird deutlich, dass Projekte generell und das Harmonisierungsprojekt im Speziellen die Abteilungsgrenzen festgelegter Bereiche überschreiten.[648]

Wie bereits angedeutet besteht zur personellen Unterstützung generell die Möglichkeit, nicht nur bei Betrachtung der technischen Dimension externe Berater in die Projektarbeit einzubeziehen. Hierdurch kann der zeitliche Aspekt und somit die Dauer des Projekts minimiert werden. Die Mitarbeiter dieser Beratungsunternehmen sollten allerdings bereits einige Erfahrung mit der Durchführung eines solch komplexen und aufwändigen Projekts wie der Harmonisierung von interner und externer Unternehmensrechnung gesammelt haben und Kenntnisse im Umgang mit der zur Anwendung kommenden IT aufweisen.[649]

4.3 Darstellung des Harmonisierungsprojekts durch ein Phasenmodell unter Berücksichtigung von Problemfeldern

4.3.1 Allgemeine Anmerkungen zum Projekt der Harmonisierung

Die in diesem Abschnitt zu betrachtenden Überlegungen befassen sich mit der Umsetzung des Harmonisierungsprojekts von einer ursprünglich intern und extern zweigeteilten Unternehmensrechnung hin zur harmonisierten Unternehmensrechnung.[650] Der Harmonisierungsprozess auf Ebene eines international tätigen Konzerns ist in seiner Gesamtheit als äußerst aufwändige und komplexe Aufgabe anzusehen. Aus diesem Grund sollte das Gesamtvorhaben der Harmonisierung der Unternehmensrechnung auf inhaltlicher, struktureller, prozessualer und technischer Ebene den Status eines Projekts bekommen und organisatorisch in der Konzernstruktur verankert werden. In der empirischen Untersuchung von *Müller* wird hierzu die These: *„Je größer das Unternehmen, desto größer ist die Wahrscheinlichkeit, dass ein eigenständiges Harmonisierungsprojekt durchgeführt wird",*[651] bestätigt.

---

[647] Vgl. zu hierarchiefreien und hierarchischen Projektgruppen der Teilteams Schulte-Zurhausen, M. (2005), S. 420 f.
[648] Vgl. Schreyögg, G. (2003), S. 192 f.
[649] Vgl. Eickhoff, W. (2000), S. 599 f.; Krüger, W. (2006a), S. 165 f.; Birker, K. (2003), S. 170.
[650] Der in diesem Kapitel beschriebene Harmonisierungsprozess ist nicht zu verwechseln mit der in Abschnitt 3.4 beschriebenen prozessualen Harmonisierung.
[651] Müller, M. (2006), S. 192.

Für den Harmonisierungsprozess bietet sich eine Unterteilung in fünf sachlogisch aufeinander aufbauende Phasen an. Die fünf Phasen werden im Rahmen dieser Arbeit als Initialisierungs- und Analysephase, Konzept- und Testphase, Implementierungsphase, Roll-out-Phase und Release-Phase abgegrenzt.[652] Die Kontrolle des Projektfortschritts ist nicht explizit als eigenständige Phase deklariert, da Kontrollen nach und während jeder Phase durchzuführen sind und somit alle Phasen des Projekts betreffen. Dieser Sachverhalt trifft auf die Projektplanung ebenfalls zu, denn die Projektplanung ist jeweils auf der Grundlage neuer oder gegenwärtiger Informationen und Erkenntnisse zu aktualisieren.

Die prozessuale Abfolge aufeinander folgender Phasen ist im Wesentlichen durch ein hohes Maß an Flexibilität in Bezug auf die sequenzielle Reihenfolge und zeitliche Abfolge gekennzeichnet, d. h. Überlappungen und parallele Abläufe zwischen den Phasen sind möglich und zu empfehlen. So kann beispielsweise noch während der Konzept- und Testphase mit Tätigkeiten der Implementierung begonnen werden. Diese prozessuale Flexibilität kann sich auf die gesamte Dauer des Harmonisierungsprojekts positiv auswirken, indem Zeitersparnisse und somit auch Kosteneinsparungen realisiert werden können.[653] Des Weiteren lassen sich hierdurch kritische und vorher nicht geplante Sachverhalte, die den weiteren Projektfortschritt potentiell gefährden könnten, frühzeitiger erkennen. Die Initialisierungs- und Analysephase ist dagegen von der Möglichkeit der Überlappung und Parallelisierung weitestgehend ausgeschlossen, da es in dieser ersten Phase hauptsächlich um den Projektanstoß geht.[654] Die in Kapitel 3 erarbeiteten Voraussetzungen der Harmonisierung der Unternehmensrechnung auf inhaltlicher, struktureller, prozessualer und technischer Ebene sind für den Harmonisierungsprozess als Rahmenbedingungen anzusehen. Diese Voraussetzungen sind in jeder Phase des Harmonisierungsprozesses zu beachten und adäquat zu erfüllen.

Die Abbildung 27 gibt einen Gesamtüberblick über die verschiedenen Komponenten des Harmonisierungsprozesses. Die zu beachtenden Dimensionen auf inhaltlicher, struktureller, prozessualer und technischer Ebene sind hierbei nicht einer originären Phase des Harmonisierungsprozesses zuzuordnen und ziehen sich demnach durch alle

---

[652] Je nach Zweck eines Projekts kann eine unterschiedliche Einteilung der Phasen erfolgen. Zur möglichen Abgrenzung der Phasen verschiedener Projekte vgl. Jossé, G. (2001), S. 64.
[653] Vgl. Schuler, A. H. et al. (2003), S. 578; Bühner, R. (2004), S. 223 f.; Krüger, W. (2006b), S. 83 f.
[654] Vgl. Krüger, W. (2006b), S. 81 f.

Phasen des Projekts. Dies wurde bereits bei Diskussion des organisatorischen Aufbaus des Harmonisierungsprojekts deutlich. Es ist zu erkennen, dass sich das Projekt der Harmonisierung in weitere Teilprojekte untergliedern lässt. Als Teilprojekte werden Vorprojektaufgaben, Strategieprojekte, Kommunikationsprojekte, Vorbereitungsprojekte und Folgeprojekte unterschieden.[655] Diese wiederum haben alle einen individuellen Schwerpunkt und können somit den einzelnen Phasen des Projekts zugeordnet werden. So haben z. B. die Vorprojektaufgaben ihren Schwerpunkt in der Initialisierungs- und Analysephase und die Strategieprojekte in der Konzept- und Testphase. Es soll deutlich werden, dass die zu beachtenden inhaltlichen, strukturellen, prozessualen und technischen Implikationen in jeder Phase und somit auch in jedem Teilprojekt Beachtung finden müssen.

	Phasen	Teilprojekte (Schwerpunkt)	Dimensionen (in jeder Phase und in jedem TP zu beachten)
		Komponenten des Harmonisierungsprozesses	
1	Initialisierungs- und Analysephase	Vorprojektaufgaben	Inhalt
2	Konzept- und Testphase	Strategieprojekte	Struktur
3	Implementierungsphase	Kommunikationsprojekte	Prozess
4	Roll-out-Phase	Vorbereitungsprojekte	Technik
5	Release-Phase	Folgeprojekte	

Abb. 27: Komponenten des Harmonisierungsprozesses[656]

In der nachfolgenden Abbildung 28 wird die angesprochene mögliche Zeitersparnis durch Parallelisierung der Phasen 2 bis 5 verdeutlicht. Hierbei sei darauf hingewiesen, dass es immer wieder zu Rückkopplungen auf vorangehende Projektphasen kommen kann. Auslöser einer solchen Rückkopplung sind z. B. Probleme oder Fehlentwicklungen, die während einer Projektphase auftreten können und einen Rückgriff auf die Konzept- und Testphase verlangen.[657] Für die Gesamtdauer des Projekts der

---

[655] Vgl. ähnliche Unterteilung bei Krüger, W. (2006b), S. 31 f.
[656] Quelle: Eigene Darstellung.
[657] Vgl. Jossé, G. (2001), S. 72 f.

Harmonisierung kann man von einem Zeitraum von ungefähr ein bis zwei Jahren ausgehen.[658]

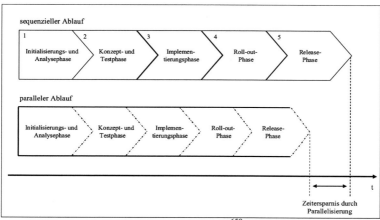

Abb. 28: Zeitersparnis durch Parallelisierung[659]

Das eindeutig und klar strukturierte Phasenmodell ermöglicht durch seine transparente Darstellung und sachlogische Reihenfolge eine effiziente Projektrealisierung und erlaubt zudem stets eine Kontrolle der bereits durchlaufenen Phasen und Teilprojekte.[660] Die möglichen Problemfelder, die während der Projektumsetzung auftreten können, werden im nächsten Abschnitt angesprochen. Bei der darauf folgenden detaillierten Darstellung der fünf Phasen werden zugehörige Lösungsalternativen vorgestellt.

---

[658] Vgl. Melcher, W. (2002), S. 82; Müller, H. (2006), S. 190; Horváth, P./Arnaout, A. (1997), S. 265.
[659] Quelle: Eigene Darstellung.
[660] Vgl. Stietz, O. (1995), S. 40 f.

4.3.2 Problemfelder während des Harmonisierungsprojekts

Probleme können in jeder Phase auftreten und jede Dimension des Harmonisierungsprojekts betreffen. Generell können Problemfelder und Konfliktquellen technische, organisatorische oder menschliche Ursachen haben.[661] Bei Planung und Durchführung des Projekts sollte dem Projekt-Lenkungsausschuss und der Projektleitung auch bewusst sein, welche potenziellen Risiken während des Projektablaufs auftreten könnten. Durch eine hiermit verbundene Risikoanalyse würde sich die Wahrscheinlichkeit von unerwartet eintretenden Ereignissen reduzieren lassen.[662] Mit Einhaltung und Realisierung der im dritten Kapitel formulierten Voraussetzungen, Anforderungen und Auswirkungen der vier Dimensionen können Problemfelder während des Projekts minimiert oder ganz ausgeschlossen werden. Aus diesem Grund sollen die möglichen und speziellen Probleme dieser vier Dimensionen nicht im Fokus der weiteren Betrachtung stehen.

Die im Folgenden dargestellten Problemfelder resultieren weitestgehend aus dem Verhalten und der Einstellung der am Projekt beteiligten Personen.[663] Der Fokus dieser Betrachtung liegt somit auf der personellen und menschlichen Ebene. Probleme auf personeller und menschlicher Ebene können bei verschiedenen Mitarbeitern, der von der Harmonisierung betroffenen Abteilungen und Bereichen, in unterschiedlicher Ausprägungsform auftreten und ziehen sich teilweise durch den gesamten Harmonisierungsprozess. Im Rahmen der in den nächsten Abschnitten dargestellten fünf Phasen sind entsprechende Maßnahmen zu formulieren und zu implementieren, die diesen Problemfeldern entgegenwirken können bzw. sie erst gar nicht entstehen lassen. Ziel muss es grundsätzlich sein die Vor- und Nachteile, die Auswirkungen und die Notwendigkeit der Harmonisierung von interner und externer Unternehmensrechnung und die dahinter stehende Strategie klar zu definieren und bereits zu Beginn des Projekts den betroffenen Mitarbeitern zu kommunizieren. Die mit der Harmonisierung der Unternehmensrechnung erforderlichen Veränderungen sollen als Chance und nicht als Risiko wahrgenommen werden.

Akzeptanz und Verständnis sind wichtige Kriterien einer erfolgreichen Umsetzung des Projekts. Durch frühzeitige Partizipation und Kommunikation können Widerstände schnell überwunden und die Kooperationsbereitschaft

---

[661] Vgl. Litke, H.-D. (2007), S. 55 f.
[662] Risikoanalysen können mit analytischen Methoden oder mit Hilfe von Computersimulationen durchgeführt werden. Vgl. Litke, H.-D. (2007), S. 148 f.; Marr, R./Steiner, K. (2004), S. 1294; Spiess, W./Felding, F. (2008), S. 157 f.
[663] Vgl. Schulte-Zurhausen, M. (2005), S. 411 f.

erhöht werden.[664] In diesem Fall sind primär die Fähigkeiten des Projektmanagements und des Projektleiters in Form der sozialen Kompetenz gefragt.[665]

Als mögliche Problemfelder auf Ebene der Mitarbeiter und Führungskräfte (personelle Ebene) kommen in Frage:[666]

- Fehlende Akzeptanz
- Kein ausreichendes Problem- und Problemlösungsbewusstsein
- Mangelnde Einstellung und Motivation
- Angst vor Kompetenzverlust
- Angst vor der neuen Aufgabe durch mögliche Qualifikationsdefizite
- Projektkomplexität
- Ungewissheit über organisatorische und prozessuale Anpassungsmaßnahmen und deren Auswirkungen
- Abteilungsdenken
- Große Zahl von Opponenten
- Generelle Ablehnung von Veränderungen (Festhalten an Vertrautem)
- Angst vor Verlust des Arbeitsplatzes durch die geplante Realisierung von Einsparungseffekten
- Kulturelle und sprachliche Barrieren

Die aufgezählten Problemfelder dürfen bei der Umsetzung des Harmonisierungsprojekts keinesfalls unterschätzt werden. Es gilt auch zu beachten, dass diese Problemfelder sich nicht nur bei einzelnen Mitarbeitern, sondern auch in Gruppen konzentrieren können. Des Weiteren ist zu erwähnen, dass die Projektarbeit durch oft unkonventionelle Arbeitszeiten gekennzeichnet ist. In diesem Fall sind Regelungen zur Mehrarbeit, Entlohnung und zu bestehenden Betriebsvereinbarungen ins Kalkül mit einzubeziehen.[667]

Da bei dem Projekt der Harmonisierung der Unternehmensrechnung auf Ebene des Konzerns nationale Grenzen überschritten werden, handelt es sich um ein internationales Projekt. Aus diesem Grund ist das Problemfeld der kulturellen und sprachlichen Barrieren unbedingt zu beachten. Diese können

---

[664] Vgl. Diethelm, G. (2000), S. 28 f.
[665] Vgl. Caupin, G. et al. (1999), S. 89.
[666] Vgl. Stietz, O. (1995), S. 70 ff.; Schulte-Zurhausen, M. (2005), S. 411 f.; Hansmann, H./Neumann, S. (2005), S. 366 f.
[667] Vgl. Kraus, G./Westermann, R. (2006), S. 195 f.; Marr, R./Steiner, K. (2004), S. 1199 f.

erhebliche Konflikte durch unzureichendes oder unterschiedliches Verständnis hervorrufen. Hier sind beispielsweise die folgenden Konfliktursachen in Bezug zur Sprache zu nennen: Unklare Ausdrucksweise und unterschiedliche Interpretationsmöglichkeiten für dieselbe Information. Sollten hierfür keine geeigneten Lösungen gefunden und verankert werden, ist die erfolgreiche Umsetzung des Gesamtprojekts gefährdet. Generell können beispielsweise folgende Maßnahmen zur Reduzierung der Problem- und Konfliktfelder ergriffen werden: Gezielte und offene Informations- und Kommunikationspolitik, Betroffene zur Veränderung befähigen und in die Mitverantwortung nehmen, Entwicklung projektfördernder Einstellungen und Verhaltensweisen sowie die frühzeitige Identifikation der Problem-Stakeholder.[668] Durch eine geeignete Ausgestaltung der einzelnen Phasen des Phasenmodells ist diesen Problemfeldern zu begegnen.

4.3.3 Phasenmodell des Harmonisierungsprojekts

4.3.3.1 Initialisierungs- und Analysephase

Auslöser oder Initiator eines Projekts ist immer eine Idee, ein Problem, die Feststellung einer notwendigen Maßnahme oder der Wunsch, einen erwünschten Zustand zu erreichen.[669] Die Initialisierung läuft also zeitlich vor der Analyse ab und umfasst die Zeitspanne zwischen dem Empfinden des Problems und dem Entschluss etwas Konkretes zu unternehmen. Im hier betrachteten Fall geht es um die Erkenntnis der Problematik von zwei getrennten Rechenkreisen der Unternehmensrechnung und der Möglichkeit der Verbesserung der momentanen Situation für das Controlling und den Konzern insgesamt durch eine Harmonisierung dieser beiden Rechenkreise. Bevor aus dieser Erkenntnis ein Projekt wird, ist ein Projektantrag von den für die Unternehmensrechnung verantwortlichen Führungspersonen zu formulieren und beim oberen Management einzureichen. Erst mit Genehmigung des Projektantrags liegt ein Projektauftrag vor.[670] Der zu stellende Projektantrag sollte bereits erste Informationen über die verfolgten Ziele, eine Realisierbar- und Machbarkeitsstudie, eine Einschätzung der Risiken, die Darstellung der Vor- und Nachteile durch Analyse des Ist- und des Zielzustands, Voraussetzungen und mögliche Auswirkungen und die Dauer des Projekts sowie eine erste Einschätzung der Projektkosten beinhalten.[671] Um in dieser Phase eine zügige Transparenz und allgemeinen

---

[668] Vgl. Litke, H.-D. (2007), S. 259 f.
[669] Vgl. Birker, K. (2003), S. 40; Jossé, G. (2001), S. 29.
[670] Vgl. Marr, R./Steiner, K. (2004), S. 1199 f.; Jossé, G. (2001), S. 29.
[671] Vgl. Eickhoff, W. (2000), S. 595 f.; Birker, K. (2003), S. 37 f.; Jossé, G. (2001), S. 37 f.; Schulte-Zurhausen, M. (2005), S. 432 f.; Kuster, J. et al. (2006), S. 17.

Überblick zu bekommen, sollte hier die Vorgehensweise „vom Groben zum Detail" oder auch „vom Allgemeinen zum Speziellen" gewählt werden. Bei positiver Begutachtung mündet dieser Antrag anschließend in den eigentlichen Projektauftrag.[672] Aufgrund der Größe des Projekts ist der Projektantrag für die Harmonisierung der Unternehmensrechnung vom Verantwortlichen der Unternehmensrechnung bei der übergeordneten Führungsperson, i. d. R. der CFO einzureichen.[673] Es wird an dieser Stelle nochmals deutlich, dass in diesem Stadium zu Beginn der ersten Phase noch nicht von einem Projekt die Rede sein kann.[674] Vielmehr kann hier von einer Vorprojektphase gesprochen werden.[675] Das eigentliche Projekt beginnt erst mit dem Übergang zur Konzept- und Testphase. In der Initialisierungs- und Analysephase wird sich die Kommunikation dementsprechend auf eine kleine Anzahl von involvierten Personen beschränken.

Nach der eingehenden Voranalyse für den Projektantrag und der Erteilung des Projektauftrags durch das obere Management werden die Rahmenbedingungen formuliert und die Ziele des Projekts konkretisiert. Den Zielen des Projekts kommt eine große Bedeutung zu, da sie zum einen die Richtung des Projekts durch ihre Orientierungsfunktion klar vorgeben und zum anderen durch ihre Koordinationsfunktion unterstützend bei der Steuerung des Projekts wirken. Zudem eignen sich die Ziele sehr gut als Maßstab zur Kontrolle. Es ist darauf zu achten, dass die mit dem Projekt verfolgten Ziele mit den Zielen des Unternehmens im Einklang stehen und somit zielkongruent, fördernd und komplementär wirken.[676] Des Weiteren sind die organisatorische Struktur des Gesamtprojekts festzulegen sowie die einzelnen Phasen des Projekts ausführlich in Bezug auf die zu bearbeitenden Teilaufgaben auszuarbeiten und zu planen, um so die Transparenz zu fördern und die Komplexität zu reduzieren.[677] Das bedeutet, dass zumindest der Projekt-Lenkungsausschuss und die Projektleitung sich über die Bedeutung der inhaltlichen, strukturellen, prozessualen und technischen Ebene bereits in dieser Phase bewusst sein müssen. Anderenfalls besteht die Gefahr, dass nicht alle Themengebiete in angemessener Form im Projektverlauf berücksichtigt werden.

Nach Erteilung des Projektauftrags sind die Mitglieder des Projekt-Lenkungsausschusses zu benennen. Dieser Ausschuss wird mit dem weiteren

---

[672] Vgl. Krüger, W. (1994), S. 383 f.
[673] Vgl. Cronenbroeck, W. (2004), S. 344 f.
[674] Vgl. Krüger, W. (2006b), S. 81 f.
[675] Vgl. Kuster, J. et al. (2006), S. 17 f.
[676] Vgl. Kuster, J. et al. (2006), S. 40 f.; Birker, K. (2003), S. 42 f.
[677] Vgl. Schulte-Zurhausen, M. (2005), S. 432 f.; Kuster, J. et al. (2006), S. 33 f.

Projektmanagement betraut. In der Initialisierungs- und Analysephase werden im Wesentlichen die verschiedenen Kriterien der Projektplanung vorgenommen.[678] Hierbei sind die u. a. im Projektantrag betrachteten Sachverhalte einer tiefergehenden Analyse zu unterziehen. Neben den bereits genannten Aufgaben fällt hierunter die Erstellung des Ablauf- und Terminplans,[679] die Festlegung von Meilensteinen,[680] die detaillierte Ressourcen- (sowohl qualitativ als auch quantitativ) und Budgetplanung sowie die Festlegung der Aufgaben und Kompetenzen der zu benennenden Projektmitglieder, beginnend mit der Projektleitung über die Kernteams bis hin zu den Teilteams.[681] Bei der Budgetplanung können beispielsweise Verfahren der Schätzung angewendet werden, z. B. Expertenschätzung oder auch die Analogiemethode. Bei der Analogiemethode wird das zu untersuchende Projekt mit bereits abgeschlossenen Projekten verglichen. Hierbei sind die in der Vergangenheit angefallenen Kosten um die Unterschiede in der Aufgabenstellung entsprechend anzupassen.[682]

Die zuvor genannten Elemente der Projektplanung können in den verschiedenen Phasen oder zu bestimmten Terminen zur Projektkontrolle verwendet werden. Sobald das Projekt genehmigt ist, sollte bereits in der Analysephase darüber nachgedacht werden, ob eine Verankerung der Ziele des Projekts im Entlohnungssystem in Erwägung gezogen werden sollte, um nochmals die Wichtigkeit des Projekts hervorzuheben und die Akzeptanz sowie die Wahrscheinlichkeit einer erfolgreichen Umsetzung zu erhöhen. Am Ende dieser Phase wird empfohlen, bereits eine Entscheidung über die zur Anwendung kommende systemtechnische Unterstützung zu treffen, um in der nächsten Phase hierauf aufbauend bereits mit der operativen Projektarbeit der Kern- und Teilteams beginnen zu können. In der Initialisierungs- und Analysephase ist folglich auch zu entscheiden, welche soft- und

---

[678] Die Projektplanung gehört neben der Projektsteuerung und -kontrolle zu den Aufgaben des Projekt-Lenkungsausschusses und beinhaltet „...*die vorausschauende Festlegung der zukünftigen Projektdurchführung bezüglich Aktivitäten, Termine und Ressourcen.*" Schulte-Zurhausen, M. (2005), S. 431.

[679] Vgl. Melcher, W. (2002), S. 82; Horváth, P./Arnaout, A. (1997), S. 265. Zu den verschiedenen Möglichkeiten der Berechnung und Darstellung eines Ablaufplans z. B. Ermittlung der zeitlichen Dauer verschiedener Tätigkeiten und des Terminplans durch ein Balkendiagramm oder der Netzplantechnik vgl. Birker, K. (2003), S. 63 f.; Litke, H.-D. (2007), S. 100 f.; Spiess, W./Felding, F. (2008), S. 146 f.; Domschke, W./Drexl, A. (2007), S. 99 f.; Gohout, W. (2009), S. 147 f.

[680] Vgl. Kraus, G./Westermann, R. (2006), S. 95 f.; Birker, K. (2003), S. 83 f.; Grasl, O./Rohr, J./Grasl, T. (2004), S. 245 f.; Kuster, J. et al. (2006), S. 21 f.

[681] Vgl. Schulte-Zurhausen, M. (2005), S. 429 ff.; Jossé, G. (2001), S. 116 f.

[682] Zu weiteren Verfahren der Aufwandsschätzung vgl. Kuster, J. et al. (2006), S. 131 f.; Litke, H.-D. (2007), S. 111 f.

hardwaretechnische Unterstützung zum Einsatz kommen wird. Um diese Entscheidung treffen zu können, empfiehlt es sich mit einem Auswahlverfahren, z. B. in Form der Nutzwertanalyse, die Entscheidung zu fundieren.[683]

Abschließend zur ersten Phase gilt es zu beachten, dass hier bereits der Grundstock für die erfolgreiche Realisierung und Durchführung des Gesamtprojekts und auch für die durchzuführenden Aufgaben in den anderen Phasen geschaffen wird. Eine ausführliche Projektplanung unter Berücksichtigung zeitlicher und kapazitätsmäßiger Restriktionen ist für eine erfolgreiche Umsetzung unverzichtbar.[684] Wie bereits erwähnt, sollte die Projektplanung wiederkehrend und nicht einmalig durchgeführt werden. Es wird klar, dass einige Aufgaben und Tätigkeiten sich nicht nur auf die erste Phase beschränken, sondern als permanente Aufgaben und Tätigkeiten des Gesamtprojekts anzusehen sind, z. B. die wiederkehrend stattfindende Projektfortschrittskontrolle und die Projektkommunikation.

Als letzter Punkt und abschließende Aufgabe dieser ersten Phase sind die Vorkehrungen für einen reibungslosen Übergang zur Konzept- und Testphase zu treffen und zu organisieren.[685]

4.3.3.2 Konzept- und Testphase

Mit dieser Phase beginnt erst die eigentliche Projektarbeit, denn ab diesem Punkt beginnt die operative Tätigkeit in den Teilteams. Die Phase sollte mit einer Kick-off-Veranstaltung beginnen. Diese Veranstaltung dient hauptsächlich der Motivation, Akzeptanzsicherung und der Schaffung eines gemeinsamen Informationsstands bei den einzelnen Projektteilnehmern.[686] Die Art und Weise der ersten Kommunikation über das Projekt hat maßgeblichen Einfluss auf die Motivation und Akzeptanz der Projektbeteiligten.[687] Die Projektkommunikation durchzieht alle Phasen des Projekts und hat ihren Schwerpunkt in der dritten Phase des hier beschriebenen Harmonisierungsprojekts.

---

[683] Zur Auswahl von Soft- und Hardwaretechnik mithilfe der Nutzwertanalyse vgl. Steffin, W. (1995), S. 192 f. Zur generellen Vorgehensweise bei Anwendung der Nutzwertanalyse vgl. Hahn, D./Hungenberg, H. (2001), S. 65 f.; Litke, H.-D. (2007), S. 138 f.
[684] Vgl. Hansmann, S./Neumann, S. (2005), S. 355 f.
[685] Vgl. Eickhoff, W. (2000), S. 595 f.
[686] Vgl. Krüger, W. (1994), S. 392 f.; Kuster, J. et al. (2006), S. 267 f.
[687] Vgl. Birker, K. (2003), S. 27.

Die Mitarbeiter des Group Accounting sind als Teilnehmer zur Kick-off-Veranstaltung einzuladen, auch wenn einzelne von ihnen nicht von Beginn an in hauptamtlicher Tätigkeit am Projekt mitarbeiten. Die Mitarbeiter der Controlling-Abteilungen der Konzerngesellschaften, Teilkonzerne und Geschäftsbereiche sollten in dieser Veranstaltung ebenfalls über das Projekt informiert werden. Das Know-how dieser Mitarbeiter sollte bereits zu Beginn des Projekts aktiv genutzt werden. Obwohl die Mitarbeiter dieser Abteilungen nicht unmittelbar von den organisatorischen Auswirkungen betroffen sind, sollten sie dennoch aktiv am Projektfortschritt mitarbeiten.[688]

Um Gerüchten über mögliche Folgen und Auswirkungen besonders im Zusammenhang mit personalpolitischen Maßnahmen zu begegnen, ist eine offene und proaktive Kommunikationsstrategie zu empfehlen. Die Vor- und Nachteile sowie die mit der Harmonisierung verbundenen Möglichkeiten sind deutlich und transparent darzustellen. Wird das Projekt nicht von den betroffenen Mitarbeitern getragen, ist eine erfolgreiche und zielgerichtete Umsetzung stark gefährdet. Um eine offene und proaktive Kommunikation während des Gesamtprojekts zu fördern, können z. B. Projektdatenbanken und Intranet-Seiten sowie eine periodisch stattfindende Kommunikation und ein Projekt-Berichtswesen eingerichtet werden.[689] In diesem Zusammenhang sollte auch festgelegt werden, wer welche Informationen wie und wann an wen weitergeben soll. Hierbei sind die Zugriffsberechtigungen entsprechend des jeweiligen Verantwortungs- und Aufgabenbereichs der am Projekt beteiligten Mitarbeiter einzurichten.

Wie die erste Phase lässt sich auch die zweite Phase weiter untergliedern. Zuerst werden konzeptionelle Themen behandelt, die dann in einer Testphase auf ihre Realisierbarkeit hin überprüft werden. Die Konzeptphase ist der Testphase also zeitlich vorgelagert. Als unterstützende Methoden der konzeptionellen Arbeit eignen sich verschiedene Kreativitätstechniken (z. B. Brainstorming) und Analysetechniken (z. B. Szenariotechnik).[690] Die in der Initialisierungs- und Analysephase formulierten Ziele sind durch ein hier zu erstellendes Konzept in die Realität umzusetzen.[691] Die in Kapitel 3 erarbeiteten Voraussetzungen, Anforderungen und Auswirkungen der vier

---

[688] Es ist allerdings davon auszugehen, dass sich auch aufbau- und ablauforganisatorische Veränderungen innerhalb der Controlling-Abteilungen der Konzerngesellschaften, Teilkonzerne und Geschäftsbereiche ergeben werden.
[689] Vgl. Kuster, J. et al. (2006), S. 161 f.
[690] Zu den einzelnen Methoden und ihrer Anwendbarkeit in den einzelnen Phasen eines Projekts vgl. Kuster, J. et al. (2006), S. 348 f.
[691] Vgl. Birker, K. (2003), S. 124 f.

Dimensionen sind im Wesentlichen als Ergebnisse der Analyse- und Konzeptphase (Phase 1 und 2) anzusehen.

Die einzelnen Teilteams haben die Aufgabe, die ihnen zugewiesenen Themengebiete in dieser zweiten Phase durch Beachtung der Voraussetzungen und Anforderungen der vier Dimensionen effektiv und effizient zu lösen und ein Konzept zur Umsetzung zu erstellen. Die zu implementierenden Anforderungen an die IT sind zu definieren und zu programmieren sowie anschließend entsprechend zu testen. Hierzu ist vorab eine detaillierte Ist-Analyse des betrachteten Themengebiets durchzuführen und die bestehenden Abläufe sind zu dokumentieren.[692] Die detaillierte Ist-Analyse sollte jeweils die besonderen Problemgebiete der Dimensionen des Inhalts, der Struktur, der Prozesse sowie der Technik berücksichtigen. Die Teilteams haben zudem die Aufgabe, verschiedene Alternativen unter Berücksichtigung von Kosten-/Nutzen-Aspekten zu diskutieren und eine Entscheidung über die weitere Vorgehensweise zu treffen.[693] Um diese Aufgabe adäquat ausführen zu können, sollte ein zentrales Projektbüro (Project Office) eingerichtet werden. Die Zentralisierung der Projekt-Räumlichkeiten kann positive Auswirkungen auf die Projektarbeit insgesamt haben, z. B. in Form von kurzen Informations- und Entscheidungswegen.[694]

Die in den Teilteams erstellten Konzepte und Testszenarien sind als einzelne Strategieprojekte zu bezeichnen, geben sie doch maßgeblich die Richtung und weitere Ausrichtung des Projekts vor. Die in der zweiten Phase des Harmonisierungsprozesses durchzuführenden Tätigkeiten haben demzufolge ihren Schwerpunkt in der Formulierung verschiedener Strategiealternativen in Bezug auf das Konzept und die notwendigen Tests. Die ausgearbeiteten Ergebnisse und Lösungsvorschläge der Teilteams sind in einem ersten Schritt mit den Kernteams und der Projektleitung abzustimmen und in einem zweiten Schritt, in regelmäßig stattfindenden Status-Meetings, dem Projekt-Lenkungsausschuss, vorzulegen. Der Projekt-Lenkungsausschuss hat in dieser zweiten Phase in Zusammenarbeit mit den Kern- und Teilteams die durchzuführenden Schulungs- und Trainingsmaßnahmen zu planen sowie die dort zu vermittelnden Inhalte festzulegen.

Sobald alle konzeptionellen Fragen geklärt und systemseitig umgesetzt sind, können erste Tests durchgeführt werden. Hierfür ist es ratsam, neben einem Produktivsystem auch ein Entwicklungs- und Testsystem für einen

---

[692] Vgl. Hansmann, H./Neumann, S. (2005), S. 358 f.
[693] Vgl. Krüger, W. (2006b), S. 70 f.
[694] Vgl. Litke, H.-D. (2007), S. 243 f.

reibungslosen Ablauf vorzuhalten.[695] Im Entwicklungssystem werden die Konzepte technisch umgesetzt. Im Testsystem finden erste Tests statt. Durch diese Plattform lassen sich die Tests zur Abnahme auch sehr gut dokumentieren. Vor allem bei weiteren Entwicklungen nach Abschluss des eigentlichen Harmonisierungsprojekts ist das Vorhalten eines Entwicklungs- und Testsystems von Vorteil. Bei positivem Test werden die einzelnen Komponenten auf das Produktivsystem übertragen.[696]

Die Testphase ist im Rahmen des Harmonisierungsprozesses zwar zusammen mit der Konzeptphase als eigenständige Phase dargestellt, es gilt jedoch zu beachten, dass die Tests sich durchaus auf die weiteren Phasen übertragen lassen und das permanent Tests durchgeführt werden müssen. Der Endtest auf Ebene des Konzerns kann in verschiedenen Variationen durchgeführt werden. Zum einen kann der letzte Abschluss des Konzerns auf dem neuen System durch eine maschinelle Datenübernahme nachgebildet werden,[697] zum anderen könnte auch ein Parallelabschluss durchgeführt werden. Das letztere würde bedeuten, dass sowohl ein Abschluss im Alt- als auch im Neusystem durchzuführen ist. Als dritte Alternative könnte ein abgewandelter Parallelabschluss in Erwägung gezogen werden. Hier sind auf Basis des Altsystems ein Abschluss auf sehr hohem Aggregationslevel des Konzerns, z. B. auf Ebene der Segmentberichterstattung, und der komplette Abschluss in vollem Detailgrad auf Basis des harmonisierten Systems durchzuführen.[698] Als vierte Alternative käme in Frage, dass sich in der Testphase auf eine bestimmte Zahl größerer Konzerngesellschaften oder Teilkonzerne beschränkt wird und mit diesen einen Abschluss mithilfe des neuen Systems durchführt.[699]

Die Alternativen Zwei und Drei würden voraussetzen, dass die Implementierung bei allen Konzerngesellschaften und Teilkonzernen bereits stattgefunden hat. Die vierte Alternative würde zwar eine Implementierung nur bei einer bestimmten Anzahl von Gesellschaften des Konzerns vorsehen,

---

[695] Siehe hierzu vergleichend die Vorgehensweise der Hard- und Software-Installation von SAP R/3 bei der *Atotech Deutschland GmbH*. Bei diesem Projekt wurden ein Test- und ein Produktivsystem verwendet. Vgl. Steffin, W. (1995), S. 196 f.
[696] Systemanpassungen, die nach dem Endtest durchgeführt werden, sind dann wiederum auf dem Testsystem durchzuführen.
[697] Vgl. Eickhoff, W. (2000), S. 598.
[698] Da bei einem börsennotierten Konzern mindestens von einer quartalsweisen externen Berichterstattung ausgegangen werden kann, wird empfohlen, diesen Test in einem Monat durchzuführen, in dem keine Verpflichtung zur externen Berichterstattung besteht.
[699] Die ausgewählten rechtlichen Einheiten würden dann einen Abschluss im Altsystem und im Neusystem durchführen.

jedoch gilt es hier als problematisch, dass vor allem unter Konsolidierungsgesichtspunkten nicht alle Informationen vorliegen und somit das Ergebnis zwischen Alt- und Neusystem wahrscheinlich voneinander abweichen würde. Eine unmittelbare Vergleichbarkeit und Abstimmbarkeit der beiden Ergebnisse wäre somit nicht gewährleistet. Im betrachteten Fall wird die erste Alternative vorgezogen, da besonders bei Komplikationen keine aufwändige Neu-Implementierung bei den Konzerngesellschaften und Teilkonzernen notwendig wäre und zudem ein einfacher Vergleich zwischen dem Ergebnis des Alt- und Neusystems stattfinden kann.

Wurden alle wesentlichen Tests erfolgreich durchgeführt, so kann der Übergang zur dritten Phase der Implementierung erfolgen. Da bisher nur auf Ebene des Konzerns implementiert und getestet wurde, sind auch in der Phase der Implementierung verschiedene Tests seitens der Konzerngesellschaften und Teilkonzerne durchzuführen.

4.3.3.3 Implementierungsphase

Bisher wurde das harmonisierte System nur auf Ebene des Konzerns implementiert und getestet. In der dritten Phase des Projekts geht es vornehmlich darum, die technischen Voraussetzungen in den rechtlichen Einheiten (Konzerngesellschaften und Teilkonzernen) zu schaffen und das neue System konzernweit zu implementieren sowie Änderungen innerhalb des Aufgabengebiets der Controller in den rechtlichen Einheiten vorab zu erläutern. Es geht also verstärkt um Themen, die mit der Anpassung der IT-Infrastruktur und der Kommunikation in Verbindung stehen.

Die technischen Gegebenheiten des Ist-Zustands innerhalb der verschiedenen Konzerngesellschaften und Teilkonzernen wurden bereits zum Ende der ersten Phase analysiert und in der zweiten Phase konzeptionell auf das neue System ausgerichtet. Die tatsächliche Implementierung auf Ebene der rechtlichen Einheiten erfolgt in dieser Phase. Nach erfolgter Implementierung sind auch in dieser Phase Tests durchzuführen. Die Akzeptanzsicherung in den rechtlichen Einheiten des Konzerns spielt auch hier eine wichtige Rolle, da die der Unternehmensrechnung zugrunde liegenden Daten direkt aus dem Datenbestand der Konzerngesellschaften und Teilkonzernen kommen bzw. von ihnen über die Datenabgabe in das harmonisierte System eingespielt werden. Die Mitarbeiter in den rechtlichen Einheiten haben also maßgeblichen Einfluss auf die Qualität der Daten des Konzerns. Die Controller der Geschäftsbereiche sind in dieser Phase ebenfalls über mögliche Änderungen zu informieren. Hierbei wird es sich im Wesentlichen um Änderungen im Zusammenhang mit dem Berichtswesen handeln. Es müssen also insgesamt umfangreiche Kommunikationsprojekte in dieser Phase gestartet werden.[700] Aus diesem Grund sollen die in dieser Phase durchzuführenden Teilprojekte zu den Kommunikationsprojekten summiert werden. Je intensiver die Kommunikation innerhalb des Projekts, desto größer die Chance der Wissens- und Informationsweitergabe.[701]

Durch die Harmonisierung wird es auch zu organisatorischen Anpassungsmaßnahmen in den einzelnen rechtlichen Einheiten kommen. Diese werden sich dann an den bereits vollzogenen Maßnahmen und Ausrichtungen des Konzerns orientieren. Daraus folgt, dass auch in den rechtlichen Einheiten die Harmonisierung Auswirkungen auf die Tätigkeitsschwerpunkte und die generelle Kompetenzverteilung haben wird. Es werden sich hauptsächlich die Aufgabeninhalte und -schwerpunkte bei denjenigen Mitarbeitern ändern, die in der Vergangenheit mit der Berichterstattung an die Konzernzentrale beauftragt waren, so sind z. B. keine separaten Zahlenwerke (internes und externes Zahlenwerk) bei der Datenabgabe an die Konzernzentrale zu berichten. Wie bei den Controllern der Geschäftsbereiche werden sich auch bei den Controllern in den rechtlichen Einheiten die Änderungen bei der Art und Weise der Auswertung des eigenen Zahlenwerks ergeben.

Im Rahmen der Implementierungsphase sollten bereits benutzerfreundliche Dokumentationen, Handbücher bzw. Bedienungsanleitungen erstellt werden. Diese können dann im Rahmen der Roll-out-Phase zur Anwendung kommen. Die Phase der Implementierung weist große Möglichkeiten der Überlappung und Parallelisierung mit der vierten Phase auf, da hauptsächlich Kommunikations- und Vorbereitungsprojekte gewisse inhaltliche Gemeinsamkeiten aufweisen. Die technische Implementierung und das Testen in den rechtlichen Einheiten können durchaus mit ersten Schritten der Einweisung und somit mit diversen Schulungsmaßnahmen einhergehen. Hierfür sollten also die bereits genannten Dokumentationen, Handbücher bzw. Bedienungsanleitungen in der dritten Phase des Projekts erstellt werden.

---

[700] Als Kommunikationsprojekte kommen z. B. Workshops und Konferenzen in Frage, vgl. Krüger, W. (2006b), S. 72 f.
[701] Vgl. Hunger, M. (2007), S. 25 f.

4.3.3.4 Roll-out-Phase

Im Gegensatz zur dritten Phase hat die vierte Phase ihren Schwerpunkt in der Vorbereitung und Schulung der betroffenen Mitarbeiter in den rechtlichen Einheiten, Geschäftsbereichen und des Group Accounting, wobei die unmittelbar betroffenen Mitarbeiter des Group Accounting bereits schon während den zuvor beschriebenen Phasen des Projekts durch verschiedene Maßnahmen auf die harmonisierte Unternehmensrechnung vorbereitet wurden oder an spezifischen Lösungen sogar federführend mitgewirkt haben. Der Schwerpunkt der Teilprojekte in der Roll-out-Phase soll im Rahmen dieser Arbeit zu den Vorbereitungsprojekten gezählt werden. Spätestens in dieser Phase sollte auch feststehen, welche Tätigkeiten von den jeweiligen Mitarbeitern des Group Accounting nach Beendigung des Projekts ausgeführt werden sollen. Der neue Verantwortungsbereich pro Mitarbeiter ist also festzulegen. Wünsche und Vorstellungen der Mitarbeiter sind hier natürlich im Vorfeld durch persönliche Gespräche zu eruieren. Weitere Vorbereitungsprojekte beziehen sich im Wesentlichen auf Schulungs- und Trainingsmaßnahmen. In diesem Zusammenhang sind umfangreiche Informationsveranstaltungen zur Erläuterung und Erklärung der neuen Systemumgebung durchzuführen.

Alle Beteiligten müssen in die Lage versetzt werden, die zukünftigen Aufgaben auch kompetent ausführen zu können. Diese Vorbereitungsprojekte sind hauptsächlich vor Ort, aber auch online über Web möglich. Der Schulungs- und Trainingsbedarf ist hierfür systematisch zu ermitteln und durch die bereits angesprochenen Maßnahmen den Mitarbeitern angemessen zu vermitteln.[702] Ein erfolgreicher Roll-out ist wesentlich davon abhängig, wie der Know-how Transfer realisiert wird.[703] Die von einer harmonisierten Unternehmensrechnung betroffenen Mitarbeiter in den rechtlichen Einheiten und den Geschäftsbereichen müssen die ablauforganisatorischen Auswirkungen auf ihren bisherigen Arbeitsplatz durch Anwendungsbeispiele detailliert erklärt bekommen und die Notwendigkeit und Vorteilhaftigkeit der Umstellung sollte nochmals glaubhaft dargestellt werden. Die weitere Betreuung und Unterstützung der Mitarbeiter in den rechtlichen Einheiten und den Geschäftsbereichen sowie der Mitarbeiter des Group Accounting ist durch ein langfristiges Supportkonzept sicherzustellen.[704] Dieses Supportkonzept ist nach der offiziellen Beendigung des Projekts konzernweit zu etablieren, so dass die dauerhafte Anwendbarkeit und Verfügbarkeit der neuen Systemumgebung rund um die Uhr gewährleistet ist.

---

[702] Vgl. Hansmann, H./Neumann, S. (2005), S. 368 f.
[703] Vgl. Kuster, J. et al. (2006), S. 20.
[704] Vgl. Eickhoff, W. (2000), S. 598.

Der in der Konzept- und Testphase angesprochene Endtest auf Ebene des Konzerns ist als Abschluss der hier vorgestellten Roll-out-Phase konzernweit durchzuführen. Alle rechtlichen Einheiten des Konzerns sind in diesen Endtest zu integrieren. Sobald die Vorbereitungsprojekte der vierten Phase abgeschlossen sind, kann der Übergang zur fünften Phase erfolgen.

4.3.3.5 Release-Phase

Die Release-Phase befasst sich mit dem „Go Live" und dem Abschluss des Projekts.[705] Zu Beginn dieser Phase sollte unbedingt eine sogenannte „fallback solution" ausgearbeitet werden, um für den Fall des Scheiterns zumindest eine Konzernberichterstattung auf Ebene der Segmente zu ermöglichen. Als Möglichkeit würde ein manueller Erhebungsprozess (z. B. basierend auf Excel) über die Ergebnisse der Geschäftsbereiche in Frage kommen. Die Führungsunterstützungsfunktion des Controllers muss auch bei nicht erfolgreichem „Go Live" in adäquater Art und Weise gewährleistet sein.

In der Release-Phase erfolgt der Konzernabschluss erstmals in der neuen Systemumgebung. Für die Release-Phase sollte wie beim Durchführen des Endtests ein Monat ausgewählt werden, in dem keine Verpflichtung zu einer externen Berichterstattung besteht.[706] In dieser letzten Phase des Projekts sollten die Mitarbeiter der ehemals getrennten Abteilungen der internen und externen Unternehmensrechnung in die am Prozess der harmonisierten Unternehmensrechnung orientierten Abteilungen integriert werden. Im Rahmen des Projektabschlusses sind die eingerichtete Projektorganisation und die Projektinfrastruktur aufzulösen.[707]

Der Projektabschluss sollte zur Dokumentation und Nachbearbeitung des Projekts genutzt werden und Auskunft über die Zielerreichung - nach erfolgtem erstem Konzernabschluss im harmonisierten System - geben. Bei dieser Beurteilung muss beachtet werden, dass sich die langfristigen Ziele der Harmonisierung, z. B. die Realisierung von Kosteneinsparungen, erst später beurteilen und realisieren lassen. Die in Abschnitt 2.2.2 formulierten Ziele

---

[705] Vgl. Eickhoff, W. (2000), S. 598.
[706] In diesem Zusammenhang wird empfohlen, den erstmaligen Abschluss in einem Monat durchzuführen, der nach der letzten externen Veröffentlichung kommt, z. B. April. In diesem Fall stünde ein Monat mehr, bis zur nächsten externen Veröffentlichung, zur Verfügung in dem gewisse Unschärfen noch angepasst werden könnten.
[707] Vgl. Cronenbroeck, W. (2004), S. 85 f.

der Ex-ante-Betrachtung sind einer Ex-post-Analyse zu unterziehen.[708] Aus dieser Analyse und Auswertung des Gesamtprojekts können sich bereits weitere Folgeprojekte ergeben. Hier kann es sich beispielsweise um einen erkannten Nachbesserungsbedarf, Formen der Weiterentwicklung, eine Optimierung des Systemverhaltens, eine Anpassung an die Benutzerbedürfnisse sowie um weiterführende strategische Maßnahmen handeln.[709] Eine weitaus detailliertere Beurteilung des Projekts ist im Rahmen der Projektabschlussanalyse durchzuführen.[710] Die Phase endet mit dem Übergang des Projekts auf die Linie. Die Projektorganisation wird also mit offizieller Beendigung des Harmonisierungsprojekts aufgelöst.

Wichtig ist, dass Schulungs- und Trainingsmaßnahmen auch nach erfolgtem Projektabschluss weiterhin durchgeführt werden. Nur so können die durch die Tätigkeitsverschiebungen veränderten Aufgabenbereiche und deren Anforderungen an die Mitarbeiter im relevanten Bereich auf langfristige Sicht gewährleistet und die mit der Harmonisierung verfolgten Ziele auch nachhaltig gesichert bzw. realisiert werden. Die Projektleitung sollte die Projektergebnisse im Rahmen einer Abschlusspräsentation dem Projekt-Lenkungsausschuss vorstellen. Hierbei sollte der gesamte Projektverlauf zusammenfassend dargestellt sowie auf wichtige Änderungen im Vergleich zum ursprünglichen Projektplan und deren Auswirkungen hingewiesen werden. Das Projekt ist offiziell durch den Projekt-Lenkungsausschuss zu beenden. Analog zur Kick-off-Veranstaltung am Anfang des Projekts sollte auch eine Schlussveranstaltung für das Ende des Projekts für alle am Projekt beteiligten Personen durchgeführt werden.

Das in dieser Arbeit beschriebene Projekt der Harmonisierung sowie die zu beachtenden wesentlichen Punkte und Tätigkeiten innerhalb der einzelnen Phasen des Projekts sollen zur abschließenden Analyse in Abbildung 29 noch einmal zusammenfassend dargestellt werden. Die phasenübergreifenden Dimensionen des Inhalts, der Struktur, der Prozesse und der Technik sind dort deutlich zu erkennen. Des Weiteren wird deutlich, dass die durchzuführenden Tätigkeiten gewisse Schwerpunkte innerhalb der Phasen aufweisen.

---

[708] Vgl. Müller, M. (2006), S. 243 f.
[709] Als weitere Folgeprojekte können die in Abschnitt 3.4.4.3 beschriebenen strategischen Maßnahmen im Controlling-Bereich genannt werden.
[710] Vgl. vertiefend zum Projektabschluss Kuster, J. et al. (2006), S. 20 f; Marr, R./Steiner, K. (2004), S. 1202.

Projekt der Harmonisierung				
- Dimensionen auf inhaltlicher, struktureller, prozessualer und technischer Ebene sind übergreifend zu beachten -				
① Initialisierungs- und Analysephase	② Konzept- und Testphase	③ Implementierungsphase	④ Roll-out-Phase	⑤ Release-Phase
-Formulierung Projektantrag (inkl. Ziele, Realisierbar-, Machbarkeitsstudie, Risikoeinschätzung, Analyse der Auswirkungen, Budgetplanung) -Einreichung des Projektantrags -Projektauftrag -Konkretisierung der Ziele -Konkretisierung der Budgetplanung -Festlegung der Projektstruktur	-Kick-off-Veranstaltung (Motivation und Akzeptanzsicherung bei Projektteilnehmern) -Beginn der Projektarbeit -Proaktive Kommunikation -Vor-/Nachteile deutlich aufzeigen -Formulierung von Strategien und Umsetzungsmöglichkeiten -Formulierung von Testszenarien und Durchführung von Tests -Endtest auf Ebene Konzern	-Schaffung der technischen Voraussetzungen bei rechtl. Einheiten -Akzeptanzsicherung und offene Kommunikation -organisatorische Auswirkungen auf Aufgaben und Tätigkeitsbereiche deutlich machen -erste Schulungen	-Intensivierung der Schulungsmaßnahmen -Festlegung der neuen Struktur im Konzern-Controlling und Festlegung der neuen Kompetenzen -Planung Know-how-Transfer -Erstellung langfristiges Supportkonzept -Endtest mit allen rechtlichen Einheiten des Konzerns	-Abschluss und Go Live -Ausarbeitung einer „fall-back solution" -erster „echter" Abschluss im harmonisierten System -Dokumentation und Nachbearbeitung -Analyse der Projektergebnisse -offizieller Abschluss des Projekts und Übergang auf die Linie
Schwerpunkt: → Vorprojektaufgaben	Schwerpunkt: → Strategieprojekte	Schwerpunkt: → Kommunikationsprojekte	Schwerpunkt: → Vorbereitungsprojekte	Schwerpunkt: → Folgeprojekte
Phasenübergreifende Tätigkeiten: Planung, Steuerung, Kontrolle, Kommunikation und Dokumentation				

Abb. 29: Wesentliche Punkte des Harmonisierungsprojekts[711]

4.3.4 Projektabschlussanalyse - Lessons learned

Im Rahmen von Projekten wird eine große Menge von Wissen erarbeitet, welches in entsprechender Form dokumentiert und Dritten zugänglich gemacht werden sollte.[712] Am Ende jedes Projekts ist aus diesem Grund generell eine Projektabschlussanalyse vorzunehmen, deren Ergebnisse im Projektabschlussbericht festzuhalten sind. Unter Projektabschlussbericht ist eine *„zusammenfassende, abschließende Darstellung von Aufgaben und erzielten Ergebnissen, von Zeit-, Kosten- und Personalaufwand sowie gegebenenfalls von Hinweisen auf mögliche Anschlussprojekte"*[713] zu verstehen. Dieser Abschlussbericht sollte anderen Projektgruppen als sogenannte „Lessons learned" zur Verfügung gestellt werden. Durch diese Vorgehensweise werden Lernprozesse hinsichtlich des Projektmanagements initiiert und die Behandlung und Abwicklung von Projekten im Unternehmen wird insgesamt verbessert. Zudem können durch diese analysierenden und dokumentierenden Tätigkeiten Schlüsse und Erkenntnisse für zukünftige Projekte und Vorhaben gezogen werden.[714] Zu erwähnen sind hier die in Abschnitt 3.4.4.3 vorgestellten weiterführenden strategischen Maßnahmen, wie Outsourcing, die Gründung von Shared Service Centers und das

---

[711] Quelle: Eigene Darstellung.
[712] Vgl. Grasl, O./Rohr, J./Grasl, T. (2004), S. 226.
[713] Fachverband Projektmanagement (2005), S. 58.
[714] Vgl. Birker, K. (2003), S. 147.

Offshoring, zu nennen. Mögliche Fragestellungen im Rahmen der Projektabschlussanalyse können u. a. sein: Wurden die definierten Ziele erreicht? Was ist gut gelaufen? Wo gab es Probleme? Konnten die geplanten Projektkosten eingehalten werden? Was könnte in Zukunft anders gemacht werden?[715]

Es geht also vornehmlich darum, das abgeschlossene Projekt ex post zu beurteilen und aus den gemachten Erfahrungen zu lernen und diese für die Zukunft zu nutzen.[716] Langfristig entsteht so die Chance, das in einem Projekt erworbene Wissen zu sichern und für neue Projekte nutzbar zu machen. Explizites Firmenwissen kann aufgebaut werden, das nicht nur in den Köpfen von Einzelpersonen zu finden ist.[717] Auf Basis des Projektabschlussberichts sollte auch ein Feedback an die Projektbeteiligten erfolgen. Wichtig für die Projektabschlussanalyse ist es, dass bereits während des Projekts eine geeignete Projektdokumentation stattgefunden hat.

---

[715] Vgl. Mende, W. (1997), S. 95 f.; Kuster, J. et al. (2006), S. 20 f.
[716] Vgl. Birker, K. (2003), S. 147 f.
[717] Vgl. Grasl, O./Rohr, J./Grasl, T. (2004), S. 175.

5. Schlussbetrachtung

Das primäre Ziel dieser Arbeit war es, einen konzeptionellen Ansatz zur Harmonisierung der Unternehmensrechnung zu entwickeln und zu zeigen, wie das Projekt der Harmonisierung von interner und externer Unternehmensrechnung zu gestalten und managen ist. Die Analyse der Harmonisierung wurde hierzu auf der inhaltlichen, strukturellen, prozessualen und technischen Ebene vorgenommen. Für jede der vier Dimensionen konnten so verschiedene Voraussetzungen, Anforderungen und Auswirkungen analysiert und transparent dargestellt werden. Die Unterteilung der Harmonisierung von interner und externer Unternehmensrechnung in die vier genannten Dimensionen hat die Vielschichtigkeit der Thematik deutlich aufgezeigt. Die für eine erfolgreiche Harmonisierung zu beachtenden Sachverhalte wurden detailliert erläutert.

Die Grundlagen der wertorientierten Unternehmensrechnung und dessen Verbindung zum Controlling wurden aufgezeigt und die Harmonisierung als originäre Aufgabe des Controllings spezifiziert. Die besondere Bedeutung des Lücke-Theorems wurde im Zuge der Darstellung wertorientierter Steuerungskonzepte herausgearbeitet. Das WACC-Verfahren und das EVA-Verfahren wurden als Basis für den weiteren Verlauf der Arbeit detaillierter vorgestellt.

Bei der Analyse der Ziele und Grenzen der Harmonisierung sind die Vor- und Nachteile abgegrenzt worden. Die Untersuchung des Harmonisierungsbereichs und des Harmonisierungsgrads hat deutlich gemacht, dass eine vollumfängliche Harmonisierung aufgrund der Rechnungszweckabhängigkeit nicht zu empfehlen ist. Auf Ebene des Konzerns, der Segmente und Geschäftsbereiche ist jedoch eine Harmonisierung zu befürworten. Bei Bestimmung der Harmonisierungsrichtung wurde auf die besondere Bedeutung des Management Approach eingegangen. Dieser stellt eine Schnittstelle zwischen interner und externer Unternehmensrechnung dar, indem die interne Sicht des Managements externen Adressaten zur Verfügung gestellt wird. Die Grundlagen des Management Approach wurden durch die detaillierte Betrachtung der Segmentberichterstattung geschaffen.

Als theoretische Basiskonzeption auf inhaltlicher Ebene wurde auf das Lücke-Theorem verwiesen und die Bedeutung des Kongruenzprinzips für die Harmonisierung aufgezeigt. In diesem Zusammenhang ist der Unterschied von temporären und permanenten Kongruenzdurchbrechungen sowie deren Auswirkungen auf die wertorientierte Steuerung betrachtet worden. Hierbei wurde festgestellt, dass es sehr wohl zu Anpassungen des externen Datenbestands für Zwecke der internen Steuerung kommen kann und es somit nicht zu einer vollständigen Harmonisierung auf der inhaltlichen Ebene kommen wird. In diesem Kontext wurde die Notwendigkeit der Integration der Kapitalkosten in den harmonisierten Datenbestand verdeutlicht. Daraufhin wurden die Verbindungen der harmonisierten Unternehmensrechnung zur Wertorientierung hergestellt und auf notwendige Modifizierungen des externen Datenbestands explizit hingewiesen. Des Weiteren ist die Vorteilhaftigkeit und die generelle Eignung der IAS/IFRS als Grundlage einer harmonisierten Unternehmensrechnung aufgezeigt worden.

Auf struktureller Ebene wurden die Merkmale der Berichtsstruktur und die hierauf basierenden Berichtskomponenten hervorgehoben sowie die Besonderheit bei der Konsolidierung entlang der Segment- und Managementstruktur aufgezeigt. Das Profit-Center-Konzept wurde hierbei als eine Organisationsstruktur zur Abgrenzung von Verantwortungsbereichen detaillierter vorgestellt.

Die prozessuale Ebene hat die notwendigen Maßnahmen zur Harmonisierung von Prozessschritten und Berichtsfrequenzen aufgezeigt sowie einen hierauf aufbauenden idealtypisch harmonisierten Prozess dargestellt. Auf die organisatorischen Auswirkungen einer harmonisierten Unternehmensrechnung wurde hierbei eingegangen. Die daraus resultierenden Implikationen auf die bisherigen Tätigkeitsschwerpunkte und Kompetenzverteilungen sind in diesem Zusammenhang analysiert worden. Die durch die Harmonisierung erzielbare Standardisierung und Automatisierung wird oft als Ausgangspunkt weiterer strategischer Anpassungen im Konzern-Controlling angesehen. In diesem Zusammenhang wurden die Möglichkeiten des Outsourcings, der Errichtung von Shared Service Centers sowie von Offshoring diverser Aktivitäten des Controlling-Bereichs angesprochen.

Die technische Ebene hat gezeigt, dass eine leistungsfähige IT-Systemarchitektur einen großen Einfluss auf die Zielerreichung der Harmonisierung hat. Das IT-System muss in der Lage sein, die Voraussetzungen und Anforderungen auf inhaltlicher, struktureller und prozessualer Ebene in einem harmonisierten System abbilden zu können. In diesem Kontext wurde beispielhaft das Produkt SAP SEM vorgestellt.

Die prozessuale Umsetzung der Harmonisierung erfolgt im Rahmen eines Harmonisierungsprojekts. Um eine optimale Zielerreichung zu ermöglichen, bedarf es eines professionellen Gesamtprojektmanagements. In diesem Zusammenhang wurden die allgemeinen Grundlagen der Projektorganisation herausgearbeitet und die Anforderungen an das Projektmanagement dargestellt sowie der organisatorische Aufbau und die personelle Zusammensetzung des Harmonisierungsprojekts diskutiert. Das Projekt wurde hierzu in 5 Phasen (Initialisierungs- und Analysephase, Konzept- und Testphase, Implementierungsphase, Roll-out-Phase, Release-Phase) unterteilt. Es wurde deutlich gezeigt, dass die gewonnenen Erkenntnisse auf inhaltlicher, struktureller, prozessualer und technischer Ebene im Rahmen des Projekts entsprechend beachtet werden müssen. Diese sind im Wesentlichen als Resultate der Initialisierungs- und Analysephase sowie der Konzept- und Testphase zu bezeichnen.

Die organisatorischen Auswirkungen der Harmonisierung durch Zusammenlegung der ehemals getrennten Bereiche der internen und externen Unternehmensrechnung werden das Rollenverständnis des Controllers und dessen Tätigkeitsbereiche beeinflussen. Hierbei wäre es im Rahmen einer weiteren Forschungsarbeit von Interesse zu erfahren, wie dies in der Praxis umgesetzt und von den Controllern empfunden wird. Zudem ist es in diesem Kontext interessant, ob die ursprünglich geplanten Maßnahmen und Ziele auch tatsächlich in der Praxis realisiert bzw. erreicht werden.

Die möglichen langfristigen Auswirkungen durch Outsourcing, die Gründung von Shared Services sowie die Möglichkeit des Offshoring gewisser Aktivitäten, Prozesse usw. auf das Controlling und das Unternehmen insgesamt sind durch weitere Arbeiten und empirische Untersuchungen zu erforschen.

Als Fazit dieser Arbeit kann festgehalten werden:
Eine vollständige Harmonisierung auf inhaltlicher Ebene wird aufgrund von Anpassungen für interne Steuerungszwecke nicht empfohlen. Vielmehr ist auf dieser Ebene von einer Teilharmonisierung zu sprechen. Jede Anpassung sollte aber immer unternehmensindividuell unter Abwägung von Kosten-/Nutzen-Aspekten analysiert werden. Dagegen wird eine vollständige Harmonisierung auf struktureller, prozessualer und technischer Ebene empfohlen. Zur prozessualen Umsetzung ist ein Harmonisierungsprojekt unter Anwendung eines etablierten Projektmanagements zu starten und in die hier vorgestellten Phasen zu unterteilen.

Literaturverzeichnis

A. T. Kearney (2004a), Success through Shared Services: From Back-Office Functions to Strategic Drivers, Chicago 2004.

A. T. Kearney (2004b), Making Offshore Decisions: A. T. Kearney's 2004 Offshore Location Attractiveness Index, Chicago 2004.

Accenture (2002), Reporting Excellence - Auf dem Weg zu einem integrierten Konzernberichtswesen. Ergebnisse einer Accenture-Studie zur Reporting Performance von Finanzdienstleistern, Frankfurt am Main et al. 2002.

Accenture (2003), Reporting Excellence - Entscheidungsrelevante Steuerungsinformationen konsistent, zeitnah und effizient bereitstellen, München 2003.

Aders, C./Hebertinger, M. (2003), Value Based Management: Shareholder-Value-Konzepte - Eine Untersuchung der DAX100-Unternehmen, in: Value Based Management, Hrsg. Ballwieser, W./Wesner, P. (KPMG), Frankfurt am Main 2003, S. 1-48.

Alvarez, M./Büttner, M. (2006), ED 8 Operating Segments: Der neue Standardentwurf des IASB zur Segmentberichterstattung im Kontext des „Short-term Convergence Project" von IASB und FASB, in: KoR, 5/2006, S. 307-318.

Amshoff, B. (1996), Organisation des Controllings, in: Lexikon des Controlling, Hrsg. Schulte, C., München 1996, S. 546-555.

Anthony, R. N./Govindarajan, V. (2003), Management control systems, 11th ed., New York 2003.

Arbeitskreis Externe Unternehmensrechnung der Schmalenbach-Gesellschaft (2002), Grundsätze für das Value Reporting, in: DB, Heft 45, 55. Jg., 2002, S. 2337-2340.

Arbeitskreis Finanzierung der Schmalenbach-Gesellschaft (1996), Wertorientierte Unternehmenssteuerung mit differenzierten Kapitalkosten, in: ZfbF, 48. Jg., 1996, S. 543-578.

Arnold, F./Röseler, J./Staade, M. (2005), Enterprise Performance Management mit SAP: Unternehmensstrategien mit SAP BW, SAP SEM und NetWeaver erfolgreich operationalisieren, 1. Auflage, Bonn 2005.

Auer, K. V. (1998), Umstellung der Rechnungslegung: Motive und Einflußfaktoren, in: Die Umstellung der Rechnungslegung auf IAS/US-GAAP, Hrsg. Auer, K. V., Wien 1998, S. 13-43.

Axson, D. A. J. (2003), Best practices in planning and management reporting: from data to decisions, New Jersey 2003.

Baetge, J./Kirsch, H.-J./Thiele, S. (2004), Konzernbilanzen, 7. Auflage, Düsseldorf 2004.

Baetge, J./Niemeyer, K./Kümmel, J./Schulz, R. (2009), Darstellung der Discounted-Cashflow-Verfahren (DCF-Verfahren) mit Beispiel, in: Praxishandbuch der Unternehmensbewertung, Hrsg. Peemöller, V. H., 4. Auflage, 2009, S. 339-477.

Baetge, J./Siefke, M. (1999), Läßt sich die offenzulegende Rechnungslegung so gestalten, daß sie eine zielkonforme Konzernsteuerung ermöglicht?, in: Fortschritte im Rechnungswesen: Vorschläge für Weiterentwicklungen im Dienste der Unternehmens- und Konzernsteuerung durch Unternehmensorgane und Eigentümer, Festschrift zum 60. Geburtstag von Gerhard Seicht, Hrsg. Altenburger, O. A./Janschek, O./Müller, H., Wiesbaden 1999, S. 675-704.

Ballwieser, W. (1998), Unternehmensbewertung mit Discounted Cash Flow-Verfahren, in: Wpg, 51. Jg., Heft 3, 1998, S. 81-92.

Ballwieser, W. (2007), Unternehmensbewertung: Prozeß, Methoden und Probleme, 2. Auflage, Stuttgart 2007.

Bärtl, O. (2001), Wertorientierte Unternehmenssteuerung: zum Zusammenhang von Kapitalmarkt, externer und interner Rechnungslegung, Frankfurt am Main et al. 2001.

Baum, H.-G./Coenenberg, A. G./Günther, T. (2004), Strategisches Controlling, 3. Auflage, Stuttgart 2004.

Baumann, K.-H. (1986), Das Rechnungswesen als Instrument zur Steuerung und Kontrolle von US-Tochtergesellschaften deutscher Unternehmen, in: ZfbF, 38. Jg., 1986, S. 425-432.

BearingPoint (2004), Outsourcing im Rechnungswesen: Aktueller Stand und Entwicklung von Outsourcingmassnahmen im Bereich der Kreditoren- und Debitorenbuchhaltung, Frankfurt am Main 2004.

Becker, D. (2002), Wertorientierte Steuerung für Finanzdienstleistungsunternehmen, in: Vom Financial Accounting zum Business Reporting - Kapitalmarktorientierte Rechnungslegung und integrierte Unternehmenssteuerung, Hrsg. Küting, K./Weber, C.-P., Stuttgart 2002, S. 341-374.

Becker, G. M. (1998), Das interne Rechnungswesen auf dem Prüfstand, in: WISU, Heft 10, 1998, S. 1100-1104.

Becker, J./Köster, C./Sandmann, D. (2006), Konsolidierung des Berichtswesens, in: Controlling, Heft 10, 2006, S. 501-507.

Behme, W./Roth, A. (1997), Organisation und Steuerung von dezentralen Einheiten, in: Organisation und Steuerung dezentraler Unternehmenseinheiten: Konzepte - Instrumente - Erfahrungsberichte; mit Fallbeispielen, Hrsg. Roth, A./Behme, W., Wiesbaden 1997, S. 17-39.

Beißel, J./Steinke, K.-H. (2004), Integriertes Reporting unter IFRS bei der Lufthansa, in: IFRS und Controlling, ZfCM, Sonderheft 2, 48. Jg., 2004, S. 63-70.

Benecke, B. (2000), Internationale Rechnungslegung und Management Approach: Bilanzierung derivativer Finanzinstrumente und Segmentberichterstattung, Wiesbaden 2000.

Berndlmaier, A. F./Klein, G. A. (1997), Kundenorientierung in der US-amerikanischen Rechnungslegung: Der Comprehensive Report des Special Committee on Financial Reporting des AICPA, in: DB, Heft 22, 50. Jg., 1997, S. 1089-1095.

Birker, K. (2003), Projektmanagement: Lehr- und Arbeitsbuch für die Fort- und Weiterbildung, 3. Auflage, Berlin 2003.

Böcking, H.-J. (2002), IAS/IFRS und Corporate Governance, in: Vom Financial Accounting zum Business Reporting - Kapitalmarktorientierte Rechnungslegung und integrierte Unternehmenssteuerung, Hrsg. Küting, K./Weber, C.-P., Stuttgart 2002, S. 423-443.

Böcking, H.-J./Benecke, B. (1998), Neue Vorschriften zur Segmentberichterstattung nach IAS und US-GAAP unter dem Aspekt des Business Reporting, in: Wpg, 51. Jg., Heft 3, 1998, S. 92-107.

Böcking, H.-J./Benecke, B. (1999), Der Entwurf des DRSC zur Segmentberichterstattung „E-DRS 3". Eine Orientierung an dem Standard SFAS 131 des FASB und/oder an dem Standard IAS 14 *revised* des IASC?, in: Wpg, 52. Jg., Heft 1, 1999, S. 839-845.

Bogajewskaja, J. (2007), Reporting Financial Performance: Konzeption und Darstellung der Erfolgsrechnung nach Vorschriften des ASB, FASB und IASB, Wiesbaden 2007.

Brandau, M./Hoffjan, A. (2007), Controlling des Offshoring von Dienstleistungen, in: ZfCM, 51. Jg., 2007, Heft, 1, S. 24-30.

Brandt, W./Hütten, C. (2003), Die Finanzberichterstattung international börsennotierter Unternehmen im Licht der jüngsten Entwicklungen - Das Beispiel SAP, in: ZfbF, 55. Jg., 2003, S. 707-721.

Braun, I. (2005), Discounted Cashflow-Verfahren und der Einfluss von Steuern: Der Unternehmenswert unter Beachtung von Bewertungsnormen, Wiesbaden 2005.

Brealey, R. A./Myers, S. C./Allen, F. (2006), Corporate Finance, Eighth Edition, Boston et al. 2006.

Brehm, C. R./Hackmann, S./Jantzen-Homp, D. (2006), Projekt- und Programm-Management, in: Excellence in Change - Wege zur strategischen Erneuerung, Hrsg. Krüger, W., 3. Auflage, Wiesbaden 2006, S. 209-244.

Breid, V. (1995), Aussagefähigkeit agencytheoretischer Ansätze im Hinblick auf die Verhaltenssteuerung von Entscheidungsträgern, in: ZfbF, 47. Jg., 1995, S. 821-848.

Breker, N./Naumann, K.-P./Tielmann, S. (1999), Der Wirtschaftsprüfer als Begleiter der Internationalisierung der Rechnungslegung (Teil I), in: Wpg, 52. Jg., Heft 4, 1999, S. 140-154.

Broda, B./Frey, J. (2005), Data Warehouse-gestützte Wertreiberanalyse, in: Controlling, Heft 2, 2005, S. 117-124.

Brücks, M./Kerkhoff, G./Richter, M. (2005), Impairmenttest für den Goodwill nach IFRS - Vergleich mit den Regelungen nach US-GAAP: Gemeinsamkeiten und Unterschiede, in: KoR, 1/2005, S. 1-7.

Bruns, H.-G. (1999), Harmonisierung des externen und internen Rechnungswesens auf Basis internationaler Bilanzierungsvorschriften, in: Internationale Rechnungslegung: Festschrift für Professor Claus-Peter Weber zum 60. Geburtstag, Hrsg. Küting, K./Langenbucher, G., Stuttgart 1999, S. 585-603.

Budde, W. D. (1994), Rechenschaftslegung im Spannungsfeld des Grundgesetzes, in: Bilanzrecht und Kapitalmarkt: Festschrift zum 65. Geburtstag von Professor Dr. Dr. h.c. Dr. h.c. Adolf Moxter, Hrsg. Ballwieser, W. et al., Düsseldorf 1994, S. 34-59.

Bufka, J./Schiereck, D./Zinn, K. (1999), Kapitalkostenbestimmung für diversifizierte Unternehmen: Ein empirischer Methodenvergleich, in: ZfB, 69. Jg., Heft 1, 1999, S. 115-131.

Bühner, R. (1994), Das Management-Wert-Konzept. Strategien zur Schaffung von mehr Wert im Unternehmen, Stuttgart 1994.

Bühner, R. (1998), Holding, in: Lexikon des Rechnungswesens: Handbuch der Bilanzierung und Prüfung, der Erlös-, Finanz-, Investitions- und Kostenrechnung, Hrsg. Busse von Colbe, W./Pellens, B., 4. Auflage, München, Wien 1998, S. 338-340.

Bühner, R. (2004), Betriebswirtschaftliche Organisationslehre, 10. Auflage, München 2004.

Burger, A./Buchhart, A. (2001), Integration des Rechnungswesens im Shareholder Value-Ansatz, in: DB, Heft 11, 54. Jg., 2001, S. 549-554.

Burger, A./Ulbrich, P. (2005), Kapitalmarktorientierung in Deutschland - Aktualisierung der Studie aus dem Jahr 2003 vor dem Hintergrund der Änderungen der Rechnungslegung, in: KoR, 1/2005, S. 39-47.

Busse von Colbe, W. (1998), Fremd- und Eigenkapitalkosten als Elemente der kalkulatorischen Zinsen, in: krp, 42. Jg., Heft 2, 1998, S. 99-100.

Caupin, G. et al. (1999), ICB - IPMA Competence Baseline, Version 2.0, Bremen 1999.

Caupin, G. et al. (2006), ICB - IPMA Competence Baseline, Version 3.0, Nijkerk 2006.

Clark, J. M. (1923), Studies in the Economics of Overhead Costs, Chicago 1923.

Coenenberg, A. G. (1995), Einheitlichkeit oder Differenzierung von internem und externem Rechnungswesen: Die Anforderungen der internen Steuerung, in: DB, Heft 42, 48. Jg., 1995, S. 2077-2083.
Coenenberg, A. G. (2002), Kapitalflussrechnung und Segmentberichterstattung als Instrumente der Bilanzanalyse, in: Vom Financial Accounting zum Business Reporting - Kapitalmarktorientierte Rechnungslegung und integrierte Unternehmenssteuerung, Hrsg. Küting, K./Weber, C.-P., Stuttgart 2002, S. 173-218.
Coenenberg, A. G. (2005), Jahresabschluß und Jahresabschlußanalyse: Betriebswirtschaftliche, handelsrechtliche, steuerrechtliche und internationale Grundlagen - HGB/IFRS/US-GAAP, 20. Auflage, Stuttgart 2005.
Coenenberg, A. G./Fischer, T. M./Günther, T. (2007), Kostenrechnung und Kostenanalyse, 6. Auflage, Stuttgart 2007.
Coenenberg, A. G./Salfeld, R. (2003), Wertorientierte Unternehmensführung - vom Strategieentwurf zur Implementierung, Stuttgart 2003.
Copeland, T./Koller, T./Murrin, J. (1998), Unternehmenswert - Methoden und Strategien für eine wertorientierte Unternehmensführung, 2. Auflage, Frankfurt am Main, NewYork 1998.
Corsten, H. (2000), Projektmanagement: Einführung, München, Wien 2000.
Crasselt, N. (2004), Managementvergütung auf Basis von Residualgewinnen: Zur Gefahr von Fehlanreizen durch praktisch relevante Abschreibungsverfahren, in: FB, 2/2004, S. 121-129.
Crasselt, N./Pellens, B./Schremper, R. (2000a), Konvergenz wertorientierter Erfolgskennzahlen (I), in: WISU, Heft 1, 2000, S. 72-78.
Cronenbroeck, W. (2004), Handbuch Internationales Projektmanagement: Grundlagen, Organisation, Projektstandards, Berlin 2004.
D'Arcy, A. (2004), Aktuelle Entwicklungen in der europäischen und deutschen Rechnungslegung, in: EU-Monitor: Finanzmarkt Spezial, Nr. 19, Hrsg. Deutsche Bank Research, 2004, S. 1-15.
DaimlerChrysler AG (2006), Geschäftsbericht 2005, Stuttgart 2006.
Daum, J. H. (2000), SEM-SRM Stakeholder Relationship Management, in: Wertorientierte Konzernführung - Kapitalmarktorientierte Rechnungslegung und integrierte Unternehmenssteuerung, Hrsg. Küting, K./Weber, C.-P., Stuttgart 2000, S. 467-516.
Deleker, O. (1997), Zur Möglichkeit einer Konzernführung auf Basis vereinheitlichter Steuerungsgrößen, in: DStR, Heft 16, 1997, S. 631-636.
Deutsche Bank AG (2007a), Jahresbericht 2006, Frankfurt am Main 2007.
Deutsche Bank AG (2007b), Finanzbericht 2006, Frankfurt am Main 2007.
Deutsche Bank Research (2006), Nearshoring to Central and Eastern Europe, Frankfurt am Main 2006.

Deutsche Bank Research (2007), Offshoring ist kein Jobkiller, Frankfurt am Main 2007.
Deutsche Bank Research (2008), Von Werkbank zu Backoffice?: Offshoring nach China, Frankfurt am Main 2008.
Dierkes, S. (2005), Strategisches Kostenmanagement im Rahmen einer wertorientierten Unternehmensführung, in: ZfCM, 49. Jg., 2005, Heft 5, S. 333-341.
Dierkes, S. (2008), Strategisches Controlling - Skript zur Vorlesung Strategisches Controlling, 5. Auflage, Marburg 2008.
Dierkes, S./Kloock, J. (1999), Integration von Investitionsrechnung und kalkulatorischer Erfolgsrechnung, in: Integration der Unternehmensrechnung: Harmonisierung - Internationale Rechnungslegung - Shareholder Value - Investitionsrechnung, Hrsg. Männel, W./Küpper, H.-U., in: krp, Sonderheft 3, 1999, S. 119-132.
Dierkes, S./Schäfer, U. (2008), Prinzipal-Agenten-Theorie und Performance Measurement, in: Controlling & Verhalten, Sonderheft 1, 2008, ZfCM, S. 19-27.
Diethelm, G. (2000), Projektmanagement, Band 1, Grundlagen: Kennzeichen erfolgreicher Projektabwicklung; Aufbau und Ablauf des Projektmanagements; Planung, Überwachung und Steuerung von Projekten, Herne, Berlin 2000.
Dirrigl, H. (1998a), Konzern-Controlling, in: Lexikon des Rechnungswesens: Handbuch der Bilanzierung und Prüfung, der Erlös-, Finanz-, Investitions- und Kostenrechnung, Hrsg. Busse von Colbe, W./Pellens, B., 4. Auflage, München, Wien 1998, S. 433-435.
Dirrigl, H. (1998b), Wertorientierung und Konvergenz in der Unternehmensrechnung, in: BFuP, 50. Jg., Heft 5, 1998, S. 540-579.
Doerr, H.-H./Fiedler, R./Hoke, M. (2003), Erfahrungen bei der konzernweiten Einführung eines EVA®-basierten Investitionsrechnungsmodells, in: Controlling, Heft 6, 2003, S. 285-291.
Domschke, W./Drexl, A. (2007), Einführung in Operations Research, 7. Auflage, Berlin et al. 2007.
Dorfer, A./Gaber, T. (2006), Controlling und Reporting vor dem Hintergrund der Anforderungen von internationalen Rechnungslegungsstandards, Hrsg. Wagenhofer, A./Engelbrechtsmüller, C., Universität Graz und KPMG Linz, Graz, Linz 2006.
Dressler, S./Hensen, S. (2005), Offshoring im Controlling - eine deutsche Lösung am Beispiel von SAP BW SEM, in: ZfCM, 49. Jg., 2005, Heft 1, S. 72-77.
Drexl, A. (2007), Projektmanagement, in Handwörterbuch der Betriebswirtschaft, Hrsg. Köhler, R./Küpper, H.-U./Pfingsten, A., 6. Auflage, Stuttgart 2007.

Drukarczyk, J./Schüler, A. (2007), Unternehmensbewertung, 5. Auflage, München 2007.

Ebert, C. (2006), Outsourcing kompakt: Entscheidungskriterien und Praxistipps für Outsourcing und Offshoring von Software-Entwicklungen, München 2006.

Egger, A. (1999), Gestaltung eines integrierten zukunftsbezogenen Rechnungswesens, in: Fortschritte im Rechnungswesen: Vorschläge für Weiterentwicklungen im Dienste der Unternehmens- und Konzernsteuerung durch Unternehmensorgane und Eigentümer, Festschrift zum 60. Geburtstag von Gerhard Seicht, Hrsg. Altenburger, O. A./Janschek, O./Müller, H., Wiesbaden 1999, S. 425-442.

Eickhoff, W. (2000), Einführung von Konzerninformationssystemen am Beispiel von SAP R/3 EC-CS / CS-AA-WELT, in: Wertorientierte Konzernführung: Kapitalmarktorientierte Rechnungslegung und integrierte Unternehmenssteuerung, Hrsg. Küting, K./Weber, C.-P., Stuttgart 2000, S. 579-607.

Erchinger, E./Melcher, W. (2007), Neuregelung der SEC zu IFRS-Abschlüssen von Foreign Private Issuers, in: DB, 60. Jg., Heft 48, 2007, S. 2635-2636.

Erdmann, M.-K./Bourhis, J.-M./Pascaud, V. (2005), Implementierung eines integrierten webbasierten Reportings im Bertelsmann Konzern, in: Controlling, Heft 12, 2005, S. 735-743.

Erdmann, M.-K./Meyer, U./Iserte, V. (2006), Effizientes und effektives Intercompany Management für externes und internes Reporting, in: Controlling, Heft 10, 2006, S. 535-543.

Ewert, R./Wagenhofer, A. (2008), Interne Unternehmensrechnung, 7. Auflage, Berlin et al. 2008.

Fachverband Projektmanagement (2005), DIN Normen im Projektmanagement, Hrsg. Bechler, K. J./Lange, D., Berlin 2005.

Färber, N./Wagner, T. M. (2005), Adaption des internen Kontrollsystems an die Anforderungen des Sarbanes-Oxley Act, in: Controlling, Heft 3, 2005, S. 155-161.

FASB (2006), Conceptual Framework for Financial Reporting: Objective of Financial Reporting and Qualitative Characteristics of Decision-Useful Financial Reporting Information, in: Financial Accounting Series, NO. 1260-001, July 6, 2006, Norwalk 2006.

Fey, G./Mujkanovic, R. (1999), Segmentberichterstattung im internationalen Umfeld: Analyse der aktuellen FASB- und IASC-Bestimmungen, in: DBW, 59. Jg., Heft 2, 1999, S. 261-275.

Financial Accounting Foundation (2007), FASB/FAF response to SEC releases, Press Release 11/7/07, Norwalk 2007.

Fink, C./Ulbrich, P. R. (2006), Segmentberichterstattung nach ED 8 - Operating Segments, in: KoR, 4/2006, S. 233-243.

Fink, C./Ulbrich, P. R. (2007a), IFRS 8: Paradigmenwechsel in der Segmentberichterstattung, in: DB, Heft 18, 60. Jg., 2007, S. 981-985.

Fink, C./Ulbrich, P. R. (2007b), Verabschiedung des IFRS 8 - Neuregelung der Segmentberichterstattung nach dem Vorbild der US-GAAP, in: KoR, 1/2007, S. 1-6.

Fischer, T. M./Sterzenbach, S. (2007), Shared Service Center-Controlling, in: Controlling, Heft 8/9, 2007, S. 463-472.

Fischer, T. M./Wenzel, J. (2004), Publizität von Werttreibern im Value Reporting - Ergebnisse einer empirischen Studie, in: Controlling, Heft 6, 2004, S. 305-314.

Fischer, T. M./Wenzel, J./Kühn, C. (2001), Value Reporting – Wertorientierte Berichterstattung in den Nemax 50-Unternehmen, in: DB, Heft 23, 54. Jg.; 2001, S. 1209-1216.

Fleischer, W. (2005), Rolle des Controllings im Spannungsfeld internes und externes Reporting, in: Organisationsstrukturen und Geschäftsprozesse wirkungsvoll steuern, Hrsg. Horváth, P., Stuttgart 2005, S. 189-200.

Franz, K.-P./Winkler, C. (2006), IFRS und wertorientiertes Controlling, in: Controlling, Heft 8/9, 2006, S. 417-423.

Frese, E. (1990), Das Profit-Center-Konzept im Spannungsfeld von Organisation und Rechnungswesen, in: Finanz- und Rechnungswesen als Führungsinstrument: Herbert Vormbaum zum 65. Geburtstag, Hrsg. Ahlert, D. et al., Wiesbaden 1990, S. 138-155.

Frese, E. (2000), Grundlagen der Organisation: Konzept - Prinzipien - Strukturen, 8. Auflage, Wiesbaden 2000.

Frese, E./Lehmann, P. (2002), Profit Center, in: Handwörterbuch Unternehmensrechnung und Controlling, Hrsg. Küpper, H.-U./Wagenhofer, A., 4. Auflage, Stuttgart 2002, S. 1540-1551.

Freygang, W. (1993), Kapitalallokation in diversifizierten Unternehmen: Ermittlung divisionaler Eigenkapitalkosten, Wiesbaden 1993.

Friedl, G./Hilz, C./Pedell, B. (2005), Controlling mit SAP R3®: Eine praxisorientierte Einführung - umfassende Fallstudie - beispielhafte Anwendungen, 4. Auflage, Wiesbaden 2005.

Fröhling, O. (1999), Risikoadjustierte Kapitalkostenermittlung für Geschäftssegmente, in: ZfB, 69. Jg., Heft 12, 1999, S. 1445-1454.

Fröhling, O. (2000), Segmentbezogene Ermittlung von Kapitalkosten, in: krp, 44. Jg., Heft 1, 2000, S. 49-56.

Fülbier, R. U./Gassen, J. (2007), Das Bilanzrechtsmodernisierungsgesetz (BilMoG): Handelsrechtliche GoB vor der Neuinterpretation, in: DB, Heft 48, 60. Jg., 2007, S. 2605-2612.

Furck, K. (2005), Shared Services am Beispiel der Deutschen Lufthansa AG, in: ZfCM, 49. Jg., 2005, Heft 1, S. 63-71.

Gaiser, B. (2006), Die CFO-Agenda: Leistungssteigerung von Controlling- und Finanzprozessen, in: Controlling und Finance Excellence: Herausforderungen und Best-Practice-Lösungsansätze, Hrsg. Horváth, P., Stuttgart 2006, S. 47-60.

Gaiser, B./Michel, U. (2006), Vom Wachhund zum Kreativen, in: Harvard Business manager, Februar 2006, S. 108-109.

Geiger, T. (2002), Shareholder-orientierte Segmentberichterstattung: Entwicklung eines Konzeptes für internationale Konzerne, München 2002.

Gerybadze, A./Martín-Pérez, N.-J. (2007), Shared Service Centers: Neue Formen der Organisation und des Projektmanagements für interne Service Units, in: Controlling, Heft 8/9, 2007, S. 473-481.

Glaum, M. (1999), Globalisierung der Kapitalmärkte und Internationalisierung der deutschen Rechnungslegung, in: Globalisierung - Herausforderung an die Unternehmensführung zu Beginn des 21. Jahrhunderts, Festschrift für Professor Dr. Ehrenfried Pausenberger, Hrsg. Giesel, F./Glaum, M., München 1999, S. 295-322.

Gohout, W. (2009), Operations Research: Einige ausgewählte Gebiete der linearen und nichtlinearen Optimierung, 4. Auflage, München 2009.

Grasl, O./Rohr, J./Grasl, T. (2004), Prozessorientiertes Projektmanagement: Modelle, Methoden und Werkzeuge zur Steuerung von IT-Projekten, München, Wien 2004.

Grieshop, H./Weber, J.(2007), Ergebnisse einer empirischen Studie zur Kooperation von Controllerbereich und externem Rechnungswesen, in: Der Konzern, Heft 5, 2007, S. 307-315.

Günther, T. (1997), Unternehmenswertorientiertes Controlling, München 1997.

Günther, T./Beyer, D. (2001), Value Based Reporting – Entwicklungspotenziale der externen Unternehmensberichterstattung, in: BB, 56. Jg., Heft 32, 2001, S. 1623-1630.

Hachmeister, D./Kunath, O. (2005), Die Bilanzierung des Geschäfts- oder Firmenwerts im Übergang auf IFRS 3, in: KoR, 2/2005, S. 62-75.

Hahn, D./Hintze, M. (2006), Konzepte wertorientierter Unternehmungsführung, in: Strategische Unternehmungsplanung - Strategische Unternehmungsführung: Stand und Entwicklungstendenzen, Hrsg. Hahn, D./Taylor, B., 9. Auflage, Berlin, Heidelberg, New York 2006, S. 83-113.

Hahn, D./Hungenberg, H. (2001), PuK, Wertorientierte Controllingkonzepte: Planung und Kontrolle, Planungs- und Kontrollsysteme, Planungs- und Kontrollrechnung, 6. Auflage, Wiesbaden 2001.

Hahn, D./Nicklas, M. (1999), PuK auf Basis eines einheitlichen periodischen Rechnungswesens und nach US-GAAP, in: Controlling, Heft 2, 1999, S. 67-73.

Haller, A. (1997), Zur Eignung der US-GAAP für Zwecke des internen Rechnungswesens, in: Controlling, Heft 4, 1997, S. 270-276.

Haller, A./Park, P. (1999), Segmentberichterstattung auf Basis des „Management Approach" - Inhalt und Konsequenzen, in: Integration der Unternehmensrechnung: Harmonisierung - Internationale Rechnungslegung - Shareholder Value - Investitionsrechnung, Hrsg. Männel, W./Küpper, H.-U., krp, Sonderheft 3, 1999, S. 59-66.

Hansmann, H./Neumann, S. (2005), Prozessorientierte Einführung von ERP-Systemen, in: Prozessmanagement: Ein Leitfaden zur prozessorientierten Organisationsgestaltung, Hrsg. Becker, J./Kugeler, M./Rosemann, M., 5. Auflage, Berlin, Heidelberg, New York 2005, S. 329-372.

Haring, N./Prantner, R. (2005), Konvergenz des Rechnungswesens - State-of-the-Art in Deutschland und Österreich, in: Controlling, Heft 3, 2005, S. 147-154.

Hauke, U. (2000), Moderne Konzernplanung mit SAP SEM™-BPS - Business Planning and Simulation, in: Wertorientierte Konzernführung - Kapitalmarktorientierte Rechnungslegung und integrierte Unternehmenssteuerung, Hrsg. Küting, K./Weber, C.-P., Stuttgart 2000, S. 517-548.

Havermann, H. (2000), Konzernrechnungslegung - quo vadis?, in: Wpg, 53. Jg., Heft 3, 2000, S. 121-127.

Hax, H. (2002), Integration externer und interner Unternehmensrechnung, in: Handwörterbuch Unternehmensrechnung und Controlling, Hrsg. Küpper, H.-U./Wagenhofer, A., 4. Auflage, Stuttgart 2002, S. 758-767.

Hebeler, C. (2003), Harmonisierung des internen und externen Rechnungswesens: US-amerikanische Accounting-Systeme als konzeptionelle Grundlage für deutsche Unternehmen?, Wiesbaden 2003.

Hebeler, C. (2007), Integration von externer und interner Rechnungslegung: Das Beispiel Henkel, in: ACCOUNTING, 7. Jg., 1/2007, S. 3-5.

Helmkamp, J. G. (1990), Managerial Accounting, Second Edition, New York et al. 1990.

Hermann, T./Bernhard, M. (2003), IFRS wälzen die Rechnungslegung um - Bericht vom 2. IFRS-Kongress in Berlin, in: KoR, 12/2003, S. 579-580.

Herzig, N. (2000), Das Maßgeblichkeitsprinzip - eine zukunftsträchtige Konzeption?, in: Wertorientierte Konzernführung: Kapitalmarktorientierte Rechnungslegung und integrierte Unternehmenssteuerung, Hrsg. Küting, K./Weber, C.-P., Stuttgart 2000, S. 57-89.

Heuser, O. J./Theile, C. (2007), IFRS Handbuch: Einzel- und Konzernabschluss, 3. Auflage, Köln 2007.

Himmel, H. (2004), Konvergenz von interner und externer Unternehmensrechnung am Beispiel der Segmentberichterstattung, Aachen 2004.

Hoke, M. (2001), Konzernsteuerung auf Basis eines intern und extern vereinheitlichten Rechnungswesens: Empirische Befunde vor dem Hintergrund der Internationalisierung der Rechnungslegung, Bamberg 2001.

Hollekamp, M. (2005), Strategisches Outsourcing von Geschäftsprozessen: Eine empirische Analyse der Wirkungszusammenhänge und der Erfolgswirkungen von Outsourcingprojekten am Beispiel von Großunternehmen in Deutschland, München, Mering 2005.

Holzer, H. P./Norreklit, H. (1991), Stand des Management Accounting in den Vereinigten Staaten, in: Wpg, 44. Jg., Heft 22, 1991, S. 699-706.

Hopfmann, L. (2001), Data Warehouse, in: Power Tools: Management-, Beratungs- und Controllinginstrumente, Hrsg. Schneider, D./Pflaumer, P., Wiesbaden 2001, S. 203-212.

Horngren, C. T. et al. (2002), Management and Cost Accounting, second edition, London et al. 2002.

Horngren, C. T./Foster, G./Datar, S. M. (2001), Kostenrechnung: Entscheidungsorientierte Perspektive, aus dem englischen übersetzt von Kleber, M. I., 9. Auflage, München, Wien 2001.

Horváth, P. (1997), Kommt der „Biltroller"?, in: Controlling, Heft 3, 1997, S. 147.

Horváth, P. (2006), Controlling, 10. Auflage, München 2006.

Horváth, P./Arnaout, A. (1997), Internationale Rechnungslegung und Einheit des Rechnungswesens - State-of-the-Art und Implementierung in der deutschen Praxis, in: Controlling, Heft 4, 1997, S. 254-268.

Hostettler, S. (2002), Economic Value Added: Darstellung und Anwendung auf Schweizer Aktiengesellschaften, 5. Auflage, Bern et al. 2002.

Hunger, M. (2007), Erfahrungssicherung in IT-Projekten: Ein Prozessvorschlag zur Sicherung von Erfahrungen aus IT-Projekten, in: Projektmanagement aktuell, 18. Jg., 2/2007, S. 21-29.

Hüning, M. (2007), Kongruenzprinzip und Rechnungslegung von Sachanlagen nach IFRS, Köln 2007.

Husmann, R. (1997), Defizite der handelsrechtlichen Konzernrechnungslegung aus der Sicht des Bilanzanalysten, in: DStR, Heft 42, 1997, S. 1659-1664.

Hüttche, T./Diemer, N. (2000), Fast Close - Ordnungsmäßigkeit eines verkürzten Aufstellungszeitraums, in: BB, 55. Jg., Heft 40, 2000, S. 2035-2037.

IASB (2006), IFRS 8 Operating Segments, Basis for conclusions on International Financial Reporting Standard, London 2006.

IASB (2007), The IASB welcomes SEC vote to remove reconciliation requirement, Press Release, London 2007.

Jahnke, H./Wielenberg, S./Schumacher, H. (2007), Ist die Integration des Rechnungswesens tatsächlich ein Motiv für die Einführung der IFRS in mittelständischen Unternehmen?, in: KoR, Heft 7-8, 2007, S. 365-376.

Jonen, A./Lingnau, V. (2005), Konvergenz von internem und externem Rechnungswesen - Betriebswirtschaftliche Überlegungen und Umsetzung in der Praxis, in: Beiträge zur Controlling-Forschung, Hrsg. Lingnau, V., 2005, S. 1-39.

Jonen, A./Lingnau, V. (2007), Das real existierende Phänomen Controlling und seine Instrumente – Eine kognitionsorientierte Analyse, in: Beiträge zur Controlling-Forschung, Hrsg. Lingnau, V., 2007, S. 1-24.

Jossé, G. (2001), Projektmanagement - aber locker!, Rieden 2001.

Jost, P.-J. (2000), Organisation und Koordination - Eine ökonomische Einführung, Wiesbaden 2000.

Jost, P.-J. (2001), Die Prinzipal-Agenten-Theorie im Unternehmenskontext, in: Die Prinzipal-Agenten-Theorie in der Betriebswirtschaftslehre, Hrsg. Jost, P.-J., Stuttgart 2001, S. 11-43.

Kagermann, H. (2000), Strategische Unternehmensführung bei der SAP AG: Erfahrungen und Lösungen eines Software-Unternehmens, in: Wertorientierte Konzernführung - Kapitalmarktorientierte Rechnungslegung und integrierte Unternehmenssteuerung, Hrsg. Küting, K./Weber, C.-P., Stuttgart 2000, S. 403-430.

Kagermann, H./Reinhart, J. C. (1999), Strategic Enterprise Management (SEM): Eine Antwort auf neue Herausforderungen an das Rechnungswesen, in: Fortschritte im Rechnungswesen: Vorschläge für Weiterentwicklungen im Dienste der Unternehmens- und Konzernsteuerung durch Unternehmensorgane und Eigentümer, Festschrift zum 60. Geburtstag von Gerhard Seicht, Hrsg. Altenburger, O. A./Janschek, D./Müller, H., Wiesbaden 1999, S. 329-354.

Kahle, H. (2003), Zur Zukunft der Rechnungslegung in Deutschland: IAS im Einzel- und Konzernabschluss?, in: Wpg, 56. Jg., Heft 6, 2003, S. 262-275.

Kampmann, H./Schwedler, K. (2006), Zum Entwurf eines gemeinsamen Rahmenkonzepts von FASB und IASB - Rechnungslegungsziele und qualitative Anforderungen, in: KoR, 9/2006, S. 521-530.

Kaplan, R. S./Atkinson, A. A. (1998), Advanced Management Accounting, Third Edition, New Jersey 1998.

Karl, S. (2000), SAP Konsolidierung - Funktionalität und Kundennutzen, in: Wertorientierte Konzernführung - Kapitalmarktorientierte Rechnungslegung und integrierte Unternehmenssteuerung, Hrsg. Küting, K./Weber, C.-P., Stuttgart 2000, S. 549-577.

Kayser, R. (2002), Value Based Management - Von der Spitzenkennzahl zum wertorientierten Management, in: Vom Financial Accounting zum Business Reporting - Kapitalmarktorientierte Rechnungslegung und integrierte Unternehmenssteuerung, Hrsg. Küting, K./Weber, C.-P., Stuttgart 2002, S. 237-251.

Keller, M./Krugmann, B. (2006), Controlling Information Center - Beyond Traditional Reporting, in: Performance Management in der Praxis: Unternehmensziele, Führungsprozesse, Massnahmen. Neue Wege und innovative Lösungen, Hrsg. Horváth & Partners, Zürich 2006, S. 217-240.

Kerkhoff, G./Thun, S. (2007), Integration von internem und externem Rechnungswesen, in: Controlling, Heft 8/9, 2007, S. 455-461.

Kirsch, H. (2002), Tendenzen in der Kostenrechnung durch Internationalisierung des externen Rechnungswesens, in: krp, 46. Jg., Heft 4, 2002, S. 207-213.

Klein, G. A. (1999a), Konvergenz von internem und externem Rechnungswesen auf Basis der International Accounting Standards (IAS), in: Integration der Unternehmensrechnung: Harmonisierung - Internationale Rechnungslegung - Shareholder Value - Investitionsrechnung, Hrsg. Männel, W./Küpper, H.-U., krp, Sonderheft 3, 1999, S. 67-77.

Klein, G. A. (1999b), Unternehmenssteuerung auf Basis der International Accounting Standards, München 1999.

Kley, K.-L. (2000), Die externe und interne Rechnungslegung als Basis für eine offene Unternehmenskommunikation, in: Wertorientierte Konzernführung: Kapitalmarktorientierte Rechnungslegung und integrierte Unternehmenssteuerung, Hrsg. Küting, K./Weber, C.-P., Stuttgart 2000, S. 337-354.

Klingebiel, N./Andreas, J. (2006), Outsourcingvarianten im Rechnungswesen, in: ZfCM, 50. Jg., 2006, Heft 1, S. 36-42.

Kloock, J. (1981), Mehrperiodige Investitionsrechnung auf der Basis kalkulatorischer und handelsrechtlicher Erfolgsrechnungen, in: ZfbF, 33. Jg., 1981, S. 873-890.

Kloock, J./Coenen, M. (1996), Cash-Flow-Return on Investment als Rentabilitätskennzahl aus externer Sicht, in: WISU, Heft 12, 1996, S. 1101-1107.

Kloock, J./Sieben, G./Schildbach, T./Homburg, C. (2005), Kosten- und Leistungsrechnung, 9. Auflage, Stuttgart 2005.

Knorr, L. (2007), IFRS 8 Operating Segments: nur Konvergenz oder auch bessere Finanzberichterstattung?, in: ACCOUNTING, 7. Jg., 1/2007, S. 9-11.

Köster, H. (2005), Vereinheitlichung der Finance & Accounting-Prozesse bei Henkel, in: Organisationsstrukturen und Geschäftsprozesse wirkungsvoll steuern, Hrsg. Horváth, P., Stuttgart 2005, S. 117-129.

Krag, J./Kasperzak, R. (2000), Grundzüge der Unternehmensbewertung, München 2000.

Kraus, G./Westermann, R. (2006), Projektmanagement mit System: Organisation, Methoden, Steuerung, 3. Auflage, 5. Nachdruck, Wiesbaden 2006.

Krause, S./Schmidbauer, R. (2003), Umsetzung des (unternehmens-)-wertorientierten Controllings bei der BMW Group, in: Controlling, Heft 9, 2003, S. 441-449.

Krawitz, N./Albrecht, C./Büttgen, D. (2000), Internationalisierung der deutschen Konzernrechnungslegung aus Sicht deutscher Mutterunternehmen - Ergebnisse einer empirischen Studie zur Anwendung und zur Folgeregelung von § 292a HGB, in: Wpg, 53. Jg., Heft 12, 2000, S. 541-556.

Kreikebaum, H. (2002), Organisationsmanagement internationaler Unternehmen: Grundlagen und moderne Netzwerkstrukturen, Wiesbaden 2002.

Krotter, S. (2006), Durchbrechungen des Kongruenzprinzips und Residualgewinne: Broken Link Between Accounting and Finance?, in: Regensburger Diskussionsbeiträge zur Wirtschaftswissenschaft, Nr. 411, März 2006, S. 1-37.

Krüger, W. (1994), Organisation der Unternehmung, 3. Auflage, Stuttgart et al. 1994.

Krüger, W. (2006a), Topmanager als Promotoren und Enabler des Wandels, in: Excellence in Change - Wege zur strategischen Erneuerung, Hrsg. Krüger, W., 3. Auflage, Wiesbaden 2006, S. 139-176.

Krüger, W. (2006b), Strategische Erneuerung: Programme, Prozesse, Probleme, in: Excellence in Change - Wege zur strategischen Erneuerung, Hrsg. Krüger, W., 3. Auflage, Wiesbaden 2006, S. 31-97.

Krüger, W./Danner, M. (2004), Bündelung von Controllingfunktionen in Shared Service Centern, in: IFRS und Controlling, ZfCM, Sonderheft 2, 48. Jg., 2004, S. 110-118.

Krüger, W./Homp, C. (1997), Kernkompetenzmanagement: Steigerung von Flexibilität und Schlagkraft im Wettbewerb, Wiesbaden 1997.

Kruschwitz, L./Milde, H. (1996), Geschäftsrisiko, Finanzierungsrisiko und Kapitalkosten, in: ZfbF, 48. Jg., 1996, S. 1115-1133.

Kugeler, M./Vieting, M. (2005), Gestaltung einer prozessorientiert(er)en Aufbauorganisation, in: Prozessmanagement: Ein Leitfaden zur prozessorientierten Organisationsgestaltung, Hrsg. Becker, J./Kugeler, M./Rosemann, M., 5. Auflage, Berlin, Heidelberg, New York 2005, S. 221-267.

Kümmel, G./Watterott, R. (2005), Neue Entwicklungen im internationalen Konzerncontrolling am Beispiel Bosch - Durchgängige Konzernsteuerung, in: Organisationsstrukturen und Geschäftsprozesse wirkungsvoll steuern, Hrsg. Horváth, P., Stuttgart 2005, S. 11-32.

Kümpel, T. (2002), Vereinheitlichung von internem und externem Rechnungswesen, in: WIST, Heft 6, 2002, S. 343-345.

Küpper, H.-U. (1995), Unternehmensplanung und -steuerung mit pagatorischen oder kalkulatorischen Erfolgsrechnungen?, in: Unternehmensrechnung als Instrument der internen Steuerung, Hrsg. Schildbach, T./Wagner, F. W., ZfbF, Sonderheft 34, Düsseldorf 1995, S. 19-50.

Küpper, H.-U. (1997), Pagatorische und kalkulatorische Rechensysteme, in: krp, 41. Jg., Heft 1, 1997, S. 20-26.

Küpper, H.-U. (1998), Angleichung des externen und internen Rechnungswesens, in: Controlling und Rechnungswesen im internationalen Wettbewerb, Hrsg. Börsig, C./Coenenberg, A. G., Stuttgart 1998, S. 143-162.

Küpper, H.-U. (1999), Zweckmäßigkeit, Grenzen und Ansatzpunkte einer Integration der Unternehmensrechnung, in: Integration der Unternehmensrechnung: Harmonisierung - Internationale Rechnungslegung - Shareholder Value - Investitionsrechnung, Hrsg. Männel, W./Küpper, H.-U., krp, Sonderheft 3, 1999, S. 5-11.

Küpper, H.-U. (2005), Controlling: Konzeption, Aufgaben, Instrumente, 4. Auflage, Stuttgart 2005.

Kuster, J. et al. (2006), Handbuch Projektmanagement, Berlin, Heidelberg, New York 2006.

Küting, K./Lorson, P. (1997), Erfolgs(potential)orientiertes Konzernmanagement: Eine Analyse erfolgszielorientierter Controlling-Konzepte und -Instrumente in globalen Konzernen, in: BB, 52. Jg., Beilage 8 zu Heft 20, 1997, S. 1-31.

Küting, K./Lorson, P. (1998a), Anmerkungen zum Spannungsfeld zwischen externen Zielgrößen und internen Steuerungsinstrumenten, in: BB, 53. Jg., Heft 9, 1998, S. 469-475.

Küting, K./Lorson, P. (1998b), Konvergenz von internem und externem Rechnungswesen: Anmerkungen zu Strategien und Konfliktfeldern, in: Wpg, 51. Jg., Heft 11, 1998, S. 483-493.

Küting, K./Lorson, P. (1998c), Grundsätze eines Konzernsteuerungskonzepts auf „externer" Basis (Teil I), in: BB, 53. Jg., Heft 44, 1998, S. 2251-2258.

Küting, K./Lorson, P. (1998d), Grundsätze eines Konzernsteuerungskonzepts auf „externer" Basis (Teil II), in: BB, 53. Jg., Heft 45, 1998, S. 2303-2309.

Küting, K./Lorson, P. (1998e), Strukturen eines Konzernberichtswesens, in: Handbuch der Konzernrechnungslegung: Kommentar zur Bilanzierung und Prüfung, Hrsg. Küting, K./Weber, C.-P., Stuttgart 1998, S. 469-516.

Küting, K./Lorson, P. (1999a), Harmonisierung des Rechnungswesens aus Sicht der externen Rechnungslegung, in: Integration der Unternehmensrechnung: Harmonisierung - Internationale Rechnungslegung - Shareholder Value - Investitionsrechnung, Hrsg. Männel, W./Küpper, H.-U., krp, Sonderheft 3, 1999, S. 47-57.

Küting, K./Lorson, P. (1999b), Konzernrechnungslegung: Ein neues Aufgabengebiet des Controllers? Zukunft der deutschen Rechnungslegung und Auswirkungen auf das Controlling, in: Controlling, Heft 4/5, 1999, S. 215-222.

Küting, K./Pilhofer, J. (1999a), Die neuen Vorschriften zur Segmentberichterstattung nach US-GAAP - Schließung der Regelungslücke in § 279 Abs. 1 HGB durch Adaption internationaler Standards? (Teil I), in: DStR, Heft 13, 1999, S. 559-564.

Küting, K./Pilhofer, J. (1999b), Die neuen Vorschriften zur Segmentberichterstattung nach US-GAAP - Schließung der Regelungslücke in § 279 Abs. 1 HGB durch Adaption internationaler Standards? (Teil II), in: DStR, Heft 14, 1999, S. 603-608.

Küting, K./Ranker, D./Wohlgemuth, F. (2004), Auswirkungen von Basel II auf die Praxis der Rechnungslegung, in: FB, 2/2004, S. 93-104.

Küting, K./Weber, C.-P. (2008), Der Konzernabschluss - Praxis der Konzernrechnungslegung nach HGB und IFRS, 11. Auflage, Stuttgart 2008.

Lanfermann, G./Maul, S. (2002), Auswirkungen des Sarbanes-Oxley Acts in Deutschland, in: DB, Heft 34, 55. Jg., 2002, S. 1725-1732.

Lanfermann, J. (1998), Konzernabschluß, in: Lexikon des Rechnungswesens: Handbuch der Bilanzierung und Prüfung, der Erlös-, Finanz-, Investitions- und Kostenrechnung, Hrsg. Busse von Colbe, W./Pellens, B., München, Wien 1998, S. 419-425.

Laßmann, G. (1995), Stand und Weiterentwicklung des Internen Rechnungswesens, in: ZfbF, 47. Jg., 1995, S. 1044-1063.

Lewis, T. G. (1994), Steigerung des Unternehmenswertes - Total Value Management, Landsberg/Lech 1994.

Lewis, T. G./Lehmann, S. (1992), Überlegene Investitionsentscheidungen durch CFROI, in: BFuP, 44. Jg., Heft 1, 1992, S. 1-13.

Lewis, T. G./Stelter, D. (1993), Mehrwert schaffen mit finanziellen Ressourcen, in: Harvard Business manager, 15. Jg., 4/1993. S. 107-114.

Litke, H.-D. (2007), Projektmanagement: Methoden, Techniken, Verhaltensweisen, 5. Auflage, München 2007.

Lorenz, K. (2004), DRS 14 zur Währungsumrechnung: Darstellung und Vergleichbarkeit mit den IASB-Regelungen, in: KoR, 11/2004, S. 437-441.

Lorson, P. (1996), Erfolgsrechnung und -überwachung in globalen Konzernen - Grundsätzliche Anmerkungen aus Sicht des Konzern-Controlling, in: DB, Heft 50, 49. Jg., 1996, S. 2505-2511.

Lorson, P. (1999), Shareholder Value-Ansätze: Zweck, Konzepte und Entwicklungstendenzen, in: DB, Heft 26/27, 52. Jg., 1999, S. 1329-1339.

Lorson, P./Schedler, J. (2002), Unternehmenswertorientierung von Unternehmensrechnung, Finanzberichterstattung und Jahresabschlussanalyse, in: Vom Financial Accounting zum Business Reporting - Kapitalmarktorientierte Rechnungslegung und integrierte Unternehmenssteuerung, Hrsg. Küting, K./Weber, C.-P., Stuttgart 2002, S. 253-294.

Löw, E. (1999), Einfluß des Shareholder Value-Denkens auf die Konvergenz von externem und internem Rechnungswesen, in: Integration der Unternehmensrechnung: Harmonisierung - Internationale Rechnungslegung - Shareholder Value - Investitionsrechnung, Hrsg. Männel, W./Küpper, H.-U., krp, Sonderheft 3, 1999, S. 87-92.

Lücke, W. (1955), Investitionsrechnung auf Basis von Ausgaben oder Kosten?, in: Zeitschrift für handelswissenschaftliche Forschung, 7. Jg., 1955, S. 310-324.

Lüdenbach, N. (2004), IAS/IFRS - Der Ratgeber zur erfolgreichen Umstellung von HGB auf IAS/IFRS, 3. Auflage, Freiburg 2004.

Lüdenbach, N./Hoffmann, W.-D. (2004), Verbindliches Mindestgliederungsschema für die IFRS-Bilanz, in: KoR, 3/2004, S. 89-94.

Maddaus, B. (2000), Handbuch Projektmanagement: mit Handlungsanleitungen für Industriebetriebe, Unternehmensberater und Behörden, 6. Auflage, Stuttgart 2000.

Männel, W. (1997), Reorganisation des führungsorientierten Rechnungswesens durch Integration der Rechenkreise, in: krp, 41. Jg., Heft 1, 1997, S. 9-19.

Männel, W. (1999a), Integration des Rechnungswesens für ein durchgängiges Ergebniscontrolling, in: krp, 43. Jg., Heft 1, 1999, S. 11-21.

Männel, W. (1999b), Harmonisierung des Rechnungswesens für ein integriertes Ergebniscontrolling, in: Integration der Unternehmensrechnung: Harmonisierung - Internationale Rechnungslegung - Shareholder Value - Investitionsrechnung, Hrsg. Männel, W./Küpper, H.-U., krp, Sonderheft 3, 1999, S. 13-29.

Marr, R./Steiner, K. (2004), Projektmanagement, in: Handwörterbuch Unternehmensführung und Organisation, Hrsg. Schreyögg, G./v. Werder, A., 4. Auflage, Stuttgart 2004.

Melcher, W. (2002), Konvergenz von internem und externem Rechnungswesen - Umstellung des traditionellen Rechnungswesens und Einführung eines abgestimmten vertikalen und horizontalen Erfolgsspaltungskonzepts, Hamburg 2002.

Melching, H.-G. (1997), Internationales Rechnungswesen und Ergebniskontrolle bei der Volkswagen AG, in: Controlling, Heft 4, 1997, S. 246-252.

Mellewigt, T. (1995), Konzernorganisation und Konzernführung: eine empirische Untersuchung börsennotierter Konzerne, Frankfurt am Main et al. 1995.

Mellewigt, T./Matiaske, W. (2001), Konzernmanagement - Stand der empirischen betriebswirtschaftlichen Forschung, in: Konzernmanagement - Corporate Governance und Kapitalmarkt, 62. Wissenschaftliche Jahrestagung des Verbandes der Hochschullehrer für Betriebswirtschaft e.V. 2000 in Berlin, Hrsg. Albach, H., Wiesbaden 2001, S. 108-143.

Mende, W. (1997), Projektmanagement: praktischer Leitfaden, München, Wien 1997.

Menn, B.-J. (1999), Auswirkungen der internationalen Bilanzierungspraxis auf Unternehmensrechnung und Controlling, in: Internationale Rechnungslegung: Festschrift für Professor Claus-Peter Weber zum 60. Geburtstag, Hrsg. Küting, K./Langenbucher, G., Stuttgart 1999, S. 631-647.

Michel, U. (2006), Der Finanzbereich im Umbruch, in: Controlling, Heft 8/9, 2006, S. 439-445.

Michel, U. (2007), Die Zügel in der Hand: Neue Herausforderungen für den CFO in Rechnungswesen und Controlling, in: The Performace Architect, Ausgabe 11, 2007, S. 4-6.

Müller, E. (1996), Controlling in der internationalen Unternehmung - Integration ausländischer Konzernunternehmen, in: DBW, 56. Jg., Heft 1, 1996, S. 111-122.

Müller, H. (1999), Anforderungen an das interne Rechnungswesen für die operative Unternehmenssteuerung global agierender Unternehmen und Konzerne, in: Fortschritte im Rechnungswesen: Vorschläge für Weiterentwicklungen im Dienste der Unternehmens- und Konzernsteuerung durch Unternehmensorgane und Eigentümer, Festschrift zum 60. Geburtstag von Gerhard Seicht, Hrsg. Altenburger, O. A./Janschek, O./Müller, H., Wiesbaden 1999, S. 383-421.

Müller, M. (2006), Harmonisierung des externen und internen Rechnungswesens: Eine empirische Untersuchung, Wiesbaden 2006.

Müller, S./Peskes, M. (2006), Konsequenzen der geplanten Änderungen der Segmentberichterstattung nach IFRS für Abschlusserstellung und Unternehmenssteuerung, in: BB, 61. Jg., Heft 15, 2006, S. 819-825.

Müller, S./Stute, A. (2006), Ausgestaltung der unterjährigen Berichterstattung deutscher Unternehmen, E-DRS 21 im Vergleich mit nationalen und internationalen Regelungen, in: BB, 61. Jg., Heft 51/52, 2006, S. 2803-2810.

Nebel, M./Brandl, M./Arnaout, A. (1998), Centersteuerung mit Größen des externen Rechnungswesens - Das Beispiel der MTU München, in: krp, 42. Jg., Heft 5, 1998, S. 274-281.

Neubürger, H.-J. (2000), Wertorientierte Unternehmensführung bei Siemens, in: ZfbF, 52. Jg., 2000, S. 188-196.

Neubürger, H.-J. (2006), Konvergieren IFRS und US-GAAP? - Erfahrungen aus dem Übergang von US-GAAP auf IFRS, in: IFRS in Rechnungswesen und Controlling, Hrsg. Börsig, C./Wagenhofer, A., 2006, S. 3-18.

Nicklas, M. (1998), Unternehmungswertorientiertes Controlling im internationalen Industriekonzern, Gießen 1998.

Niehus, R. J. (1998), Konzernabschluss nach US-GAAP: Grundlagen und Gegenüberstellung mit den deutschen Vorschriften, Stuttgart 1998.

Nowak, K. (2002), Marktorientierte Unternehmensbewertung: Discounted Cash Flow, Realoption, Economic Value Added und der Direct Comparison Approach, 2. Auflage, Wiesbaden 2002.

Oehler, K. (1997), Das General Ledger-Konzept in Rechnungswesen und Controlling - Zeit für einen Wandel?, in: Controlling, Heft 5, 1997, S. 356-361.

Oracle (2005), Information Generates Value: The Cornerstone for Sustainable Compliance and Growth, Oracle E-Business Suite Financials, Redwood Shores 2005.

Ordelheide, D. (1998), Bedeutung und Wahrung des Kongruenzprinzips ("clean surplus") im internationalen Rechnungswesen, in: Unternehmensberatung und Wirtschaftsprüfung, Festschrift für Prof. Dr. Günter Sieben zum 65. Geburtstag, Hrsg. Matschke, M. J./ Schildbach, T., 1998, S. 515-529.

Pellens, B. et al. (2008), Internationale Rechnungslegung, IFRS 1 bis 8, IAS 1 bis 41, IFRIC-Interpretationen, Standardentwürfe: Mit Beispielen, Aufgaben und Fallstudie, 7.. Auflage, Stuttgart 2008.

Pellens, B./Sellhorn, T. (2001), Goodwill-Bilanzierung nach SFAS 141 und 142 für deutsche Unternehmen, in: DB, Heft 32, 54. Jg., 2001, S. 1681-1689.

Pellens, B./Tomaszewski, C./Weber, N. (2000), Wertorientierte Unternehmensführung in Deutschland - Eine empirische Untersuchung der DAX 100-Unternehmen, in: DB, Heft 37, 53. Jg., 2000, S. 1825-1833.

Perridon, L./Steiner, M. (2004), Finanzwirtschaft der Unternehmung, 13. Auflage, München 2004.

Peskes, M. (2004), Zukunftsorientierte Segmentberichterstattung: Adressatenkonforme Segmentierung und Segmentabgrenzung im Rahmen der Segmentberichterstattung insbesondere zur Erfüllung des Erfordernisses der Zukunftsorientiertheit, Hamburg 2004.

Pfaff, D. (1995), Der Wert von Kosteninformationen für die Verhaltenssteuerung in Unternehmen, in: Unternehmensrechnung als Instrument der internen Steuerung, Hrsg. Schildbach, T./Wagner, F. W., ZfbF, Sonderheft 34, 1995, S. 119-156.

Pfaff, D. (1996), Kostenrechnung als Instrument der Entscheidungssteuerung - Chancen und Probleme, in: krp, 40. Jg., Heft 3, 1996, S. 151-156.

Pfaff, D./Bärtl, O. (1998), Externe Rechnungslegung, internes Rechnungswesen und Kapitalmarkt - Die Bedeutung des Kapitalmarktes für den Zusammenhang zwischen externem und internem Rechnungswesen, in: ZfbF, 50. Jg., 1998, S. 757-777.

Pfaff, D./Bärtl, O. (1999), Wertorientierte Unternehmenssteuerung - Ein kritischer Vergleich ausgewählter Konzepte, in: Rechnungswesen und Kapitalmarkt, Hrsg. Gebhardt, G./Pellens, B., ZfbF, Sonderheft 41, 1999, S. 85-115.

Pfaff, D./Stefani, U. (2006), Verrechnungspreise in der Unternehmenspraxis: Eine Bestandsaufnahme zu Zwecken und Methoden, in: Controlling, Heft 10, 2006, S. 517-524.

Pfetzing, K./Rohde, A. (2006), Ganzheitliches Projektmanagement, in: ibo Schriftenreihe, Band 2, 2. Auflage, Gießen 2006.

Picot, A./Dietl, H./Franck, E. (2008), Organisation: Eine ökonomische Perspektive, 5. Auflage, Stuttgart 2008.

Picot, A./Reichwald, R./Wigand, R. T. (2003), Die grenzenlose Unternehmung: Information, Organisation und Management, 5. Auflage, Wiesbaden 2003.

Pock, F. (2002), Einsatz von SAP in der Konsolidierung im ESTAG-Konzern, in: Vom Financial Accounting zum Business Reporting - Kapitalmarktorientierte Rechnungslegung und integrierte Unternehmenssteuerung, Hrsg. Küting, K./Weber, C.-P., Stuttgart 2002, S. 579-599.

PricewaterhouseCoopers (2005), IFRS für Banken, 3. Auflage, Frankfurt am Main 2005.

Project Management Institute (2004), A Guide to the Project Management Body of Knowledge, dritte Ausgabe, Pennsylvania 2004.

Rappaport, A. (1995), Shareholder Value: Wertsteigerung als Maßstab für die Unternehmensführung, Stuttgart 1995.

Rappaport, A. (1998), Creating Shareholder Value: a guide for managers and investors, 2nd edition, New York 1998.

Rappaport, A. (1999), Shareholder Value - Ein Handbuch für Manager und Investoren, 2. Auflage, Stuttgart 1999.

Raps, A. (2000), Strategisches Controlling mit Software-Unterstützung, in: Controlling, Heft 12, 2000, S. 607-614.

Raps, A./Schmitz, U. (2004), Strategische Planung, Steuerung und Implementierung mit integrierter Anwendungssoftware, in: Controlling, Heft 7, 2004, S. 413-423.

Raupach, A. (1998), Wechselwirkungen zwischen der Organisationsstruktur und der Besteuerung multinationaler Konzernunternehmungen, in: Der Konzern im Umbruch, Hrsg. Theisen, A., Stuttgart 1998, S. 59-167.

Regierungskommission Deutscher Corporate Governance Kodex (2009), Deutscher Corporate Governance Kodex, in der Fassung vom 18. Juni 2009.

Reichelstein, S. (2002), Responsibility Accounting, in: Handwörterbuch Unternehmensrechnung und Controlling, Hrsg, Küpper, H.-U./Wagenhofer, A., 4. Auflage, Stuttgart 2002, S. 1703-1713.

Reichmann, T. (2006), Controlling mit Kennzahlen und Managementtools: Die systemgestützte Controlling-Konzeption, 7. Auflage, München 2006.

Reiß, M. (1996), Projektmanagement, in: Handwörterbuch der Produktionswirtschaft, Hrsg. Kern, W./Schröder, H.-H./Weber, J., 2. Auflage, Stuttgart 1996.

Reiß, M. (1997), Organisatorische Verankerung des Controlling in den Unternehmensstrukturen des 21. Jahrhunderts, in: Die Kunst des Controllings, Prof. Dr. Péter Horváth zum 60. Geburtstag, Hrsg. Gleich, R./Seidenschwarz, W., München 1997, S. 368-380.

Reiß, M./Höge, R. (1994), Schlankes Controlling in segmentierten Unternehmen, in: BFuP, 46. Jg., Heft 3, 1994, S. 210-224.

Rhiel, R./Veit, A. (2008), Auswirkungen des geplanten Gesetzes zur Modernisierung de Bilanzrechts (BilMoG) auf Pensionsverpflichtungen, in: DB, Heft 5, 61. Jg., 2008, S. 193-195.

Rieder, H. P. (1996), Organisation des Zentralbereichs «Finanz & Controlling» in einem Industrie-Konzern, Bern et al. 1996.

Risse, A. (1995), Segmentberichterstattung: Neue Entwicklungen beim IASC und mögliche Auswirkungen auf Deutschland, in: DB, Heft 15, 48. Jg., 1995, S. 737-742.

Ruhwedel, F./Schultze, W. (2004), Konzeption des Value Reporting und Beitrag zur Konvergenz im Rechnungswesen, in: Controlling, Heft 8/9, 2004, S. 489-495.

Samtleben, M./Stadlbauer, F./Hess, T. (2006), Anwendungssystemintegration im Controlling: aktueller Stand und wichtige Trends, in: ZfCM, 50. Jg., 2006, Heft 2, S. 86-93.

Scheer, A.-W. (2000), Controlling unternehmensübergreifender Geschäftsprozesse, in: Wertorientierte Konzernführung: Kapitalmarktorientierte Rechnungslegung und integrierte Unternehmenssteuerung, Hrsg. Küting, K./Weber, C.-P., Stuttgart 2000, S. 319-336.

Scheffler, E. (2003), Controlling als Bindeglied zwischen Vorstand und Aufsichtsrat, in: Zeitschrift für Planung & Unternehmenssteuerung, Heft 14, 2003, S. 399-413.

Schenk, U. (2003), Konzernrechnungswesen und Verhaltenssteuerung: Ebenen der Integration von internem und externem Konzernrechnungswesen, Aachen 2003.

Schierenbeck, H./Lister, M. (2001), Value-Controlling: Grundlagen wertorientierter Unternehmensführung, München, Wien 2001.

Schildbach, T. (2002), US-GAAP: amerikanische Rechnungslegung und ihre Grundlagen, 2. Auflage, München 2002.

Schimank, C./Wehrli, H. P. (2006), Performance Management: Bestandteile einer Gesamtarchitektur, in: Performance Management in der Praxis: Unternehmensziele, Führungsprozesse, Massnahmen. Neue Wege und innovative Lösungen, Hrsg. Horváth & Partners, Zürich 2006, S. 9-19.

Schmelzer, H. J./Sesselmann, W. (2004), Geschäftsprozessmanagement in der Praxis: Produktivität steigern - Wert erhöhen - Kunden zufrieden stellen, 4. Auflage, München, Wien 2004.

Schmidt, A. (2003), Der Vergleich der Kapitalflussrechnungen nach IAS 7, SFAS 95 und DRS 2 als Instrument zur externen Analyse der Finanzlage, Leipzig 2003.

Schmidt, G. (2002), Einführung in die Organisation: Modelle - Verfahren - Techniken, 2. Auflage, Wiesbaden 2002.

Schmidt, W. (2006a), Auf den Zweck des Controllings besinnen - die transparente Steuerung des Unternehmens, in: ACCOUNTING, 6. Jg., 2/2006, S. 14-15.

Schmidt, W. (2006b), Controlling und Automatisierung der IFRS-Berichterstattung, in: ACCOUNTING, 6. Jg., 10/2006, S. 13-14.

Schmitt, W. (2002), Management-Konsolidierung mit SAP, in: Vom Financial Accounting zum Business Reporting - Kapitalmarktorientierte Rechnungslegung und integrierte Unternehmenssteuerung, Hrsg. Küting, K./Weber, C.-P., Stuttgart 2002, S. 515-542.

Schmotz, T. (2004), Pro-forma-Abschlüsse: Herstellung der Vergleichbarkeit von Rechnungslegungsinformationen, Wiesbaden 2004.

Schneider, D. (1997, Betriebswirtschaftslehre, Band 2: Rechnungswesen, 2. Auflage, München, Wien 1997.

Schön, D. (2004), Moderne DV-gestützte Planungstools, in: Controlling, Heft 10, 2004, S. 567-577.

Schön, D./Kröninger, L. (2005), Rechnungslegung im Umbruch: Was bei der Umstellung auf IAS/IFRS zu beachten ist, in: Controlling, Heft 2, 2005, S. 85-92.

Schreyögg, G. (2003), Organisation: Grundlagen moderner Organisationsgestaltung; mit Fallstudien, 4. Auflage, Wiesbaden 2003.

Schuler, A. H. et al. (2003), Reporting Excellene 2003 - Empirische Untersuchung in Deutschland, Österreich und der Schweiz, in: KoR, 12/2003, S. 575-578.

Schulte-Zurhausen, M. (2005), Organisation, 4. Auflage, München 2005.

Schweitzer, M./Ziolkowski, U. (1999), Interne Unternehmensrechnung: aufwandsorientiert oder kalkulatorisch?, in: ZfbF, Sonderheft 42, Düsseldorf 1999.

SEC (2007), SEC Takes Action to Improve Consistency of Disclosure to U. S. Investors in Foreign Companies, Press Release 2007-235, Washington D. C. 2007.

Seeliger, R./Kaatz, S. (1998), Konversion und Internationalisierung des Rechnungswesens in Deutschland, in: krp, 42. Jg., Heft 3, 1998, S. 125-132.

Selchert, F. W. (1999), Die MD&A - ein Vorbild für den Lagebericht?, in: Internationale Rechnungslegung: Festschrift für Professor Claus-Peter Weber zum 60. Geburtstag, Hrsg. Küting, K./Langenbucher, G., 1. Auflage, Stuttgart 1999, S. 219-237.

Serfling, K./Langguth, H. (1991), Investitionsprogramme unter Risiko: Auswertung und Interpretation der β-Faktoren, in: WISU, Heft 10, 1991, S. 726-738.

Siemens AG (2005), Geschäftsbericht 2005, München 2005.

Simons, D./Weißenberger, B. E , (2008), Die Konvergenz von externem und internem Rechnungswesen - Kritische Faktoren für die Entwicklung einer partiell integrierten Rechnungslegung aus theoretischer Sicht, in: BFuP, 60. Jg., 2008, Heft 2, S. 137-160.

Spiess, W./Felding, F. (2008), Conflict Prevention in Project Managament: Strategies, Methods, Checklists and Case Studies, Berlin et al. 2008.

Stahl, H.-W. (1999), Unternehmensergebnisse im geschlossenen Rechenkreis, in: Integration der Unternehmensrechnung: Harmonisierung - Internationale Rechnungslegung - Shareholder Value - Investitionsrechnung, Hrsg. Männel, W./Küpper, H.-U., krp, Sonderheft 3, 1999, S. 31-38.

Steffen, H. (2000), Marktstrukturen und Bewertungsverfahren, in: Wertorientierte Konzernführung: Kapitalmarktorientierte Rechnungslegung und integrierte Unternehmenssteuerung, Hrsg. Küting, K./Weber, C.-P., Stuttgart 2000, S. 355-399.

Steffin, W. (1995), ATOMIS - SAP R/3 Einführung bei Atotech Deutschland GmbH, in: Controlling-Prozesse optimieren, Hrsg. Horváth, P., Stuttgart 1995, S. 189-212.

Steiner, M./Wallmeister, M. (1999), Unternehmensbewertung mit Discounted Cash Flow-Methoden und dem Economic Value Added-Konzept, in: FB, 5/1999, S. 1-10.

Steinle, C./Krummaker, S./Lehmann, G. (2007), Bestimmung von Kapitalkosten in diversifizierten Unternehmungen: Verfahrensvergleiche und Anwendungsempfehlungen, in: ZfCM, 51. Jg., 2007, Heft 3, S. 204-218.

Stern, J. M./Shiely, J. S./Ross, I. (2001), The EVA challenge: implementing value added change in an organization, New York 2001.

Stern, J. M./Shiely, J. S./Ross, I. (2002), Wertorientierte Unternehmensführung mit Economic Value Added: Strategie - Umsetzung - Praxisbeispiele, München 2002.

Stietz, O. (1995), Integrationsmanagement: dargestellt am Beispiel des Computer Integrated Manufactoring (CIM) in der deutschen Automobilindustrie, Frankfurt am Main et al. 1995.

Streim, H. (1990), Ein Plädoyer für die Einheitsbilanz, in: BFuP, 42. Jg., Heft 6, 1990, S. 527-545.

Stute, U. (2007), Konvergenz von IFRS und interner Unternehmensrechnung: Eignung der IFRS-Rechnungslegung zur Erfüllung von Funktionen und zur Substitution von Instrumenten der internen Unternehmensrechnung, Berlin 2007.

Sylvester, M. (2004), Konsequenzen einer IFRS-Umstellung auf die Informationssysteme - am Beispiel SAP, in: IFRS und Controlling, ZfCM, Sonderheft 2, 48. Jg., 2004, S. 89-97.

Tegel, T. (2005), Multidimensionale Konzepte zur Controllingunterstützung in kleinen und mittleren Unternehmen, Wiesbaden 2005.
Theisen, M. R. (2000), Der Konzern: Betriebswirtschaftliche und rechtliche Grundlagen der Konzernunternehmung, 2. Auflage, Stuttgart 2000.
Thielemann, F./Keller, G. (2004), Bilanzen International - Ein komprimierter Überblick nach HGB und IAS/IFRS, 4. Auflage, Essen 2004.
ThyssenKrupp AG (2005), Geschäftsbericht 2004_2005, Düsseldorf 2005.
Vollmuth, H. J. (2004), Controllinginstrumente, 3. Auflage, München 2004.
Wagenhofer, A. (2002), Verrechnungspreise, in: Handwörterbuch Unternehmensrechnung und Controlling, Hrsg. Küpper, H.-U./Wagenhofer, A., 4. Auflage, Stuttgart 2002, S. 2074-2082.
Wagenhofer, A. (2006), Zusammenwirken von Controlling und Rechnungslegung nach IFRS, in: Controlling und IFRS-Rechnungslegung: Konzepte, Schnittstellen, Umsetzung, Hrsg. Wagenhofer, A., Berlin 2006, S. 1-20.
Wagenhofer, A. (2008), Konvergenz von intern und extern berichtenden Ergebnisgrößen am Beispiel von Segmentergebnissen, in: BFuP, 60. Jg., 2008, Heft 2, S. 161-175.
Wagenhofer, A./Ewert, R. (2007), Externe Unternehmensrechnung, 2. Auflage, Berlin et al. 2007.
Wala, T./Messner, S. (2007), Vor- und Nachteile einer Integration von internem und externem Rechnungswesen auf Basis der IFRS, in: Working Paper Series der Fachhochschule des bfi Wien, Number 39, Wien 2007.
Wall, F. (2007), Organisation und IT-Unterstützung von Controllingprozessen, in: Controlling, Heft 8/9, 2007, S. 483-489.
Waschek, G. (2005), Deutsche Normung im Projektmanagement, in: DIN Normen im Projektmanagement, Hrsg. Bechler, K. J./Lange D., Berlin 2005.
Weber, J. (1997), Marktorientiertes Controlling, in: Advanced Controlling, Band 4, Vallendar 1997.
Weber, J. (2006), Zum Zusammenspiel von zentralem und dezentralem Controlling, in: ZfCM, 50. Jg., 2006, Heft 4, S. 211-217.
Weber, J./Schäffer, U. (2006), Einführung in das Controlling, 11. Auflage, Stuttgart 2006.
Weber, J./Weißenberger, B. E. (1998), Finanzorientiertes Controlling, in: Advanced Controlling, Band 6, Vallendar 1998.
Weber, J./Weißenberger, B. E. (2006), Einführung in das Rechnungswesen: Bilanzierung und Kostenrechnung, 7. Auflage, Stuttgart 2006.
Weide, G. (2009), Management Reporting: Bedeutung, aktuelle Herausforderungen und Optimierungsmöglichkeiten, in: Controlling, Heft 1, 2009, S. 5-12.

Weiss, H.-J. (2000), Integrierte Konzernsteuerung - Das Managementinstrumentarium zur Optimierung mittel- und langfristiger Stakeholderinteressen, in: Wertorientierte Konzernführung - Kapitalmarktorientierte Rechnungslegung und integrierte Unternehmenssteuerung, Hrsg. Küting, K./Weber, C.-P., Stuttgart 2000, S. 203-234.

Weiss, H.-J. (2002), Finanzfunktion im Wandel – Der Finanzvorstand als Chief Value Officer, in: Vom Financial Accounting zum Business Reporting -Kapitalmarktorientierte Rechnungslegung und integrierte Rechnungslegung, Hrsg. Küting, K./Weber, C.-P., Stuttgart 2002, S. 375-407.

Weißenberger, B. E. (2009), Shareholder Value und finanzielle Zielvorgaben im Unternehmen, Working Paper 2 / 2009, S. 2- 22.

Weißenberger, B. E./Angelkort, H. (2007), Controller Excellence unter IFRS in Österreich, Hrsg. Österreichisches Controller-Institut, Wien 2007.

Weißenberger, B. E. (1997), Die Informationsbeziehung zwischen Management und Rechnungswesen: Analyse institutionaler Koordination, Wiesbaden 1997.

Weißenberger, B. E. (2003), Anreizkompatible Erfolgsrechnung im Konzern - Grundmuster und Gestaltungsalternativen, Wiesbaden 2003.

Weißenberger, B. E. (2004), Integrierte Rechnungslegung und Unternehmenssteuerung: Bedarf an kalkulatorischen Erfolgsgrößen auch unter IFRS?, in: IFRS und Controlling, ZfCM, Sonderheft 2, 48. Jg., 2004, S. 72-77.

Weißenberger, B. E. (2006a), Controller und IFRS: Konsequenzen der IFRS-Finanzberichterstattung für die Controlleraufgaben, in: KoR, 10/2006, S. 613-622.

Weißenberger, B. E. (2006b), Integration der Rechnungslegung unter IFRS: Ergebnisse des Arbeitskreises „Controller und IFRS" der International Group of Controlling, in: Controlling, Heft 8/9, 2006, S. 409-415.

Weißenberger, B. E. (2006c), Ergebnisrechnung nach IFRS und interne Performancemessung, in: Controlling und IFRS-Rechnungslegung: Konzepte, Schnittstellen, Umsetzung, Hrsg. Wagenhofer, A., Berlin 2006, S. 49-79.

Weißenberger, B. E. (2007), IFRS für Controller: Einführung, Anwendung, Fallbeispiele, Freiburg, Berlin, München 2007.

Weißenberger, B. E. et al. (2003), IAS/IFRS: Quo vadis Unternehmensrechnung? Konsequenzen für die Unternehmensrechnung in deutschen Unternehmen, Advanced Controlling, Band 31, Vallendar 2003.

Weißenberger, B. E./Blome, M. (2005), Ermittlung wertorientierter Kennzahlen unter IFRS, Working Paper 2 / 2005, S. 2-48.

Weißenberger, B. E./Liekweg, A. (1999), Vorschriften zur Segmentberichterstattung im Konzern - Schnittstelle zwischen interner und externer Rechnungslegung, in: krp, 43. Jg., Heft 3, 1999, S. 165-173.
Weißenberger, B. E./Maier, M. (2006), Der Management Approach in der IFRS-Rechnungslegung: Fundierung der Finanzberichterstattung durch Informationen aus dem Controlling, in: DB, Heft 39, 59. Jg., 2006, S. 2077-2083.
Weißenberger, B. E./Stahl, A. B./Vorstius, S. (2004), Die Umstellung auf internationale Rechnungslegungsgrundsätze - Wunsch und Wirklichkeit in deutschen Unternehmen, in: KoR, 1/2004, S. 5-16.
Wenning, P. (2006), Internationales Outsourcing in der Praxis: Motivation, Konzepte, Risiken, Saarbrücken 2006.
Werner, J. (1994), Bereichserfolgsrechnung als Instrument der Verhaltenssteuerung, in: krp, 38. Jg., Heft 6, 1994, S. 407-414.
Werner, T. et al. (2005), Innovatives Reporting mit SAP SEM BCS 4.0, München et al. 2005.
Wielenberg, S. (2002), Rechnungszwecke, in: Handwörterbuch Unternehmensrechnung und Controlling, Hrsg. Küpper, H.-U./Wagenhofer, A., 4. Auflage, Stuttgart 2002, S. 1669-1677.
Wurl, H.-J./Kuhnert, M./Hebeler, C. (2001), Traditionelle Formen der kurzfristigen Erfolgsrechnung und der „Economic Value Added" -Ansatz. Ein kritischer Vergleich unter dem Aspekt der Unternehmenssteuerung, in: Wpg, 54. Jg., Heft 23, 2001, S. 1361-1372.
Wussow, S. (2004), Harmonisierung des internen und externen Rechnungswesens mittels IAS/IFRS unter Berücksichtigung der wertorientierten Unternehmenssteuerung, München 2004.
Zehnder, H./Pampel, J. R./Friesen, M.-D. (2007), Finance Shared Service Center (SSC) - Ein Organisationsmodell zur Realisierung von Optimierungspotenzialen, in: ZfCM, Sonderheft 1, 51. Jg., 2007, S. 46-55.
Ziegler, H. (1994), Neuorientierung des internen Rechnungswesens für das Unternehmens-Controlling im Hause Siemens, in: ZfbF, 46. Jg., 1994, S. 175-188.
Zirkler, B. (2002), Führungsorientiertes US-amerikanisches Management Accounting: Entwicklung - Aufgabenfelder - Spezifika, Wiesbaden 2002.
Zülch, H./Fischer, D. (2007), Das Joint Financial Statement Presentation Project von IASB und FASB - Arbeitsergebnisse und mögliche Auswirkungen, in: DB, Heft 33, 60. Jg., 2007, S. 1765-1770.
Zwirner, C./Boecker, C./Reuter, M. (2004), Umstellung der Rechnungslegung von HGB auf IFRS - Theoretischer Überblick und Veranschaulichung in Form eines Fallbeispiels, in: KoR, 6/2004, S. 217-234.

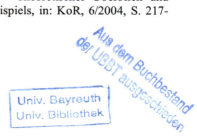

Aus unserem Verlagsprogramm:

Andreas Joest
Aktienbasierte Entgeltgestaltung
Motivation, Rechnungslegung, Unternehmenswert
Hamburg 2010 / 628 Seiten / ISBN 978-3-8300-4987-6

Martina Volnhals
Information Overload und Controlling
*Analyse kognitiver Restriktionen bei der
Wahrnehmung von Berichtsinformationen*
Hamburg 2010 / 354 Seiten / ISBN 978-3-8300-4878-7

Gad Miesen
Unternehmensgewinn im Servicesektor
*Sicherungsmodell unter Berücksichtigung
neuer betriebswirtschaftlicher Tendenzen*
Hamburg 2010 / 270 Seiten / ISBN 978-3-8300-4894-7

Wolfgang Völl
Analytische und simulative Ansätze des Projektcontrollings
Eine kritische Analyse
Hamburg 2010 / 540 Seiten / ISBN 978-3-8300-4902-9

Florian Krol
Wertorientierte Unternehmensführung im Mittelstand
Eine empirische Analyse von Einfluss- und Wirkungsfaktoren
Hamburg 2009 / 536 Seiten / ISBN 978-3-8300-4698-1

Christian Schubert
Controllingorientierte Hochschulsteuerung
*Gestaltungsempfehlungen für einen zielgerichteten Einsatz
ausgewählter betriebswirtschaftlicher Instrumente in Hochschulen*
Hamburg 2009 / 276 Seiten / ISBN 978-3-8300-4648-6

Michael Belian
Due Diligence Prüfung bei Unternehmenstransaktionen
*Kritische, konzeptionelle Reflexion, Analyse
und Möglichkeiten zur Fortentwicklung*
Hamburg 2009 / 438 Seiten / ISBN 978-3-8300-4153-5

Oliver Kunath
Systemdynamische Werttreiberplanung
Strategische Erfolgsfaktoren, finanzielle Werttreiber und System Dynamics
Hamburg 2009 / 378 Seiten / ISBN 978-3-8300-4615-8

VERLAG DR. KOVAČ
FACHVERLAG FÜR WISSENSCHAFTLICHE LITERATUR

Postfach 57 01 42 · 22770 Hamburg · www.verlagdrkovac.de · info@verlagdrkovac.de